La enseñanza universitaria

COLECCIÓN «UNIVERSITARIA»

Una Colección práctica sobre docencia universitaria que aborda los estudios superiores: sus actores, sus logros, su liderazgo y sus retos sociales. Dirige la Colección Miguel Ángel Zabalza, Catedrático de la Universidad de Santiago de Compostela (España)

TÍTULOS PUBLICADOS

- *Calidad del aprendizaje universitario.* John Biggs
- *Competencias docentes del profesorado universitario. Calidad y desarrollo profesional.* Miguel A. Zabalza
- *Didáctica universitaria en Entornos Virtuales de Enseñanza-Aprendizaje.* Guillermo Bautista, Federico Borges y Anna Forés
- *El profesorado de Educación Superior. Formación para la excelencia.* Peter T. Knight
- *Enseñanza en Pequeños Grupos en Educación Superior: seminarios, tutorías y otros agrupamientos.* Kate Exley y Reg Dennick
- *Enseñanza virtual para la innovación universataria.* Manuel Cebrián
- *Evaluar en la Universidad. Problemas y nuevos enfoques.* Sally Brown y Angela Glasner
- *Fundamentos de la Organización de Empresas. Breve historia del Management.* Javier Fernández Aguado
- *Jóvenes, Universidad y compromiso social. Una experiencia de inserción comunitaria.* Joaquín García Roca y Guillermo Mondaza
- *La enseñanza universitaria. El escenario y sus protagonistas.* Miguel A. Zabalza
- *La innovación en la Enseñanza Superior. Enseñanza, aprendizaje y culturas institucionales.* Andrew Hannan y Harold Silver
- *Metodología participativa en la Enseñanza Universitaria.* Fernando López Noguero
- *Nuevas claves para la docencia universitaria en el Espacio Europeo de Educación Superior.* Águeda Benito y Ana Cruz
- *Universidades Corporativas. Nuevos modelos de aprendizaje en la Sociedad Global.* Peter Jarvis

EN PRENSA

- *Autoeficacia docente universitaria.* Leonor Prieto
- *Enseñar en la Universidad: el reto del modelo europeo en el desarrollo de titulaciones universitarias.* Joan Rué
- *La Universidad del Aprendizaje: más allá de la calidad y la competencia.* John Bowden y Ference Marton

La enseñanza universitaria

El escenario y sus protagonistas

Miguel Ángel Zabalza

NARCEA, S.A. DE EDICIONES

MIGUEL ÁNGEL ZABALA ha publicado en NARCEA:

- **Calidad en la Educación Infantil**
- **Competencias docentes del profesorado universitario.** *Calidad y desarrollo profesional*
- **Diarios de clase.** *Un instrumento de investigación y desarrollo profesional*
- **Didáctica de la Educación Infantil**
- **Diseño y desarrollo curricular**

3ª edición

© NARCEA, S. A. DE EDICIONES, 2007
Avda. Dr. Federico Rubio y Galí, 9. 28039 Madrid
www.narceaediciones.es
Cubierta: Francisco Ramos
ISBN: 978-84-277-1376-5
Depósito legal: M. 9.031-2007
Impreso en España. Printed in Spain
Imprime: EFCA, S. A. 28850 Torrejón de Ardoz (Madrid)

Queda prohibida, salvo excepción prevista en la ley, cualquier forma de reproducción, distribución, comunicación pública y transformación de esta obra sin contar con autorización de los titulares de propiedad intelectual. La infracción de los derechos mencionados puede ser constitutiva de delito contra la propiedad intelectual (arts. 270 y sgts. Código Penal). El Centro Español de Derechos Reprográficos (www.cedro.org) vela por el respeto de los citados derechos.

Índice

Presentación de la Colección "Universitaria" 7

INTRODUCCIÓN

Estudiar la Universidad. Buscando un modelo para el análisis. Referentes: autor, currículum y calidad. Orientaciones para abordar este libro 10

1. LA UNIVERSIDAD, ESCENARIO ESPECÍFICO Y ESPECIALIZADO DE FORMACIÓN

Transformación de la Universidad. Cambios en el sentido social atribuido a las Universidades. La masificación. Nuevo concepto de formación a lo largo de la vida (*long life learning*). Impacto en las exigencias a los profesores 23
Sentido formativo de la Universidad. Sentido de la formación. Contenidos de la formación. Dilemas que plantea la formación 35
La formación como proceso a lo largo de la vida 53
Posición de la Universidad en la «sociedad del conocimiento» 58

2. ESTRUCTURAS ORGANIZATIVAS DE LAS INSTITUCIONES UNIVERSITARIAS

Las organizaciones en general: institución, organización y organigrama .. 68
Democracia y autonomía, grandes aspiraciones institucionales. Democracia y estructuras de participación en la Universidad. *Autonomía e identidad* institucional 74
La Universidad como sede de una particular cultura organizacional. *Cultura e identidad* de las Universidades. Cultura y dinámica de conflictos y cambios. Cultura y modelos de actuación apropiados 79
Liderazgo y gestión de los recursos humanos en la Universidad 92
La Universidad como organización que aprende. Condiciones del aprendizaje institucional. Aprender y desaprender de la Universidad 96

3. **El profesorado universitario**

Dimensión profesional del docente universitario. La docencia como actividad profesional. Función formativa de los profesores. Dilemas de la identidad profesional de los docentes universitarios. Individualismo/Coordinación. Investigación/Docencia. Generalistas/ Especialistas. Enseñanza/Aprendizaje. Nuevos parámetros de la profesionalidad docente. Reflexión sobre la propia práctica. Trabajo en equipo y cooperación. Orientación al mundo del empleo. Enseñanza pensada desde el aprendizaje, desde la didáctica. Recuperación de la dimensión ética de nuestra profesión 107

Dimensión personal del docente universitario. Satisfacción personal y profesional. Carrera docente del profesorado 131

Dimensión laboral del docente universitario 142

4. **Formación del docente universitario**

Cuestiones de fondo en la formación del profesorado universitario. Sentido y relevancia de la formación: ¿Formación por qué? Contenidos de la formación: ¿Formación sobre qué? Destinatarios de la formación: ¿Formación para quiénes? Agentes de la formación: ¿Quién debe impartirla? Organización de la formación: ¿Qué formatos y metodologías resultan más eficaces? 146

Grandes retos de la formación del profesorado universitario. Paso de una docencia basada en la enseñanza a otra basada en el aprendizaje. Incorporación de las nuevas tecnologías. El *prácticum*. Flexibilización del currículo universitario. Búsqueda de la calidad a través de la revisión de las prácticas docentes 169

Conclusión 178

5. **El alumnado universitario**

Los estudiantes como miembros de la comunidad universitaria. Proceso de masificación. Proceso de feminización. Proceso de selección. Los estudiantes universitarios como sujetos adultos 182

Los alumnos como aprendices. Aprender en la Universidad. Referentes cognitivos del aprendizaje 188

Conclusión 224

Bibliografía 227

Presentación de la Colección «Universitaria»

La Colección «Universitaria» está formada por una serie de obras sobre enseñanza superior en la que se presentan algunas ideas de interés para los docentes universitarios en los diversos ámbitos de actuación y desarrollo profesional que han de afrontar día a día. ¿Qué se propone esta colección?

En primer lugar, abordar problemas eminentemente *prácticos*, aunque situándolos en el marco de la teoría o teorías en las que se fundamentan y desde las que se les pueda dar una solución. Se trataría de buscar un equilibrio adecuado entre los fundamentos teóricos y las propuestas prácticas. En algún otro lugar lo he denominado «práctica con discurso» como algo opuesto al mero hacer *porque sí* (si yo soy el profesor nadie me tiene por qué decir cómo lo he de hacer, lo haré como yo lo sé hacer), *porque siempre se hizo así* o, simplemente, *porque así me enseñaron a mí y no me ha ido tan mal*.

En segundo lugar, se centra en problemas relacionados con la *docencia universitaria*. No faltan reflexiones y análisis que aborden otras dimensiones de la estructura y dinámica institucional de los centros de enseñanza superior. Por nuestra parte hemos tomado la decisión de restringir el campo a los aspectos más estrictamente docentes.

No siempre resulta fácil discernir entre lo que es pura docencia y lo que pertenece a otros ámbitos: investigación, gestión, organización de las estructuras y los recursos, selección y promoción del profesorado, etc. Eso quiere decir que aunque la *figura* será siempre la docencia universitaria, en

© narcea, s. a. de ediciones

el *fondo* de los análisis aparecerán, necesariamente, cuestiones relacionadas con otros ámbitos de la estructura y la dinámica institucional de las Universidades.

El grupo destinatario de esta Colección «Universitaria» son los *profesores de la Universidad* y los estudiosos de la problemática didáctica que ellos y ellas deben afrontar en el desarrollo de su actividad profesional.

Nadie duda de que el profesorado universitario es un grupo social de alto nivel de lectura, pero resulta ciertamente optimista pensar que entre sus prioridades esté el leer cosas sobre la enseñanza universitaria. Cada vez se nota una mayor preocupación por cuestiones vinculadas a la mejora de la calidad de nuestra docencia; aunque la investigación sigue siendo la reina de la fiesta, se notan fuertes movimientos en lo que se refiere a la recuperación por parte de la docencia de un papel más central y exigente.

Otra de las características de esta colección es combinar libros sobre *cuestiones generales* y que afectan a la enseñanza universitaria en general (aspectos generales de la docencia, tutoría, evaluación, estrategias de aprendizaje del alumnado, etc.) con otras que tengan una proyección más *especializada* (la enseñanza de la medicina, de las filologías, de las ingenierías, de la psicología, etc.).

Me he resistido mucho a incluir la denominación de Pedagogía Universitaria en los rótulos de la colección por miedo, precisamente, a que el profesorado entienda que es algo que preocupa e interesa sólo a los pedagogos. Al final se trata de cuestiones pedagógicas, pero como no tenemos un gran cartel entre nuestros colegas de otras especialidades, parece más estratégico acudir a otros rótulos mejor aceptados. ¿Quizás *didáctica universitaria*? O simplemente, *«universitaria»*.

Lo que nos interesa especialmente es garantizar que todo el profesorado universitario se sienta implicado en las cuestiones que se vayan abordando. Por eso están invitados a participar autores no pedagogos, para hacer efectiva la multiplicidad de perspectivas y la visión de la docencia universitaria desde las especialidades.

El ámbito geográfico de esta Colección «Universitaria» se amplía al mundo *iberoamericano* con el que compartimos lengua y, en buena medida, preocupaciones y retos en el desempeño de la tarea docente universitaria. Éste es uno de los pilares de esta colección: el deseo de su apertura a Hispanoamérica. Pero no sólo al «mercado hispanoamericano» sino al mundo universitario de los países de habla hispana. No se trata sólo de vender libros en latinoamérica, aunque espero que esto también suceda por el bien de la editorial y el mantenimiento de la colección; sino de recoger sus preocupaciones y experiencias que, al fin y al cabo, no son tan alejadas de las nuestras.

© narcea, s. a. de ediciones

Presentación de la Colección «Universitaria» **9**

La colección ha nacido al calor de una feliz experiencia de encuentros con nuestros colegas iberoamericanos. Desde diciembre de 1999 en que tuve el honor de promover el I Symposium Iberoamericano de Didáctica Universitaria, en Santiago de Compostela, los foros de encuentro bianuales y un buen número de jornadas, seminarios, etc., están siendo una realidad muy prometedora, tanto en España como en Portugal o Iberoamérica.

Así mismo, está en fase de constitución una «Asociación Iberoamericana de Didáctica Universitaria» en la que pretendemos reunir a cuantos profesores de uno y otro lado del Atlántico deseen compartir ideas y experiencias. Y dentro de poco podremos contar, así mismo, con una revista que sea reflejo de las aportaciones que desde la Asociación se pueden hacer a la mejora de la calidad de la docencia en la enseñanza superior.

La Colección «Universitaria» es un elemento base de este *pool* de iniciativas y quiere sumarse al objetivo de compartir discursos y experiencias e ir creando así un espacio conjunto de encuentro y debate sobre cuestiones de Didáctica Universitaria.

MIGUEL A. ZABALZA
Universidad de Santiago de Compostela

© narcea, s. a. de ediciones

Introducción

Estudiar la Universidad

La primera sensación que uno tiene cuando pretende abordar el tema de la Universidad es que va a resultar una tarea irrealizable. Son tantos los elementos a considerar y tan complejos que no parece posible enfrentarlos con suficiente coherencia y sistematicidad.

Por eso, seguramente, han sido numerosas las aproximaciones sectoriales al mundo universitario: la Universidad vista desde las políticas de financiación, o desde la adecuación de sus planes de estudio a las demandas de la sociedad, o desde los sistemas de selección y promoción del profesorado, o desde su imagen social, o desde las características del alumnado que accede a los estudios universitarios. En fin, que es abundante la producción sobre cuestiones universitarias pero siguen faltando visiones de conjunto que nos permitan, al menos a quienes trabajamos en su seno, hacernos una idea completa y ajustada del sentido y la dinámica de la Universidad.

Llegados a este punto surge, sin duda, la primera dificultad seria. Algo así como una primera enmienda a la totalidad. ¿Resulta viable una aproximación de ese tipo a la complejidad social y cultural que caracteriza a las Universidades actuales? ¿No será, más bien, un empeño ingenuo de alguien demasiado narcisista como darse cuenta de que se trata de una opción imposible? Porque, ¿podemos hablar realmente de «Universidades» como un concepto unitario o será más bien que las Universidades se han convertido en realidades tan diversas entre sí que ya no pertenecen a la misma categoría institucional? ¿Qué tienen en común una Universidad inglesa tradicional, un centro superior chileno, una escuela superior francesa o un centro de estudios superiores a través de Internet?

Esta dificultad es cierta y plantea serios problemas a quien desee hacer un abordaje amplio y multidimensional a la enseñanza universitaria. Pero hay que ser realistas. No elucubraré, pues, sobre la naturaleza completa e

© narcea, s. a. de ediciones

integral de este análisis. No pretendo presentarlo como una visión válida para cualquier realidad universitaria, ni mi experiencia ni mis conocimientos se corresponden con una pretensión tan elevada. Mi referente serán las Universidades españolas (en las que trabajo desde hace más de un cuarto de siglo) y, en algunos casos, las iberoamericanas y algunas europeas con las que he tenido también frecuentes contactos en los últimos años. Lo demás lo sé de oídas y a través de la abundante bibliografía existente en el contexto internacional.

En todo caso, el objetivo de este trabajo es una *reflexión en alto* sobre cómo se puede ver la Universidad y el trabajo formativo que se lleva a cabo en ella. En la reflexión mezclaré elementos de mi propia experiencia con aportaciones de otros autores que han trabajado con anterioridad el tema. Esto es, *biografía y bibliografía* son los juncos con los que pretendo construir esta aportación a los colegas profesores y profesoras universitarios. Parece claro que sólo en la medida en que vayamos estudiando, analizando, debatiendo la realidad de la Universidad estaremos en disposición de tener ideas más claras con respecto a cómo podemos mejorar la calidad del trabajo universitario.

Buscando un modelo para el análisis

Volviendo al punto de partida de la *complejidad* de las instituciones universitarias, perece obvio que cualquier intento de aproximarse a su estudio y mejora conlleva el hacerse con un modelo o línea de análisis que permita, cuando menos, identificar tanto sus dimensiones básicas como las relaciones que existen entre ellas.

Goodlad (1995)[1] sintetiza algunas de las aproximaciones realizadas al mundo universitario:

— *Estudios históricos* que han abordado tanto la naturaleza variable de las instituciones de Educación Superior como sus mentalidades y orientaciones.

— *Estudios fenomenológicos* sobre la actuación concreta de las Universidades y su aportación (reproductora o modificadora) a la construcción de las sociedades a las que pertenecen.

— *Estudios con una orientación economicista* que han tratado de establecer la relación entre costes y beneficios de los estudios tanto para los Estados (la formación como inversión) como para los sujetos.

---

[1] Goodlad, S. (1995): *The Quest for Quantity. Sixteen forms of neresy in Higher Education*. SRHE and Open University Press. Buckingham. Pág. 11 y ss.

© narcea, s. a. de ediciones

12 La enseñanza universitaria

— *Estudios de impacto* que tratan de valorar los cambios en conocimiento y actitudes que se derivan del hecho de la experiencia universitaria.

Como es lógico suponer, no todas esas modalidades están igual de comprometidas en presentar no sólo una descripción de las instituciones universitarias sino una propuesta de mejora de las mismas.

En nuestro caso vamos a tratar de jugar en el doble terreno de la descripción y la proposición de alternativas de mejora. Eso presenta una serie de condiciones básicas, la primera de las cuales tiene que ver con la necesidad de partir de un esquema comprensivo de las diferentes vertientes desde las que se puede acceder a una mejor «lectura» de la docencia en la Universidad. Eso es lo que se ofrece en el cuadro siguiente, un modelo que, pese a su necesaria sencillez, posee capacidad para dar una visión suficientemente completa y rica de la Universidad y de los componentes principales que la integran.

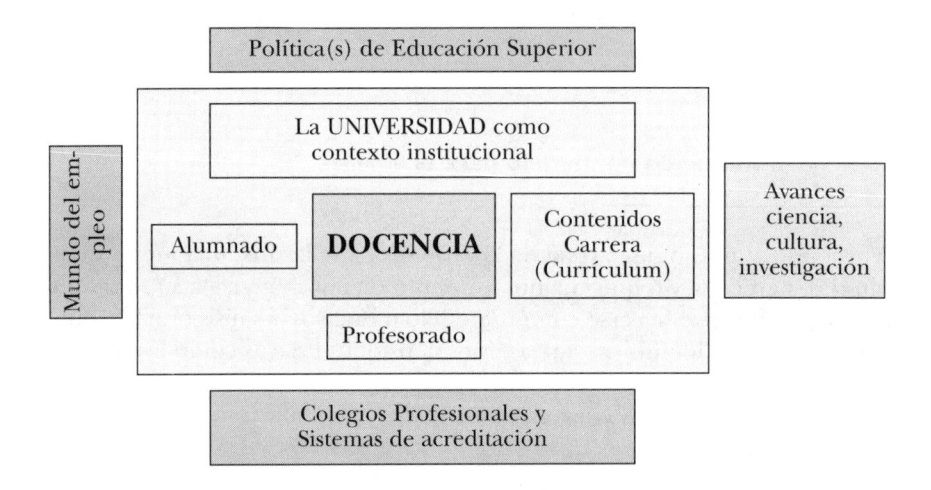

```
                  ┌─────────────────────────────────────┐
                  │  Política(s) de Educación Superior  │
                  └─────────────────────────────────────┘
          ┌───────────────────────────────────────────────┐
          │          La UNIVERSIDAD como                  │
          │          contexto institucional               │
┌──────┐  │                                               │  ┌──────────┐
│Mundo │  │                       ┌───────────┐           │  │ Avances  │
│ del  │  │ ┌────────┐            │Contenidos │           │  │ ciencia, │
│ em-  │  │ │Alumnado│ DOCENCIA   │ Carrera   │           │  │ cultura, │
│pleo  │  │ └────────┘            │(Currículum)│          │  │investig. │
└──────┘  │                       └───────────┘           │  └──────────┘
          │              ┌──────────────┐                 │
          │              │  Profesorado │                 │
          │              └──────────────┘                 │
          └───────────────────────────────────────────────┘
                  ┌─────────────────────────────────────┐
                  │  Colegios Profesionales y           │
                  │  Sistemas de acreditación           │
                  └─────────────────────────────────────┘
```

En el cuadro (y en el posterior desarrollo de los diversos capítulos del libro) se considera la Universidad como un espacio de *toma de decisiones formativas*. Debo insistir en que no entro a considerar otros aspectos igualmente relevantes de la vida universitaria (financiación, investigación, gestión, relaciones externas, etc.) salvo en lo que afectan de forma directa a la docencia y a la formación de los estudiantes y profesores universitarios.

En el escenario formativo universitario se entrecruzan diversas dimensiones (agentes, condiciones, recursos, fuentes de presión, etc.). En tal sentido, se identifican cuatro grandes ejes vertebradores de la actuación formativa que se lleva a cabo en el escenario universitario. Esa actuación viene

© narcea, s. a. de ediciones

además marcada por un doble espacio de referencia: un *espacio interno* (que se correspondería, por así decirlo, con lo que se denomina la «Universidad» o el «mundo universitario» considerado en general) y un *espacio exterior* (que se correspondería con las dinámicas de diverso tipo, externas a la Universidad, pero que afectan su funcionamiento).

Como puede observarse en el cuadro anterior, el contexto institucional, los contenidos de las carreras, los profesores y los alumnos, constituyen los cuatro vectores del escenario didáctico universitario desde una visión «hacia dentro» de la Universidad. Por su parte, las políticas de educación superior, los avances de la ciencia, la cultura y la investigación, los colegios profesionales y el mundo del empleo son los cuatro ejes «externos» que inciden de manera directa en el establecimiento del «sentido» y en la gestión de lo «universitario». En cada uno de los cuatro ejes se entrecruzan las influencias internas y externas. Aunque haremos ahora alusión a ambos espacios, este trabajo se va a centrar sobre todo en el espacio interior.

Vista de esta manera, la Universidad queda constituida como un escenario complejo y multidimensional, en el que inciden y se entrecruzan influencias de muy diverso signo. Precisamente por ello, cualquier consideración que quiera hacerse sobre los procesos que tienen lugar en el seno de la Universidad exigen una contextualización en ese marco más general.

El cuadro podría «leerse» de la siguiente manera:

— El **eje 1 (Universidad-política universitaria)** es el marco institucional de los estudios universitarios y está constituido por la «Universidad» como institución social a la que se le encomienda una misión específica. Como toda institución, la Universidad es una realidad histórica y, por tanto, posee una identidad propia y única (su «estructura» y dinámica institucional) que condicionará la forma de afrontar dicha misión. Me estoy refiriendo en este caso a la Universidad en su conjunto (el «mundo universitario»), aunque en análisis más cualitativos y/o pormenorizados podríamos referirnos también a cada una de sus instituciones (cada una de ellas posee una historia y un presente sin cuya consideración resulta «incomprensible» la «cultura» institucional de cada uno de los centros universitarios, lo que sucede en su interior).

Pero este marco institucional interno no funciona de una manera autónoma ni en el «vacío social o institucional». Por el contrario, se ve condicionado por un conjunto de influencias externas que podríamos identificar con la «política universitaria». Los dos ejes que ejercen una mayor incidencia en él son la propia legislación sobre la Universidad y la adscripción de recursos financieros para su funcionamiento.

© narcea, s. a. de ediciones

Buena parte de lo que se puede hacer hoy en día en la Universidad pasa por los filtros de esta dimensión: se exigen cambios pero no se adscriben nuevos recursos, se exige una mejora sensible de la calidad pero se siguen manteniendo grupos enormes de alumnos, sistemas burocratizados de organización y un bajo nivel de recursos técnicos.

En definitiva, no vale con teorizar o prescribir lo que la Universidad *debe hacer*, o el nivel de calidad que debe alcanzar. La consideración no es completa si no se introduce, a la vez, la idea de que la Universidad es una instancia limitada y dependiente. Incluso en el mejor de los casos es «*capaz*» *de hacer* sólo lo que está a su alcance, lo que puede pretender partiendo de los condicionamientos reales en los que se mueve.

— El **eje 2 (materias de currículum-ciencia, tecnología)** viene dado por el componente cultural y técnico: los conocimientos y habilidades profesionales que en la Universidad se enseñan-aprenden. En buena parte de los sistemas universitarios éste es el eje central de la definición de las *carreras:* constituye la sustancia formativa del trabajo universitario. A su vez, este eje interno, se ve contrabalanceado desde fuera de la Universidad por la presión externa proveniente del *statu quo* de la ciencia, la tecnología y la cultura en general. En este caso, la incidencia es las más de las veces indirecta, a través de la propia legislación y la normativa (que presumiblemente trata de adaptar la estructura de las carreras al actual desarrollo de la ciencia y la cultura así como a las demandas sociales y del mundo del empleo).

— El **eje 3 (profesores-mundo profesional)** está constituido por los profesores o staff de las Universidades y por los grupos o asociaciones profesionales de los diversos campos científicos. También en este caso, los profesores universitarios presentan características culturales propias (en la forma de construir el conocimiento y de presentárselo a sus alumnos, en la forma de concebir su trabajo y su carrera profesional) en buena parte derivadas del proceso de selección seguido y de su propia socialización como «profesorado de Universidad». Ninguna innovación es pensable al margen de quienes hayan de llevarla a cabo: los profesores se convierten siempre en los mediadores y agentes básicos de las innovaciones en la Universidad (siempre como aplicadores y, con frecuencia, como instigadores y planificadores de los cambios).

También en este eje se produce una clara incidencia externa a través de los círculos profesionales (colegios profesionales, por ej.) y asociaciones culturales de diverso tipo que contribuyen a la legitimación de los conocimientos y habilidades requeridas en la profesión y controlan, desde fuera, la estructura de las carreras. En algunos casos no faltan, tampoco, las influencias externas dirigidas a preservar una cierta visión de la profesión y de las condiciones para ejercerla (número de años de estudios, limitación de titulados, condiciones para el ejercicio profesional, etc.)

— El **eje 4 (estudiantes-mundo del empleo)** es el de los alumnos y alumnas universitarios. Por su nivel de madurez (se trata de sujetos adultos con un fuerte *background* escolar previo y unas opciones profesionales definidas) y sus particulares características sociales, constituye una clientela escolar claramente diferenciada y capaz de condicionar, al menos en parte, el trabajo a hacer en la Universidad.

En este caso, el mundo del empleo constituye el marco de incidencia externo: no sólo en tanto que definidor de las expectativas de empleo (incluyendo la facilidad de «colocarse» pero también la «imagen social» de la profesión y el nivel de los salarios), sino también de las condiciones de acceso al empleo y de las necesidades de formación (básica, especializada y complementaria). Todo ello orienta los intereses y las demandas de los alumnos. Su incidencia será aún mayor cuanto más se abra el nivel de opcionalidad.

Sirva todo lo anterior para dejar claro que la Universidad no son las clases que en ella se imparten, ni lo es la organización de las carreras, sino que es un todo complejo en cuyo seno se entrecruzan dimensiones de muy diverso signo que interactúan entre sí condicionando cada uno de los aspectos de su funcionamiento interno. Y eso que nos estamos refiriendo tan sólo a la faceta docente de la Universidad (dejando fuera de este análisis todo el ámbito de la investigación y el de la gestión institucional). La idea, en definitiva, es que la enseñanza universitaria es una realidad cuyo conocimiento exige ampliar el marco de análisis para considerar aquellos factores que más sustancialmente condicionan su desarrollo (el desarrollo de la Universidad y de la formación que se planifica y desarrolla en su seno).

Ésa es la perspectiva desde la que abordamos la enseñanza universitaria. Espero haber hecho una opción adecuada y que nos permita movernos en este recorrido analítico con la necesaria agilidad (porque se trata, en definitiva, de un modelo sencillo y manejable) y la suficiente profundidad (de manera que no dejemos fuera de foco aspectos sustantivos de la realidad universitaria).

© narcea, s. a. de ediciones

16   La enseñanza universitaria

Referentes: autor, currículum y calidad

Suele decirse que es importante identificar, en las introducciones, algunas claves de lectura de los textos. Dar aquellas pistas necesarias para saber desde qué perspectiva y con qué bagage se escribe. Los lectores no tienen por qué conocer al autor, ni saber cuáles son sus manías. Y aunque es poco probable que los autores estemos dispuestos a esta especie de *striptease* inicial, parece razonable y honesto poner a los posibles lectores en antecedentes de nuestras características personales y doctrinales (al menos en aquellas que puedan tener que ver con el contenido del texto que se les ofrece). En las conferencias y cursos suele hacerse esto en el momento de la presentación del orador. Como ahora se trata de un libro, no veo mal, incluir este apartado en la introducción. Así nadie tiene por qué llamarse a engaño.

Por lo que a mí se refiere, puedo situar este trabajo en el marco de tres puntos de referencia. El primero tiene que ver con mi propia experiencia como profesor universitario. Y los otros dos se refieren a dos ejes centrales desde los que he tratado de construir este trabajo: la perspectiva *curricular* y el tema de la *calidad de la docencia*.

Decía en un párrafo anterior que este libro surgía como un tejido construido sobre los mimbres de la biografía y la bibliografía. Seguramente no puede ser de otra manera. No me resignaría, a estas alturas de la vida, a redactar un texto a base de nociones y discursos ajenos. No me gustan esos textos, desgraciadamente demasiado habituales, en los que sus autores se esconden y legitiman tras la cortina de las citas y las referencias de otros autores, cuanto más extranjeros mejor.

Procuraré, también, no aburrir demasiado con historias personales que a veces carecen, para quien las lee, del sentido e importancia que pretende atribuirles quien las vivió personalmente. Pero tampoco renuncio del todo a ellas, porque aunque se corre el riesgo de transmitir una cierta imagen narcisista de quien las cuenta (en una especie de fantasía «copernicana», como si la realidad que se estudia girase en torno a uno mismo), sin embargo constituyen elementos que dotan de vida al texto, lo encarnan en unos sujetos, un espacio y un tiempo que son reales. A veces, sirven además para relajar el tono doctrinal e introducir un poco de humor y realismo (bajar del «deber ser» al «ser» de la vida universitaria).

Completando este punto sobre las referencias personales, parece lógico comentar, además, que lo que puedo ofrecer como reflexión sobre la Universidad viene muy condicionado por mi propia formación y por el ejercicio docente al que he estado vinculado. Debo decir al respecto que soy psicólogo y pedagogo y que he trabajado siempre en el ámbito de la educación. Esto condiciona ciertamente el tipo de visión que uno mismo posee sobre la Universidad y sobre la particular distribución de sus componentes entre figura y fondo (esto es, entre elementos sustantivos y

© narcea, s. a. de ediciones

elementos accesorios). Esta diferencia de perspectivas y lenguajes se evidencia de inmediato en cualquier reunión o debate sobre temas universitarios. Cuando empieza a hablar alguien proveniente del ámbito de la Pedagogía, uno nota enseguida las miradas y las sonrisas que se entrecruzan los otros colegas. «Ya están éstos otra vez con sus fantasías», parecen pensar. Al principio te observan con una cierta sorpresa, luego se van impacientando (uno de nuestros defectos es que hablamos largo) y, al final, no sienten empacho alguno en hacer patente su irritación y su deseo de pasar a cuestiones más básicas.

Puede resultar igualmente clarificador el hecho de reconocerme como profesor de una «antigua» Universidad (la de Santiago de Compostela) que ha superado ya sus 500 años de existencia. Posiblemente esto también afecta (en lo positivo y en lo negativo) a la forma de analizar ciertos problemas actuales y al valor que se acaba atribuyendo a ciertas condiciones y dinámicas del funcionamiento institucional. La importancia que entre nosotros tienen ciertas tradiciones universitarias (en lo que se refiere, por ejemplo, a las culturas institucionales de ciertas Facultades, a la organización de los estudios, a los recursos didácticos empleados, a los modos de relación con los alumnos, etc.), o la percepción del papel del profesorado universitario como vinculado no sólo a la docencia sino a la investigación, o el tipo de relaciones con la sociedad, etc. vienen muy marcadas por toda la historia que la institución tiene a sus espaldas.

Estar tan metido en un cierto estilo de «hacer Universidad» suele comportar notables dificultades de entendimiento cuando se debe trabajar con colegas de otros países con otras tradiciones. Los problemas que afrontan muchos de nuestros colegas no tienen casi nada que ver con los nuestros. Las cosas que nosotros decimos sobre la docencia universitaria, resultan notablemente distantes. Por eso, quienes lean este libro han de ajustar sus consideraciones a la particular situación en que cada uno ejerce su trabajo.

El segundo referente o pista sobre mí mismo que desearía comentar es que, aunque he debido trabajar, investigar y escribir sobre muchos y muy diversos argumentos (casi treinta años de Universidad dan para mucho), siempre lo he hecho desde una perspectiva curricular, esto es, muy centrada en la docencia y en sus condiciones. Pertenezco al área de conocimiento de Didáctica y Organización Escolar (algo que posiblemente dice poco a colegas de otros países pero que constituye en España una especie de ecosistema de especialidades vinculadas entre si y en cuyo seno se producen los procesos de promoción y de selección de nuevo profesorado) y eso a la larga va creando una red de relaciones y dependencias tanto doctrinales como personales.

Tendré oportunidad de resaltar en capítulos posteriores el sentido que para mí tiene esa visión de la docencia universitaria desde el currículum.

© narcea, s. a. de ediciones

Baste decir ahora que al hacerlo, uno establece como figura del análisis lo que la Universidad tiene de *institución formadora* y deja en un segundo plano (el fondo) otros aspectos que desde otras perspectivas poseerían un valor más central (las políticas universitarias, la financiación, las relaciones laborales, etc.).

Dentro de este contexto, me gustaría resaltar la importancia que en mi visión de la Universidad tiene el tema de la *calidad*. Pese a las múltiples críticas que se han planteado a los enfoques modernos sobre la calidad, a su oportunidad y a los intereses bastardos que, según algunos, se cobijan en sus planteamientos, estoy convencido de que éste es el sino de nuestros tiempos y que debemos aceptarlo como el gran reto que las Universidades deberán afrontar, lo quieran o no, en la próxima década.

Ambas perspectivas (la curricular y la de la calidad) se complementan. Comentaba Stenhouse (1989)[2], haciendo un balance de lo que les había aportado en Inglaterra una década de movimiento curricular, que lo principal había sido el hecho de convertir el currículum en un problema, en algo de lo que merece la pena hablar. Con la calidad de la enseñanza universitaria pasa lo mismo. Llevamos un par de décadas en las que de lo que se ha hablado más (cabe suponer que porque constituían los ejes de interés de lo universitario en ese momento, lo conceptuado como importante de la Universidad) era del número de estudiantes y profesores, de la selección y categorías de los profesores, de los nuevos planes de estudio, de las salidas profesionales, etc.

En la mente de muchos está que lo realmente sustantivo del paso por la Universidad es que te da un título, una acreditación. Parece importar menos saber a qué corresponde ese título, si la formación recibida ha sido realmente buena o no. En ese sentido, en la Universidad nos ha pasado como en el mundo laboral. En momentos de excedentes de demanda no es tan importante tomar en consideración la calidad. Como de una manera u otra hay que colocar en aulas a miles de estudiantes, incluso las carreras y los centros con peor fama ven desbordadas sus previsiones de candidatos.

Afortunadamente, los parámetros han cambiado sustancialmente. Ha crecido una nueva conciencia social sobre el derecho a una buena formación. Y esta presión, unida a la ejercida desde los gobiernos y unida a la propia asunción de responsabilidades por parte de las instituciones universitarias y de los profesores que enseñamos en ellas, ha elevado el tema de la calidad a uno de los principios básicos de actuación institucional. Al menos, eso es lo que figura en las declaraciones y documentos oficiales. Otra cosa es que esa filosofía haya logrado impregnar realmente las prácticas docentes de nuestras instituciones. Pero ése es justamente nuestro reto y lo que justifica libros como éste.

---

[2] Stenhouse, L. (1991): *Investigación y desarrollo del curriculum*. Morata. Madrid.

En definitiva, hablar de la Universidad reflexionar sobre el trabajo que hacemos en ella como profesores, constituye un proceso imprescindible para mejorar nuestro nivel de conocimiento sobre lo universitario y nuestro compromiso con la calidad. Yo lo he intentado con las armas que poseo. Espero que pese a las limitaciones que mi propia biografía y condición profesional me imponen, haya logrado desgranar algunas ideas útiles para entender mejor la Universidad y abrir caminos para su mejora.

Orientaciones para abordar este libro

He tratado de hacer un texto en el que se fueran combinando las consideraciones más teóricas o conceptuales con otras prácticas y de fácil aplicación a nuestro trabajo. A veces me han asaltado dudas sobre si no estaría quedándome en planteamientos demasiado prácticos. Los profesores y profesoras universitarios constituimos un colectivo más propicio a aceptar grandes doctrinas (que por otro lado afectan poco a nuestra práctica docente cotidiana) que análisis simples de lo cotidiano. En este caso aumentan las divergencias y, puesto que se trata de cosas que todos conocemos y sobre las que tenemos experiencia personal, cada uno está legitimado a mantener su propio punto de vista.

No me sentiré defraudado si de la lectura de los capítulos que siguen se derivan controversias y disensos con lo que yo expongo. Me parece interesantísima la posibilidad de provocar reflexiones y tomas de postura sobre los distintos asuntos que se van abordando. Nada más lejos de mi propósito y de mis posibilidades, que intentar sentar cátedra sobre una cuestión tan compleja como la docencia universitaria y los factores que le afectan. Yo mismo me he sentido dubitativo con respecto a muchos de los puntos que he ido analizando y he sido casi siempre absolutamente consciente de que las cosas podrían plantearse desde otros puntos de vista. Como este trabajo forma parte de una colección especializada en la docencia universitaria es de suponer que otros autores abordarán temas próximos a estos desde otras perspectivas diferentes.

Por otra parte, soy consciente de que uno de nuestros problemas principales tiene que ver con la escasez de tiempo. Por eso es poco probable que los posibles lectores (ni siquiera mis más fieles amigos) tengan el tiempo ni la paciencia para leer el libro completo o para seguir sus diversos capítulos uno a uno. He tratado de organizarlo de manera tal que se pueda acceder libremente a los distintos capítulos. Cada uno de ellos aborda un tema concreto y tiene un desarrollo relativamente autónomo. Si en lugar de un libro esto fuera un CD-ROM hubiera introducido algunos *links* entre temas tratados en unos apartados y otros. Pero como eso no es posible lo que he hecho ha sido mencionar que ese tema, o algún matiz del mismo, ya fue abordado en algún capítulo anterior o lo será en algún posterior.

© narcea, s. a. de ediciones

I

La Universidad, escenario específico y especializado de formación

Nos hallamos en un momento en el cual se han producido cambios profundos en la estructura de la enseñanza universitaria y en su posición y sentido social. Esta situación de cambio no es novedosa para la institución universitaria. Aunque externamente transmite la imagen de algo rocoso y poco mudable (alguien ha dicho que intentar innovar en la Universidad es como tratar de mover un elefante), durante sus varios siglos de historia las Universidades han estado modificando constantemente su orientación y su proyección social. Pero esa dinámica de adaptación constante a las circunstancias y demandas de la sociedad se ha acelerado tanto en este último medio siglo que resulta imposible un ajuste adecuado sin una transformación profunda de las propias estructuras internas de las Universidades. Y andamos incorporando a marchas forzadas cambios en la estructura, contenidos y dinámicas de funcionamiento de las instituciones universitarias con el objetivo de ponerlas en disposición de afrontar los nuevos retos que las fuerzas sociales les obligan a asumir. Se trata de cambios que en su mayoría no han logrado aún una consolidación firme y cuya situación es, en algunos casos, ciertamente confusa: nuevas estructuras de tomas de decisiones políticas y técnicas sobre la Universidad revisión del status jurídico de la Universidad (una autonomía universitaria que no sea incompatible con el control político); nueva estructura organizativa de las Universidades (aparición de nuevos órganos rectores, transformación de los existentes; reconfiguración de Centros con fusión de unos y subdivisión de otros; asentamiento de estructuras intermedias (como los Departamentos, los Institutos, las Oficinas y los Programas Especializados, etc.), nuevos mecanismos internos de representación y participación de los diversos estamentos en el funcionamiento de la Universidad nuevos Planes de estudios, y así sucesivamente.

En definitiva, el mundo universitario es un foco de dinámicas que se entrecruzan y que están provocando los que algunos no dudan en describir como una auténtica «revolución» de la Educación Superior. La propia legislación ha ido modificando en los últimos años el espectro de atribuciones y expectativas sobre la Universidad: lo que debería ser, los nuevos retos sociales a los que deberá dar respuesta, las condiciones bajo las que se supone que ha de funcionar. De esa manera se ha ido modificando la imagen más habitual de verla como una institución dedicada a impartir una «alta enseñanza» para formar los líderes tanto del mundo social como del científico y el artístico.

La legislación española concreta en cuatro grandes objetivos los compromisos que las Universidades están llamadas a asumir:

1. Creación, desarrollo, transmisión y crítica de la ciencia, la técnica y la cultura.

2. Preparación para el ejercicio de actividades profesionales que exijan la aplicación de conocimientos y métodos científicos o para la creación artística.

3. Apoyo científico y técnico para el desarrollo cultural, social y económico, tanto nacional como de las Comunidades Autónomas.

4. Extensión de la cultura universitaria.

En resumidas cuentas se está pidiendo a las Universidades que no se contenten con transmitir la ciencia sino que deben crearla (esto es, deben combinar la docencia y la investigación), que den un sentido práctico y profesionalizador a la formación que ofrecen a los estudiantes, y que hagan todo eso sin cerrarse sobre sí mismas sino en contacto con el entorno social, económico y profesional en cuya mejora deben colaborar.

Grandes retos para la Universidad que reflejan, si lo miramos con mentalidad positiva, el buen concepto y la fuerte confianza que la sociedad tiene por la Universidad y su capacidad de influencia en el desarrollo social, cultural y científico de los países.

Esas elevadas expectativas suelen convivir con una visión mucho menos valiosa y estimulante de la Universidad. Para algunos, es la instancia social que «da títulos» y acredita profesionalmente (no importa tanto la calidad de la formación que se ofrece y su adecuación a las demandas sociales como el hecho mismo de que es un trámite inevitable para la «acreditación profesional»). Y, desde otro punto de vista, tampoco deja de ser una perversión ver la Universidad como el «coto

La Universidad, escenario específico y especializado de formación

cerrado» de los académicos, como una forma interesante de ganarse la vida, y de mantener ciertas cotas de poder y prestigio social (también en este caso, la misión de la institución pasa a situarse en una posición secundaria).

Me parece muy interesante iniciar nuestra aproximación al escenario formativo universitario situando el tema en este marco más general de las funciones sociales, la «misión» de la Universidad. Aunque este libro se centra en la docencia, son varias las dimensiones y características del «ser» y «hacer» universitario que tiene sentido analizar aquí. Así pues, en primer lugar y como contexto a todos los otros puntos es preciso resaltar el *nuevo sentido* que se atribuye a las Universidades y las profundas *modificaciones* que está sufriendo la institución universitaria en este cambio de siglo y de milenio. Y para centrarnos en algunos puntos básicos me gustaría referirme en particular a las características y problemática que las Universidades actuales presentan con respecto a tres aspectos de particular importancia: la *transformación del propio escenario* universitario al socaire de los fuertes cambios políticos, sociales y económicos de los últimos lustros; el *sentido formativo* de la Universidad y los actuales dilemas y contradicciones para cumplir dicha misión; y, finalmente, la *estructura organizativa y la dinámica de funcionamiento* de las Universidades en tanto que instituciones. Los tres aspectos constituyen referentes fundamentales para poder entender el sentido de la docencia universitaria y nuestro papel como docentes. Ninguno de los capítulos siguientes tendría sentido sin plantear previamente, a modo de contexto de significación, estas coordenadas generales.

Transformación de la Universidad

Gustan algunos decir que la Universidad ha experimentado en estos últimos veinticinco años cambios más sustantivos que a lo largo de toda su historia. Aunque he vivido desde dentro todo ese periodo de tiempo, ni mi experiencia ni mi conocimiento m,e permiten hacer una afirmación así. Pero por ciertos indicadores objetivos y por todo el conjunto de movimientos y transformaciones que hemos ido viviendo consecutivamente (y a veces, incluso, simultáneamente) no parece una afirmación excesivamente exagerada. En lo que no cabe ninguna duda es en que la Universidad en la que se formó mi generación (finales de los 60 e inicios de los 70) ha evolucionado enormemente, para bien y para mal, en relación a la actual.

Entonces no existía la fuerte presión actual por el empleo y nuestras prioridades y las de nuestros profesores se construían al margen de esa obsesión. No era preciso competir por conseguir el mejor expediente, podías estudiar e interesarte por cosas no siempre ligadas a tu carrera (de ahí la gran proliferación en los campus de libros sobre política, historia o arte, psicoanálisis o literatura; la abundancia de reuniones y asambleas por cualquier motivo; los maratones de cine, etc.). Las carreras eran más generalistas y te permitían adquirir una visión amplia del mundo de la cultura. Por otro lado, siendo menos en número también resultaba más fácil relacionarte con gente de otras especialidades, conocer más de cerca de los profesores e incluso pasar más tiempo en las Facultades.

Había también sus claroscuros: con la policía «secreta» (aunque casi todos sabíamos quiénes eran), había menos posibilidad de participación en las decisiones institucionales y, al menos formalmente, nuestro sector estudiantil poseía menos poder.

No sé cómo valorarían los profesores de entonces la situación y qué opinión les merece la actual si la comparan con aquélla. Pero no cabe duda de que todos coincidirán en que los cambios han afectado no sólo a los estudiantes sino a toda la institución. También ellos y ellas han visto variar fuertemente su rol docente y las condiciones para desempeñarlo.

Ponerse a analizar pormenorizadamente esos cambios resultaría una tarea ingente y fuera de lugar. Quisiera referirme, tan sólo, a aquellos aspectos cuya incidencia en el desarrollo de la docencia universitaria es más fuerte.

Cambios en el sentido social atribuido a las Universidades

Son muchas las cosas que han cambiado en la Educación Superior durante estos últimos años: desde la masificación y progresiva heretogencidad de los estudiantes hasta la reducción de fondos, desde una nueva cultura de la calidad a nuevos estudios y nuevas orientaciones en la formación (fundamentalmente el paso de una orientación centrada en la enseñanza a una orientación basada en el aprendizaje[1]), incluyendo la importante incorporación del mundo de las nuevas tecnologías y de la enseñanza a distancia. Todos esos cambios han repercutido de forma sustantiva en cómo las Universidades organizan sus recursos y actualizan sus propuestas formativas. Brew, A. (1995)[2] señala los siguientes aspectos como características que definen la situación del mundo universitario y que están en la base de los cambios que se están produciendo en su seno:

---

[1] Tan importante resulta este cambio de perspectiva que la revista oficial de la Unesco para la Enseñanza Superior le acaba de dedicar un número monográfico para analizar las diversas consecuencias que esta nueva orientación proyecta sobre el sentido y la función formadora de la Universidad. Véase *Higher Education in Europe*, vol. XXIII, nº 3, 1998.
[2] Brew, A. (1995): *Directions in Staff Development*. The Society for Research into Higher Education and Open University Press. Buckingham. Págs. 2-3.

La Universidad, escenario específico y especializado de formación 25

— Vivir un tanto al margen de la sociedad que le rodea (se había dejado en manos de los académicos decidir qué era importante enseñar y con qué propósito). Ello implicaba una escasa relación con la actividad económica de la nación.

— Creciente ansiedad de los gobiernos por controlar cómo se gasta el dinero público y la consiguiente introducción de sistemas de evaluación y control.

— Progresiva heterogeneización de las instituciones y diversificación del concepto de Universidad y de los formatos contractuales de los profesores.

— Cambios significativos en las demandas del mundo productivo y de los empleadores. Ya no se pide sólo un gran caudal de conocimientos o unas competencias técnicas muy especializadas. Se solicitan también otro tipo de habilidades (gente que sepa cómo aprender, que sea capaz de tomar decisiones, que sea consciente de sí misma, que sepa comunicarse). Se plantea, además, la formación como tarea a lo largo de toda la vida.

— Mayor implicación en la formación por parte de las empresas y de los empleadores.

— Progresiva masificación con la consiguiente heterogeneización del estudiantado. La masificación ha solido acompañarse de un descenso en los módulos de financiación. Con lo cual las instituciones y los profesores se han visto obligados a dar respuesta a nuevos compromisos sin poder contar con los recursos necesarios para hacerlo.

— Notable indiferencia con respecto a la formación para la docencia. Aspectos importantes para el buen funcionamiento de los procesos formativos se han cuidado poco (coordinación, desarrollo de metodologías, evaluación, incorporación de nuevas tecnologías, nuevos sistemas de enseñanza como la semipresencial, la formación en el trabajo, etc.)

— Internacionalización de los estudios superiores y de las expectativas de movilidad laboral.

— Creciente precariedad de los presupuestos con una insistencia mayor en la búsqueda de vías diversificadas de autofinanciación.

— Sistema de gestión que se aproxima cada vez más al de las grandes empresas.

Se trata, como se puede constatar, de modificaciones de amplio espectro que afectan a dimensiones de gran importancia en el funcionamiento institucional de las Universidades e instituciones de Educación Superior. De todas formas, los procesos de cambio en las Universidades se están viendo sujetos a la dialéctica de dos fuerzas contrapuestas. Por un lado la presión de la *globalización* e *internacionalización* de los estudios y marcos de referencia (se plantean muchos referentes comunes entre todas ellas: sistemas de evaluación, niveles de referencia, políticas de personal, condiciones de acreditación y reconocimiento de las titulaciones, movilidad de

© narcea, s. a. de ediciones

los estudiantes, estrategias para competir en investigación y en captación de alumnado, etc.), pero por el otro, cada vez se es más conciente de la importancia del *contexto* como factor determinante de lo que sucede en cada Universidad y de las dificultades para aplicar reglas o criterios generales. Al final, cada Universidad es tributaria de aquellas condiciones idiosincrásicas que la caracterizan. Lo que está sucediendo en cada Universidad está muy condicionado por el contexto político, social y económico en que cada una desarrolla sus actividades: ubicación, características de la región, sistemas de financiación de sus actividades, nivel de autonomía, cultura institucional generada en su seno (incluyendo en un lugar muy importante la particular visión que se tenga del papel a desempeñar por la Universidad), conexión con las fuerzas sociales y económicas del territorio, etc.

Es muy interesante constatar cómo se va haciendo patente, en la «autopresentación» que de sí mismas hacen algunas Universidades, la necesidad de situarse en ese marco general de la *globalización* como instituciones de prestigio reconocido a nivel internacional. La Universidad de Cambridge lo plantea de la siguiente manera:

> «La estrategia a largo plazo de esta Universidad es promover y desarrollar la excelencia académica a través de un amplio espectro de contenidos en los diversos niveles de estudio para reafirmar su posición como una de las Universidades líderes en el mundo y para continuar jugando el gran papel intelectual y cultural que ha venido caracterizando sus actividades durante siglos» (Univ. of Cambridge, England: página web de la Universidad).

La Copenhagen Bussiness School (CBS: una de las más prestigiosas instituciones de formación económica de Europa) es un prototipo de esta orientación explícita a la internacionalidad:

> «La CBS quiere estar entre las mejores instituciones de la Educación Superior en Europa y se propone por ello el objetivo de convertirse en una entidad que hace contribuciones del máximo nivel al mundo de los negocios y a la sociedad, que forma titulados capaces de competir ventajosamente en el mercado internacional de trabajo y que desarrolla nuevos conocimientos e investigaciones en cooperación con las empresas y otras instituciones» (Página web de la institución).

Situados en ese marco general de cambios a muchos niveles, me ha parecido especialmente lúcido el análisis que hace Barnett (1994)[3] sobre los cambios acaecidos en la «idea» y en el «papel social» de la Universidad. En

---

[3] Barnett, R. (1994): *The Limits of Competence. Knowledge, Higher Education and Society.* SRHE y Open University Press. Buckingham. Pág. 3.

© narcea, s. a. de ediciones

La Universidad, escenario específico y especializado de formación

su opinión, el principal cambio se ha producido en la relación entre Universidades y sociedad. Cambio que ha consistido en que las Universidades han pasado de ser realidades marginales en la dinámica social (lo que les permitía mantener un alto nivel de autonomía y autogestión sin apenas tener que dar cuentas a nadie) para sumirse plenamente en la dinámica central de la sociedad y participar de sus planteamientos.

De ser un bien cultural, la Universidad pasa a ser un bien económico. De ser algo reservado a unos pocos privilegiados pasa a ser algo destinado al mayor número posible de ciudadanos. De ser un bien dirigido a la mejora de los individuos pasa a ser un bien cuyo beneficiario es el conjunto de la sociedad (sociedad del conocimiento, sociedad de la competitividad). De ser una institución con una «misión» más allá de compromisos terrenos inmediatos pasa a ser una institución a la que se le encomienda un «servicio» que ha de redundar en la mejor preparación y competitividad de la fuerza del trabajo de la sociedad a la que pertenece. De ser algo dejado en manos de los académicos para que definan su orientación y gestionen su desarrollo pasa a convertirse en un espacio más en el que priman las prioridades y decisiones políticas.

Al final, la Universidad se convierte en un recurso más del desarrollo social y económico de los países y pasa a estar sometido a las mismas leyes políticas y económicas que el resto de los recursos. Si ese proceso constituye un pérdida o una ganancia para las propias Universidades es algo opinable. Sea cual sea nuestra opinión, lo cierto es que la Universidad forma parte consustancial de las dinámicas sociales y está sometida a los mismos vaivenes e incertidumbres políticos, económicos o culturales que afectan a cualquiera de las otras realidades e instituciones sociales con las que convive (o en las que se integra como un subsistema más): la sanidad, la función pública, el resto del sistema educativo, el mundo productivo, las instituciones culturales, etc.

De esa incorporación plena de la Universidad a la dinámica social podemos extraer algunas *consecuencias importantes* para el desarrollo de la docencia universitaria.

La masificación

Es, seguramente, el fenómeno más llamativo de la transformación de la Universidad y el que más impacto ha tenido sobre su evolución. Todos los países han visto cómo se ampliaban los colectivos que accedían a la Universidad.

Las propias políticas universitarias han propiciado ese fenómeno. Así, el Robbins Report (1963)[4] recomendaba en Inglaterra incrementar el número de estudiantes de manera que se diera oportunidad de acceso a los estudios

---

[4] Robbins, Lord (1963): *Higher Education. Report of the Committee.* London. HMSO Cmnd 2154.

superiores al mayor número de ciudadanos. Para lograr ese propósito se multiplicaron las instituciones de Educación Superior (convirtiendo, a veces, en instituciones universitarias centros de rango inferior como politécnicos, escuelas superiores, etc.), se crearon instituciones preparadas para llevar a cabo programas a distancia, se contrataron enormes levas de nuevo profesorado, etc. El objetivo político era que, si la educación superior constituye un bien social, si la formación especializada constituye un valor económico necesario, es preciso abrir la Universidad a todas las capas sociales. Este fenómeno ha tenido efectos fundamentales en la actual situación:

— Llegada de grupos de estudiantes cada vez más heterogéneos en cuanto a capacidad intelectual, preparación académica, motivación, expectativas, recursos económicos... Otras transformaciones del alumnado universitario han sido igualmente llamativas: incremento del número de mujeres (hasta llegar a superar netamente el de hombres), diversificación de las edades (con mayor presencia de adultos que retoman su formación[5]), aparición de sujetos que ya están trabajando y simultanean su profesión con el estudio (lo que condiciona su disponibilidad y los convierte en estudiantes a tiempo parcial). Veremos enseguida cómo estos fenómenos han obligado a repensar la estrategia formativa de la Universidad.

— Necesidad de contratar, de forma también masiva, nuevo profesorado para atender la avalancha de estudiantes. Una contratación con efectos notables sobre la capacitación del nuevo profesorado, sobre sus condiciones laborales, sobre la adscripción de las funciones a desarrollar por los mismos y sobre la posibilidad de arbitrar sistemas de formación para el mejor ejercicio de la docencia y la investigación.

— Aparición de sutiles diferencias en cuanto al status de los diversos estudios y de los centros universitarios que los imparten. El proceso de masificación no se ha producido por igual en todas las carreras y Facultades. Algunas de ellas (Medicina, Ingenierías, etc.) han conservado su marchamo elitista y han mantenido, con ello, un cierto status de estudios privilegiados. El peso de la masificación se ha dejado sentir especialmente en las carreras de humanidades y estudios sociales (ámbitos en los que se han multiplicado las especialidades, se ha mantenido la docencia a grandes grupos y se han incorporado amplias levas de nuevo profesorado a veces en condiciones laborales precarias).

Todos estos aspectos tienen, como veremos, importantes repercusiones en el desarrollo de la docencia universitaria. Lo que el profesorado universitario puede llevar a cabo estará fuertemente mediatizado por este fenómeno de la masificación.

---

[5] Este fenómeno no es aún tan llamativo en España como lo es en otros países: frente a tasas de alumnos de entre 25 y 29 años elevadas como en el caso de Alemania (11,8%), Dinamarca (12,1%), EEUU (11,1%) o Finlandia (13,6%), la tasa española se sitúa en el 6,2%. Véanse datos pormenorizados en el Informe Universidad 2000 (Bricall, 2000), pág. 30.

© narcea, s. a. de ediciones

Control social de la Universidad (calidad y estándares)

Fruto de la misma circunstancia anterior, la incorporación de la Universidad a las dinámicas centrales de la vida social, ha sido su afectación por las políticas generales desarrolladas desde los gobiernos. Pese a la «autonomía» formal de que siempre han gozado en la ley las instituciones universitarias, se han ido generando numerosos mecanismos de control desde los poderes políticos. Muchos de esos mecanismos de control se han vinculado a las políticas de financiación y de control de calidad.

Faltas de un apoyo *financiero* incondicionado por parte de los poderes públicos, las Universidades han debido doblegarse a los nuevos criterios que dichos poderes les fueron imponiendo en el desarrollo de su actividad y en la gestión de los recursos:

— Búsqueda de nuevas fuentes de financiación a través de contratos de investigación y asesoría a las empresas (con lo cual ya queda orientado y comprometido una buena parte de su potencial investigador).

— Incremento del número de alumnos matriculados. En muchas ocasiones la financiación viene vinculada básicamente al número de alumnos matriculados (por lo que supone de mayores ingresos por matrículas y porque el dinero recibido del Estado viene vinculado al número de alumnos atendidos).

El *control de la calidad* y el *establecimiento de estándares* (o los llamados *contratos por objetivos*) se ha convertido en una nueva obsesión política. Pero da la impresión de que la motivación de fondo no es el que se esté especialmente preocupado por la calidad de la formación en sí misma (por garantizar que las Universidades cumplan efectivamente con su compromiso de ofrecer una formación de alto nivel) sino por la forma en que se gestionan y rentabilizan los recursos.

Nuevo concepto de formación a lo largo de la vida *(long life learning)*

Especialmente importante me parece esta modificación del sentido de la Universidad. Una nueva visión de la sociedad en la que se le otorga especial valor al conocimiento, necesariamente debía otorgar a la Universidad un papel protagonista. Y así ha sido, pero con una matización fundamental: la formación es un recurso social y económico fundamental pero para que resulte efectiva debe plantearse como un proceso que no se circunscribe a los años universitarios sino que dura toda la vida.

Visto así, se relativiza incluso el valor tradicionalmente otorgado a la formación universitaria como única vía de acreditación profesional. En el nuevo escenario, la Universidad juega un importante papel en el proceso de formación pero no lo completa: la formación se inicia antes de llegar a la Universidad, se desarrolla tanto dentro como fuera de las aulas universitarias, y se continúa tras haber logrado la titulación correspondiente a través de la formación permanente. Muchas Universidades europeas tienen en la actualidad más alumnos de postgrado que de pregrado. Algunas consecuencias de especial importancia para la docencia universitaria son las siguientes:

— Incorporación a la Universidad de nuevos grupos de alumnos y alumnas adultos con formaciones previas diversas y con objetivos de formación claramente diferenciados.

— Necesidad de reconstruir la idea de formación entendiéndola no como un bloque que se suministra en un periodo corto de tiempo (los años que dura la carrera) sino como un proceso que se alarga durante toda la vida. Eso supone, en primer lugar, una oferta formativa estructurada en diversos niveles y con distintas orientaciones. La formación inicial, aquella que constituía la esencia de lo universitario, se configura ahora como una formación básica y general destinada a establecer los cimientos de un proceso formativo que continuará posteriormente con formatos más especializados y vinculados a actuaciones profesionales más concretas.

— La fuerte orientación profesionalizadora de los estudios universitarios (lo que significa la priorización de la «aplicación» de los saberes sobre su mera acumulación o desarrollo teórico) ha ido provocando en los últimos años la aparición de escenarios formativos complementarios, casi siempre ligados al ejercicio de la profesión. Es así como ha ido tomando cuerpo en toda Europa la llamada *formación en alternancia* (*prácticum* o *prácticas en empresas*) que se desarrolla en un doble escenario (el centro universitario y las empresas o servicios vinculados al ejercicio de la actividad profesional de que se trate). De la misma manera, se amplía el espectro de los agentes de formación que ya no quedan reducidos a los profesores sino que incluyen a aquellos profesionales en ejercicio que atienden a los estudiantes durante su periodo de prácticas (tutores).

— Ruptura del marco puramente académico de la oferta formativa de las Universidades. Puesto que la orientación al mundo del trabajo resulta ser un punto clave en el nuevo enfoque de la formación universitaria, esto lleva a las Universidades a ampliar su marco de influencia sobre la adquisición de competencias para el empleo. Y eso lo llevan a cabo bien de forma directa (generando sus propias empresas que se vinculan a la institución como nuevos espacios de formación e investigación, sin olvidar sus aportaciones generadores de recursos económicos) bien de manera indirecta (a través de diversas fórmulas de cooperación con instituciones y empresas del propio país o repartidas por todo el mundo).

En la actualidad son muchas las Universidades que figuran como grandes productores tanto en el sector primario (piscifactorías, gran-

© narcea, s. a. de ediciones

La Universidad, escenario específico y especializado de formación

jas, cultivos, etc.) como en el de servicios (software, tecnologías aplicadas, asesorías, etc.) La prensa[6] aportaba hace poco tiempo el dato de que titulados y profesores del MIT (*Massachusetts Institute of Technologie*) habían participado en los dos últimos años en la creación de 4.000 empresas que dan empleo a más de un millón de personas.

— Reconocimiento académico (y su consiguiente incorporación a los itinerarios formativos) de modalidades de formación no académicas y logradas en contextos institucionales o productivos no universitarios. La experiencia en el trabajo, los auto-aprendizajes, las competencias adquiridas por cualquier vía legítima son valoradas como adquisiciones reconocibles en los procesos de acreditación. Ya no es el título en sí lo que importa sino el nivel de conocimiento y competencias que el titulado acredita. Se habla, incluso, de que en el futuro los títulos incluirán en su reverso la especificación de las competencias que el sujeto titulado ha demostrado poseer (Italia, por ejemplo, ya ha incorporado esta norma a su legislación).

— Necesidad de modificar profundamente los soportes y las estrategias de enseñanza y aprendizaje utilizables en la Universidad. Los adultos que acuden a la Universidad lo hacen con un gran bagaje de experiencias que se deben tomar en consideración. Por otra parte, su disponibilidad de tiempo y esfuerzo no es ilimitado pues muchos de ellos comparten los estudios con la vida laboral y familiar. Se hacen necesarias nuevas fórmulas de enseñanza a distancia o semipresencial, la creación de materiales didácticos que faciliten el trabajo autónomo de los estudiantes, la introducción de nuevas dinámicas relacionales y nuevas formas de compromiso, etc.

— La Universidad debe ampliar el espectro de su oferta formativa. Ahora se le pide no sólo que ofrezca cursos para llevar a cabo la formación inicial de sus alumnos sino también que incorpore a su oferta cursos de especialización, de doctorado, para adultos que deseen retomar su formación, de reciclaje para profesionales, para extranjeros, etc.

Situadas en el nuevo marco de la formación a lo largo de toda la vida, la Universidad recobra su protagonismo pero se le fuerza a reconfigurar su oferta.

Impacto en las exigencias a los profesores

Estos cambios han tenido una clara incidencia en la vida y el trabajo de los profesores y profesoras universitarios. Lo que se espera de nosotros, las

---

[6] Sáenz de Miera en *El País* (5-Marzo-2001). Pág. 36.

demandas que se nos hacen han ido variando al socaire de los grandes cambios estructurales y funcionales que la Universidad ha ido sufriendo. Los aires de cambio en la Universidad y, sobre todo, la presión por la calidad están llevando a los cuerpos docentes a revisar sus enfoques y estrategias de actuación. Algo que muchos están haciendo voluntariamente y algunos otros solamente bajo presión y oponiendo una seria resistencia. Pero también en este punto la suerte está echada y de una forma u otra las Universidades y sus profesores nos veremos obligados a salir de la modorra institucional en que se había enquistado la docencia.

Fruto de este fenómeno se han producido también algunas *repercusiones* para el profesorado:

— Ampliación de las funciones tradicionales, basadas en la explicación de contenidos científicos, a otras más amplias en las que se integran actuaciones de *asesoramiento y apoyo* a los estudiantes, coordinación de la docencia con otros colegas, desarrollo y supervisión de actividades de aprendizaje en distintos escenarios de formación, preparación de materiales didácticos en distintos soportes que puedan ser utilizados por los estudiantes en sistemas a distancia, etc.

— Exigencia de mayores esfuerzos en la *planificación, diseño y elaboración de las propuestas docentes*. En algún sentido (más alumnos, mayor heterogeneidad, mayor orientación profesionalizada de los estudios, nuevos formatos de enseñanza con incorporación de las nuevas tecnologías, etc.), la docencia universitaria se ha complicado mucho. Sigue siendo muy importante conocer bien la propia disciplina pero uno ya no puede llegar a clase y soltar lo que sabe sobre el tema del día. No serviría para nada porque parte de los alumnos no estarían en el aula, otros no entenderían nada de lo que les contamos, otros lo verían como algo que tienen que estudiar pero de escaso interés personal, etc. Afortunadamente siempre hay también los que nos siguen con agrado y aplicación pero no podemos reducir nuestras atenciones a este grupo de incondicionales. El problema está en cómo llegar al conjunto de alumnos con el que trabajamos. Está claro que las lecciones y la explicación tradicionales no sirven.

Por eso se ha hecho patente la necesidad de reforzar la dimensión pedagógica de nuestra docencia para adaptarla a las condiciones variables de nuestros estudiantes. Se nos impone la necesidad de repensar el itinerario formativo que proponemos a nuestros estudiantes (tomando en cuenta la condición de que estamos trabajando para un proceso de formación que durará toda su vida y que pasará por diversas etapas); la necesidad de revisar los materiales y recursos didácticos que ponemos a su disposición para que faciliten su aprendizaje; la necesidad de incorporar experiencias y modalidades diversas de trabajo de forma tal que los propios alumnos puedan optar por niveles de profundización en la disciplina acordes con su propia motivación y orientación personal.

No es, desde luego, un trabajo fácil. Al contrario, supone toda una reconstrucción del perfil habitual del profesorado universitario.

— Incremento de la *burocratización didáctica*. Algunos colegas se quejan de que todo lo señalado en el punto anterior (ese incremento de las exigencias pedagógicas) no es sino un reforzamiento de la burocratización de los estudios universitarios. Se entiende como una pérdida de tiempo tener que presentar la *programación* de la propia disciplina, participar en *reuniones de coordinación*, tener que realizar *revisiones* periódicas del proceso seguido, tener que presentar *informes razonados* en la evaluación de los trabajos y exámenes de los alumnos.

El hecho de aparecer (antes era una actividad probablemente inexistente pero, desde luego, *invisible*) esta dimensión didáctica de nuestro compromiso docente y, más aún, el hecho de haberse convertido en «exigencia formal» la transforma en una ruptura del *statu quo* tradicional en la enseñanza universitaria. Para quienes como docentes valoran sobre todo su trabajo de aula y su comunicación directa con los alumnos este tipo de tareas extra-aula supone consumir mucho tiempo y energía. Para quienes toman la docencia como una actividad marginal a la que le dedican solo el espacio que detraen de otras ocupaciones más rentables (profesional y económicamente), el tener que atender estos requisitos administrativos supone un contratiempo.

«Ya no es importante si los profesores enseñamos bien o no, o si en alguna ocasión somos capaces de inspirar a nuestros alumnos. Lo importante ahora es saber si has elaborado la programación de tus cursos, las bibliografías, las reseñas de esto o lo otro, en definitiva toda esa parafernalia de una burocratización inútil exigida por unos evaluadores pagados de sí mismos que llegan a la Universidad como emisarios del castillo de Kafka» (Jonhson, 1994)[7]

En cualquier caso, y al margen de los posibles excesos que se puedan producir, parece obvio que la docencia universitaria precisa de una serie de actuaciones pre y post-aula que salvaguarden su sentido didáctico. Llama la atención cómo aceptamos de buen grado los requisitos formales cuando se trata de la investigación (hemos de presentar un proyecto, justificar unos objetivos, establecer un proceso, definir unos instrumentos y unas técnicas de análisis, elaborar un informe, etc.) pero los rechazamos por superfluos e innecesarios cuando se trata de la docencia.

---

[7] Jonhson, N. (1994): «Dons in decline», en *Twentieth Century British History*, 5, pag. 370-385 (citado por Evans, L. y Abbot, I, Pág.13).

© narcea, s. a. de ediciones

— La aparición de reservas individuales, la *vida privada de la docencia* de la que habla Halsey (1995)[8]. El mundo universitario es un mundo complejo. Lo es también el mundo del profesorado. También en lo que se refiere a nuestra posición en la institución y a nuestro papel formativo los cambios han sido muy fuertes. Podremos entrar en ellos más detenidamente en el capítulo dedicado al profesorado universitario. Baste señalar aquí que, pese a todo ese barullo interior y exterior que ha afectado a las Universidades, la estructura del trabajo docente se ha mantenido con una cierta estabilidad. Algunos han descrito ese fenómeno como «resistencia cultural» de los docentes. Ni las presiones de las políticas universitarias de los gobiernos, ni las presiones internas de las gerencias universitarias, ni las presiones doctrinales de los pedagogos han logrado trascender al mundo «privado» en que se ha enrocado la acción docente (por el contrario, la actividad de investigación ha sido mucho más vulnerable a las influencias externas).

El «individualismo», la «atomización curricular», la defensa de la «libertad de cátedra», la «opacidad» de las actuaciones docentes, etc. han creado un caldo de cultivo favorable al deslizamiento de la actividad docente a una especie de territorio privado. Y ese fenómeno ha tenido efectos positivos y negativos. Se han preservado la creatividad e iniciativas innovadoras de los profesores y su estilo personal de trabajo frente a las presiones homogeneizadoras que toda influencia externa lleva consigo. Pero, a la vez, han persistido modalidades empobrecidas de actuación docente y sistemas poco aceptables de relación con los estudiantes.

En todo caso, y por lo que a la temática de este libro se refiere, esta resistencia cultural marca una de las características del escenario universitario. Sea cual sea la propuesta de mejora de la docencia que se quiera hacer uno, ha de contar con esos mecanismos de ocultamiento y privatización que filtran los mensajes y dificultan la permeabilidad de las influencias.

Hemos analizado algunas de las transformaciones más significativas que ha sufrido la Universidad en estos años. Seguramente se podría haber aludido a otros muchos cambios. Nos referiremos a algunos de ellos en los puntos siguientes al tratar de los *objetivos formativos* de la Universidad y de su *dinámica organizativa*. Pero me ha parecido importante señalar estos cambios como el contexto general en el que se mueve la docencia universitaria. Como ya señalaba antes, resulta imposible aproximarse a ella sin tomar en consideración estos aspectos que caracterizan su situación actual.

---

[8] Halsey, A.H. (1995): *Decline of Donnis Dominion*. Claredon Press. Oxford.

© narcea, s. a. de ediciones

No es fácil hacer una síntesis del conjunto de cambios acaecidos en estos últimos años y de los efectos que han tenido sobre la actuación de las Universidades. Michavila (2000)[9] ha intentado resumirlos aludiendo a seis grandes retos a los que la Universidad actual ha de hacer frente en sus planes de actuación:

1. Adaptarse a las actuales demandas del mundo del empleo, ofreciendo una formación, que sin renunciar a los contenidos básicos, capacite a sus estudiantes a un fácil acceso a la oferta laboral.

2. Situarse en un nuevo contexto de competitividad social donde va a primar la calidad y la capacidad para establecer planes e introducir ajustes.

3. Mejorar la gestión, en un contexto de reducción de recursos públicos que exige la incorporación de nuevas fuentes de financiación y una mayor transparencia en la distribución de los mismos.

4. Incorporar las nuevas tecnologías tanto en la gestión como en la docencia y aprovechar su potencial para generar nuevas formas de relación interinstitucional y nuevos sistemas de formación (redes virtuales, enseñanza a distancia, etc.).

5. Constituirse como motor del desarrollo local tanto en lo cultural como en lo social y económico a través del establecimiento de redes de colaboración con empresas e instituciones.

6. Reubicarse en un nuevo escenario globalizado de formación y empleo y adaptar a él sus propias estrategias formativas: potenciando la interdisciplinaridad, el dominio de lenguas extranjeras, la movilidad de estudiantes y profesores, la investigación en partenariado, los programas y sistemas de acreditación compartidos, etc.

Sentido formativo de la Universidad

Goodlad (1995)[10] insiste, con razón, en la necesidad de diferenciar entre la «institución» y las «funciones» que la institución cumple (o debería cumplir). Las mismas funciones pueden ser ejercidas por un amplio espectro de instituciones. Y así como las instituciones se consolidan en tanto que es-

---

[9] Michavila, F. (2000): «¿Soplan vientos de cambios universitarios?», en *Boletín de la Red Estatal de Docencia Universitaria*, vol. 1, nº 1. Págs. 4-7.
[10] Goodlad, S. (1995): *The Quest for Quality. Sixteen Forms of Heresy in Higher Education. Op cit.* Pág. 4.

tructuras y formas de funcionamiento más o menos estables, las funciones constituyen fenómenos sociales mucho más fluidos y variables.

De esta manera, la evolución dispar entre las funciones y las instituciones encargadas de satisfacerlas hace que se produzcan momentos de desajuste de los que se pueden derivar importantes modificaciones. Algunos autores han atribuido los cambios acaecidos en las instituciones de Educación Superior a esta disonancia entre las instituciones y sus funciones. Puesto que las Universidades cuestan cada vez más y además son lentas en dar respuesta a las nuevas demandas del mundo del empleo, ha escrito Wooldridge (1994)[11], han ido surgiendo todo un conjunto de agencias e instituciones mucho más ágiles que ofrecerán los mismos servicios que ofrecían las Universidades pero de una forma mucho más adaptada y accesible.

Con respecto a la Universidad son numerosas las funciones que como institución social se espera que desarrolle: enseñanza, investigación, gestión de los recursos y del personal, dinamización social y cultural, apoyo técnico y científico a las empresas, consultoría social, servicio social y apoyo a las personas con menos recursos, establecimiento de partenariados nacionales e internacionales de investigación y formación, crítica social, etc. El Informe Universidad 2000[12] sintetiza esas funciones en tres: preservación y transmisión crítica del conocimiento, cultura y valores sociales (función socializadora), revelación de las capacidades individuales (función orientadora) y aumento de la base de conocimientos de la sociedad (función investigadora y de extensión cultural). Como puede verse, son muchas expectativas y de signo muy diverso. Conell (2000)[13] aún amplía más este espectro. Situando la institución universitaria en el complejo mundo actual, le atribuye cuatro cometidos específicos:

— *Documentación*, que implica garantizar su naturaleza como arcano de conocimientos de todo tipo. La Universidad no sólo aparece como la *cuna del saber* sino como centro de almacenamiento de dichos saberes a donde se puede acudir cuando alguien desee o precise utilizarlos.

— *Reticulación*, que implica la utilización de los más variados y plurales sistemas y soportes de comunicación que permitan la mayor extensibilidad posible del conocimiento de manera que pueda llegar a los posibles usuarios sea cual sea su ubicación geográfica y/o sus recursos económicos.

---

[11] Woolbridge, A. (1994): «Universities: towers of babble», en *The Economist*, 25-XII to 7-I, 1994. Págs. 54-56.

[12] Bricall, J.M. (2000): *Universidad 2000*. Madrid. Conferencia de Rectores de las Universidades Españolas (CRUE). Págs. 76-77.

[13] Connell, R.W. (2000): «Escuelas, mercados, justicia: la educación en un mundo fracturado», en *Kikiriki*, 55/56. Págs. 4-13.

© narcea, s. a. de ediciones

— *Innovación* de forma que las Universidades se conviertan en focos permanentes de progreso técnico y social. En tal sentido, deben ser capaces de rentabilizar al máximo la *autonomía* y la *disponibilidad de recursos* de los que gozan.

— *Crítica* sobre los usos y abusos del poder (en sus diversas presentaciones y ámbitos) y/o de los procesos de pérdida de identidad individual y social.

No me adentro en la consideración de cada una de estas funciones. Pretendo tan sólo aclarar lo que este apartado supone en relación a la docencia. Esto es, me interesa reflexionar sobre la *formación* como función básica de la docencia universitaria: qué significa hablar de formación en este contexto y de qué manera afecta esa concepción de formación al desarrollo de las tareas docentes en la Universidad.

Parece claro, y es bueno comenzar por reconocerlo, que en cuanto se refiere a los *propósitos formativos*, la Universidad actual ofrece un marco notablemente «borroso» y poco firme. ¿Qué tipo de formación puede-debe ofrecer la Universidad? ¿Cómo se puede entender la propia idea de formación aplicada al contexto universitario? ¿Somos *formadores* (quizás incluso *educadores*) los profesores universitarios o eso no pasa de ser una simple fantasía pedagógica? En definitiva, ¿de qué estamos hablando cuando decimos que la principal función de la Universidad es la *formación*?

Algunos de los puntos señalados en apartados anteriores tienen mucho que ver con el sentido de la formación: la integración de las Universidades en el centro de las dinámicas sociales (sobre todo en lo que supone la sociedad del conocimiento y las nuevas demandas del sistema productivo), el acceso de grupos sociales cada vez más amplios, la prolongación de los periodos formativos más allá de los años escolares y de las aulas académicas, etc. En todos esos planteamientos subyace una revisión profunda del sentido convencional de la formación y del desarrollo personal. Sin duda, el efecto expansivo de la exigencia de formación en este último siglo y la ampliación de los agentes encargados de ofrecerla ha supuesto profundas transformaciones en su concepción y en las estrategias para su desarrollo.

Estamos en un momento en el que son cada vez menos las actividades que no requieren de procesos de formación específica para ser llevadas a cabo. Formación que se hace más necesaria y profunda a medida que las actividades (laborales, profesionales, sociales e incluso personales) van complicando sus exigencias. De ahí las numerosas denominaciones aplicadas a este momento histórico: sociedad del aprendizaje, sociedad de la formación, formación a lo largo de la vida, etc. Esta presencia universal de lo formativo y su incorporación a la dinámica ordinaria de la vida de las personas ha traído consigo efectos importantes sobre la misma concepción de la formación, su ubicación en el tejido social y las estra-

© narcea, s. a. de ediciones

tegias de implementación de la misma. También ha trastocado, como no podía ser menos, la concepción y función a ejercer por las Universidades y por los restantes agentes formativos en este nuevo escenario.

No sólo la palabra «formación» en sí misma, sino la misma conciencia de la necesidad de formación, la idea de qué supone formarse, la incorporación de la formación al propio plan de vida de los sujetos se ha convertido en una constante de la cultura de este final de siglo. Los jóvenes asumen que les será difícil encontrar un puesto de trabajo digno si no consiguen formarse adecuadamente. Las familias consideran como un capítulo importante de sus gastos los que se refieren a formación. Los políticos comienzan a valorar la formación como «inversión» en capital humano. Los trabajadores y profesionales son conscientes de que las condiciones de su trabajo van mudando y que sólo una formación continua les capacita para estar al día y poder mantenerse como sujetos competentes. En definitiva, la problemática de la formación se ha convertido en una constante básica en la definición de nuestras vidas y en el diseño de la dinámica social y laboral de nuestro entorno.

Esta avalancha de reclamos y exigencias vertidos desde todos los frentes sobre la formación, merece una consideración más en profundidad para que no acabe diluyéndose su sentido originario en un conjunto de proposiciones vacías o, peor aún, ajenas a un sentido «formativo» de la formación. Ése es, justamente, el riesgo que corremos en la Universidad. Nos pasamos el día hablando de formación, dedicamos nuestra vida a ofrecérsela a nuestros alumnos, nos sentimos profesionales de la formación, pero apenas nos hemos parado a pensar con detenimiento qué hay detrás de esa palabra tan inclusiva y a veces, en la práctica, tan vacía.

Retomo aquí algunas de las ideas ya expuestas en otros trabajos anteriores pero tratando de situarme ahora en el marco de la enseñanza universitaria y de los compromisos formativos que tanto la institución como nosotros mismos asumimos.

Varios puntos me gustaría abordar en este apartado: sentido y contenidos de la formación universitaria; grandes dilemas que debe afrontar la formación en el nuevo marco de la «sociedad del conocimiento»; la formación como proceso a lo largo de la vida y el papel que les toca jugar a las Universidades en ese nuevo escenario.

Mi perspectiva de la formación viene condicionada por mi pertenencia al mundo de la educación. Parece evidente que existen múltiples modos de abordar la problemática de la formación en este final de siglo: el economista o el político, el empresario o el educador se plantean visiones muy diversas con respecto al sentido y contenidos de la formación.

Una visión «pedagógica» del tema de la formación resulta, para algunos, notablemente ingenua e idealista. Las necesidades sociales y del mercado, se dice, van en otra dirección. Posiblemente sea cierto que la *market ethos* está ganando la batalla. Pero así y todo, resulta imprescindible revisar las actuales prácticas formativas y buscar en lo pedagógico nuevas luces que permitan iluminar ese escenario formativo que es la Universidad, cada vez más rico en recursos pero menos nítido en cuanto al sentido de las cosas que se hacen. Aunque sólo sea por recuperar la tradición crítica de la Pedagogía y los pedagogos merece la pena hacer el esfuerzo y correr el riesgo de ser tildados de impertinentes en el actual despliegue de iniciativas y discursos llenos de proclamas e hipérboles sobre la importancia de la formación.

Sentido de la formación

El sentido de la formación y lo que supone hacer un análisis crítico de las experiencias formativas puede afrontarse desde una doble perspectiva: desde la «teoría de la formación» y más concretamente desde una teoría pedagógica de la formación, y desde la «teoría del trabajo» (aunque también en este caso resulta pretencioso y, seguramente incorrecto hablar de una teoría del trabajo pues deben existir, sin duda, muchas formas de analizarlo).

Hablar de «formación» no ha solido ser habitual en los estudios pedagógicos. Otros conceptos más tradicionales ha sido utilizados para referirse a los procesos vinculados al aprendizaje. Los términos de *educación* (para recoger la visión más amplia y comprehensiva del progreso hacia la madurez), *enseñanza* (para referirse a los procesos institucionalizados de formación), *instrucción* (para indicar los aprendizajes más intelectuales o académicos), *entrenamiento* (para referirse a la adquisición de habilidades prácticas) etc. han tenido una presencia más continuada y definida en la jerga pedagógica.

La referencia a la «formación» ha sido más frecuente en los procesos más vinculados a la formación profesional o formación para el empleo. Pero tampoco en estos casos se ha hecho un esfuerzo significativo por clarificar el significado de dicha denominación. Se diría que, en su acepción más habitual, se alude a un proceso de preparación, en unos casos genérica y en otros especializada, tendente a *capacitar* a los sujetos para llevar a cabo ciertas labores.

En realidad, lo que se constata es que se ha producido un cierto vaciamiento de significado en relación a la idea de formación. Si analizamos los anuncios de prensa o los informes y encuestas sociales, cualquier cosa puede hoy ser adscrita a esa categoría de lo formativo: desde una carrera universitaria hasta un programa de un fin de semana, desde algo que implique una mera información sobre algún dispositivo nuevo hasta algo que ofrezca una transformación personal de sus destinatarios. La formación se define, en muchos casos, por lo que se ofrece o por el tipo de producto externo que se pretende obtener más que por el efecto real que va a ejercer sobre las personas que se benefician de ella.

© narcea, s. a. de ediciones

Para la reflexión en alta voz que se pretende aquí, la gran cuestión de fondo pendiente con respecto a la formación es, justamente, ésta: *¿Qué debe aportar la formación a los sujetos para que efectivamente podamos denominarla así?*; *¿cuándo podemos decir que alguien se ha formado como consecuencia de la experiencia o programa que se le ha ofrecido?*, o dicho de otra manera, *¿qué condiciones debe reunir cualquier programa de formación* (universitario o no) *para que resulte realmente formativo?*

Éste es un problema de una importancia singular, al menos para quien se aproxima a los procesos formativos con una visión pedagógica. Desde esta perspectiva, la idea de formación puede quedar seriamente empobrecida si su sentido se reduce a la mera adquisición de alguna nueva información o al desarrollo de una nueva destreza.

La importancia de la formación se deriva, a mi manera de ver, de su necesaria vinculación al *crecimiento y mejora de las personas*. Mejora que ha de ser entendida en un sentido global: su mejora como personas. Llevando las cosas a su extremo, carecería de sentido hablar de *formación a lo largo de la vida* si no es desde esta perspectiva de *ir mejorando como personas*. ¿De qué nos serviría ser cada vez profesionales más enterados y competentes si eso, a la vez, no supone ir siendo mejores personas? O, llevando la cuestión hasta el absurdo, ¿podríamos hablar de formación en un proceso que nos llevara a perjudicarnos personalmente o a perjudicar a los demás?

La formación, como los restantes procesos de intervención pedagógica, forma parte de lo que Foucault denominaba la «tecnología del Yo». Es decir, procesos deliberados que tratan de influir, directa o indirectamente, en las personas en lo que se refiere al proceso de construirse a sí mismas. La calidad de dicha influencia viene condicionada tanto por el contenido de la intervención formativa como por la forma en que dicho proceso se produce.

Esta idea de la *mejora*, el *desarrollo personal*, etc. suele atribuirse ordinariamente al concepto de **educación**. Y de esta manera podría llegar a plantearse una contraposición entre lo que es *educación* (más vinculada al desarrollo personal, a la adquisición de nuevas capacidades, a la incorporación al mundo de la cultura, etc.) y lo que sería *formación* (algo mucho más puntual y funcional, dirigido a la adquisición de habilidades específicas y vinculadas, normalmente, al mundo del trabajo).

Ésa es la posición adoptada, por ejemplo, por Buckley y Caple[14], para quienes la *formación* tiene que ver con aprendizajes y experiencias planificadas para «conseguir la actuación adecuada en un actividad o conjunto de actividades», mientras que la *educación* tiene que verse, más bien, como el proceso destinado a «asimilar y desarrollar conocimientos, técnicas y valores» que llevarían a una capacitación más general. La formación sería, en

---

[14] Buckley, R. y Caple, J. (1991): *La formación: teoría y práctica*. Díaz de Santos. Madrid.

La Universidad, escenario específico y especializado de formación

su opinión, un proceso más mecánico y en el que se buscan aprendizajes uniformes a través de prácticas repetidas. Es fácil ver el mundo del trabajo, con sus exigencias de homogeneización y actuaciones uniformes, detrás de esta idea de formación. Por contra, la *educación* aparece como un proceso más abierto, menos estandarizable y más orientado a afectar a la dimensión personal de los sujetos.

Este intento de separar lo educativo y lo formativo es lo que, como pedagogo, me produce una fuerte desazón. Porque se corre el riesgo de mecanizar la formación, reducirla a un proceso puramente instrumental y adaptativo. Una nueva estrategia del sistema para vaciar a los sujetos de sí mismos y acomodarlos cada vez más a las conveniencias del propio sistema, laboral, social o político. Al final, la formación puede no sólo ser concebida como algo que no tiene que ver con el desarrollo personal, sino que mantiene propósitos contrarios a esa idea (disminuir la capacidad crítica, reforzar los sistemas de adaptación, modelarnos según un pensamiento único y heterónomo).

Contenidos de la formación

La idea de formación puede (y hasta cabría decir «suele») entenderse de dos maneras notablemente pervertidas, al menos desde el punto de vista pedagógico:

— *Formar = modelar.* Desde esta perspectiva se orienta la formación a «dar forma» a los sujetos. Se les forma en la medida en que se les modela, se les convierte en aquel tipo de producto que se toma como modelo: el perfil profesional, el puesto de trabajo a desempeñar, la demanda manifestada por el empleador, el estilo habitual de las personas que se ocupan de esa función, las exigencias de la normativa. Siempre es algo externo lo que marca la identidad (en este caso el resultado de la formación) que se pretende «modelar» en los sujetos que se forman. El éxito de la formación radica justamente en que hayamos conseguido alcanzar el máximo de matices del modelo pretendido.

— *Formar = conformar.* Esta segunda desviación resulta, si cabe, aún más perversa. En este caso se trata de lograr que el sujeto acepte y se conforme con el plan de vida y de actividades para el que se le ha formado. El proceso de homogeneización, las condiciones que actúan desde el puesto de trabajo, la presión de los empleadores le lleva a uno a tener que «conformarse». Al final se acaba asumiendo ese sentimiento de renuncia a sí mismo que se concreta en el «ya sabes, si quieres ganar una oposición, si quieres pasar una selección de personal, si quieres llegar alto tienes que tragar y aceptar lo que te echen» (renunciar a cualquier idea propia, a la autonomía y la crítica, aceptar una obediencia pasiva del jefe, aceptar, en el peor de los casos, ciertas agresiones a tu propia integridad moral).

Acepto de antemano que puede haber algo de exageración en el planteamiento. Pero creo que resulta clarificador analizar los procesos de formación desde este doble peligro de desviación de sus fines formativos. De ahí la necesidad de insistir machaconamente en que la formación debe servir para mejorar a las personas. No es suficiente con equiparlas de un perfil profesional estandar o de un determinado bagage de conocimientos y hábitos culturales o, simplemente, con adaptarlas mejor a un puesto de trabajo.

Por eso, cuando hablamos de formación (en esta visión amplia y completa a la que podríamos denominar redundantemente formación «formativa»), debemos estar en condiciones de integrar en ella los siguientes contenidos formativos (dimensiones que los sujetos podrán desarrollar y mejorar como consecuencia de la formación que se les ofrece):

— *Nuevas posibilidades de desarrollo personal.* Esta idea del desarrollo personal podría concretarse en: crecimiento personal equilibrado, mejora de las capacidades básicas del sujeto y satisfacción personal, mejora de la propia autoestima y el sentimiento de ser cada vez más competente y estar en mejores condiciones para aceptar los retos normales de la vida (no solamente los laborales).

— *Nuevos conocimientos.* Se refiere a la idea de saber más y ser más competente como resultado del proceso formativo seguido. Estos conocimientos engloban: cultura básica general, cultura académica (en su caso) y cultura profesional (en su caso).

— *Nuevas habilidades.* Las habilidades se refieren a la mejora en la capacidad de intervención por parte de los sujetos que se forman. Se supone que al final del proceso formativo, los sujetos que han participado deben ser capaces de hacer las cosas mejor de lo que las hacían antes. Las habilidades pueden ser: genéricas (relacionadas con el hacer en la vida ordinaria) y especializadas (relacionadas con el desempeño de alguna función específica).

— *Actitudes y valores.* Ésta es una parte sustantiva de cualquier proceso formativo. Y sin embargo es el contenido más ausente en los procesos de formación habituales. Las actitudes y valores pueden hacer referencia a uno mismo, a los demás (desde los compañeros de trabajo a los grupos de referencia con los que se convive), a los eventos y situaciones de la vida ordinaria, a los compromisos que se asumen o a la forma de orientar el trabajo.

— *Enriquecimiento experiencial.* Se supone, también, que cualquier proceso de formación debe constituir, en su conjunto, una oportunidad de ampliar el repertorio de experiencias de los sujetos participantes. Podríamos hablar, en este sentido, de procesos formativos de mayor y menor calidad en función de las experiencias que se ofrecen a las personas que se forman. Aquellos que ofrecen una calidad formativa más alta suelen caracterizarse porque ofrecen la posibilidad de manejarse más autónomamente a los sujetos (con lo cual se rompen buena parte de los condicionantes que algunas de las fórmulas desviadas de formación mencionadas —adiestramiento, condicionamiento, etc.— presentan) y tomar decisiones en el proceso de formación; ofrecen experiencias «fuertes» y «ricas» tanto a nivel personal como profesional. Experiencias fuertes son aquellas en las que se ve envuelta toda la persona del sujeto en formación (su intelecto, sus habilidades manuales, sus afectos, etc.). Participar en una investigación, la experiencia en una fábrica, una salida al extranjero, trabajar con un profesional competente, participar en resolución de problemas complejos, etc. dan pie a esas experiencias fuertes. Las experiencias ricas lo son por el tipo de contenidos que se incorporan a ella: tecnologías novedosas, procesos de calado social, actividades de gran interés, etc.

Este análisis de la formación no pretende, en absoluto, convertir los procesos formativos en «proyectos ideales» e inalcanzables. Tampoco se pretende llevarla al centro de un discurso excesivamente «pedagogicista» (que algunos denominan despectivamente «rollos teóricos de los pedagogos») que desnaturalice su sentido práctico y próximo a la realidad del trabajo y de la vida profesional. Pero parece obvio que existe un *discurso pedagógico* de la formación que no siempre coincide con la idea de formación que se puede defender desde otros enfoques más economicistas o simplemente vertidos al mundo del empleo.

Justamente ésa es la motivación de esta reflexión: la constatación de que ha ido creciendo una idea de formación excesivamente vinculada a aprendizajes académicos en lo inmediato y al desempeño profesional en el plazo largo y con una dependencia absoluta con respecto a las exigencias, que no se discuten, del mercado laboral. Esto produce, como consecuencia, un vaciamiento progresivo de todo lo que significa enriquecimiento personal y mejora de la calidad de vida de las personas. Como si eso nada tuviera que ver con la formación universitaria y la forma de llevarla a cabo.

Llegados a este punto, estoy seguro de que el lector está dándole vueltas en su cabeza a más de una cuestión. Probablemente estará criticando lo que acaba de leer. Seguramente porque entiende que esa idea de formación se corresponde poco con el quehacer de un profesor universitario. Quizás piense que nuestros alumnos no son niños y no precisan de ese tipo de atención y guía que aquí se señala.

© narcea, s. a. de ediciones

44 La enseñanza universitaria

Hace poco, en un seminario de trabajo con colegas de diversas especialidades (sobre todo provenientes de las ingenierías) se suscitó un debate muy interesante sobre este punto. La cuestión que se planteó fue si realmente se sentían «formadores» de sus alumnos o simplemente «explicadores» de los contenidos de las disciplinas que impartían. La reacción de algunos fue tajante: en absoluto se sentían más formadores (en ese sentido global de la formación) de lo que podía ser un taxista, un arquitecto o el periodista de la sección de deportes. Su compromiso era explicar lo mejor que fueran capaces sus disciplinas. Para eso fueron contratados y justamente en eso es en lo que se sentían competentes. Todo lo demás les parecía pura ficción y un despropósito que los propios alumnos son los primeros en rechazar. En su opinión, lo que los alumnos quieren es que les impartamos buenas clases y que nos dejemos de rollos.

No sé qué pensará usted y cómo vive su trabajo en la Universidad. Quizás tampoco usted se identifique con ese vaciamiento del sentido formativo de nuestro papel en la Universidad. Y posiblemente esté tan confundido como muchos de nosotros sobre cómo hemos de interpretar ese supuesto «compromiso formativo» que asumimos. Es claro que nuestros alumnos no son niños y no cabe pensar que nuestro papel «tutorial» pueda tener un sentido similar al que han de ejercer otros profesionales de la enseñanza primaria o secundaria. Los nuestros son estudiantes jóvenes o adultos que acceden a la Universidad con propósitos que les son propios. Es probable que no esperen de nosotros que les «queramos» o les hagamos «felices», para eso ya tienen a sus familias y a sus parejas. Lo que seguramente nos piden es que les transmitamos el conocimiento y la ilusión que nosotros mismos tenemos, que les permitamos aprender en nuestra compañía y bajo nuestra orientación, que convirtamos su paso por la Universidad en una experiencia retadora y productiva.

Por otra parte, la misión formativa de la Universidad tampoco se reduce a responder a las expectativas de los estudiantes. Ellos son una de las fuentes de demanda, pero existen otras: la propia «misión» de la Universidad (si es que somos capaces trascender lo que tienen de declaraciones retóricas para asumirlas como un compromiso institucional), las funciones que la sociedad le encomienda, las líneas de actuación que el propio cuerpo docente ha incorporado a su proyecto formativo, etc.

En todo caso, esta idea de la formación, que la vincula al desarrollo profesional pero también al desarrollo personal, se sitúa muy próxima a la visión defendida en el último Informe Mundial de la Unesco sobre la formación para el siglo XXI, traducido al español como *La Educación encierra un tesoro*. Como es bien sabido, el equipo internacional coordinado por J.J. Delors dio una visión amplia y polivalente de lo que supone formarse en un tiempo como el nuestro. Cuatro grandes contenidos formativos se identifican en el Informe: *aprender a aprender, aprender a hacer, aprender a ser, aprender a vivir con los demás.* Lo importante para nosotros es saber cómo podemos traducir estas ideas a un proyecto formativo adecuado a las peculiaridades de nuestra institución universitaria y a la carrera en que nuestros estudiantes se forman.

Pero ha sido tradicional también vincular la formación universitaria con el desarrollo de la capacidad crítica de los estudiantes: una actitud contestataria, rebelde, inquisitiva, que no acepta fáciles respuestas, que valora la autonomía y la capacidad de tomar decisiones y asumir compromisos. Esa independencia intelectual que constituye el marchamo de la madurez ha sido siempre un valor añadido de la formación universitaria.

En resumen, pues, y volviendo a los contenidos de la formación, en mi opinión, la acción universitaria debería garantizar a los estudiantes una *oferta formativa* que tomara en consideración (bien en sus contenidos disciplinares, bien en las orientaciones metodológicas, bien en las experiencias que se les ofrecen a lo largo de la carrera, etc.) las siguientes dimensiones:

— *Dinámica general del desarrollo personal.* La pregunta vinculada a esta dimensión es: ¿Qué les estamos aportando a nuestros estudiantes en lo que tiene que ver con su desarrollo personal? Al margen de las mejoras que son producto de la edad, ¿podemos constatar que los alumnos van madurando, haciéndose más seguros, más responsables, más comprometidos? ¿Qué estamos haciendo para facilitar que así sea?

— *Mejora de los conocimientos y capacidades de los sujetos.* De la misma manera podemos preguntarnos: ¿Qué han aprendido de nuevo durante todos estos años de Universidad?, ¿en qué han mejorado sus capacidades previas?, ¿qué nuevas competencias han asumido efectivamente?, ¿qué dimensiones del perfil profesional para el que se preparan han quedado desatendidas?

— *Referencia al mundo del empleo.* Insistir en la dimensión global de la formación no implica, en absoluto, olvidar que la Universidad asume una responsabilidad fundamental en la formación y acreditación de los profesionales. Podemos cuestionarnos, por tanto ¿qué les hemos aportado de significativo de cara a la inserción en el mundo laboral o de cara a la promoción profesional en su puesto de trabajo? O, caso de que no sea ése el propósito de la formación, ¿en qué ha mejorado su situación, como consecuencia del proceso formativo realizado, de cara a responder mejor a las exigencias de su puesto de trabajo?

Desde esta perspectiva, cualquier actuación universitaria debería estar afectando los tres frentes sobre los que se proyecta el sentido de lo formativo: el desarrollo personal, el desarrollo de conocimientos y competencias concretas y el mejor conocimiento del mundo del empleo para saberse manejar más autónomamente en él.

© narcea, s. a. de ediciones

Dilemas que plantea la formación

Para concluir este sucinto análisis de la idea de formación quisiera señalar algunos dilemas que se plantea la formación y que condicionan fuertemente su interpretación. Se trata de cuestiones clave, al menos si se pretende conseguir que la formación tenga el sentido amplio y enriquecedor que le he venido atribuyendo.

Me gustaría referirme, cuando menos a tres dilemas importantes:

- *Dilema sobre el punto de referencia: uno mismo o el exterior*

Lo que está en el fondo de toda la discusión desarrollada en este capítulo tiene que ver con esta cuestión de fondo: ¿Dónde hemos de situar el norte orientador de la formación, dentro o fuera de los sujetos que se forman?

Ante esa pregunta se abren dos posibilidades de respuestas contrapuestas: la formación puede estar orientada hacia dentro de uno mismo, hacia el propio desarrollo y la realización como personas, o puede referirse, por el contrario, hacia el exterior, hacia lo que se ha de saber, lo que se ha de hacer, lo que se ha de aprender, el puesto de trabajo que se ha de ocupar, a lo que se espera que uno sea o haga, etc.

Como todo dilema, éste no tiene una única respuesta. O al menos no tiene una respuesta sencilla. Cualquiera de las dos alternativas, tomadas en sentido excluyente resultarían incorrectas. Por eso lo importante es ver en qué parte del *continuum* entre un polo (uno mismo) y el otro (lo externo) se sitúa cada propuesta formativa.

Volpi[15], sociólogo italiano, ha analizado este dilema en relación a toda la actividad formativa desarrollada en las escuelas. En su análisis, al planteamiento centrado en lo «exterior» cabría denominarlo enfoque *objetivo-institucional*. Se genera a partir de la predominancia de la idea de socialización y está orientado fundamentalmente a la inserción social o laboral de los sujetos. Se configura como una actividad institucional que se lleva a cabo a través de un tipo de formación caracterizada por tres condiciones básicas: establecimiento de unos agentes protagonistas de la formación (ajenos a los propios formandos); establecimiento de unos programas de formación cerrados que contienen un conjunto prefijado y exigido de conocimientos y destrezas; y consolidación de unas formas de relación, que reflejan ciertos valores éticos y sociales, y a las que se han de adaptar los sujetos.

Al planteamiento más centrado en lo «interior» y personal de los sujetos lo denomina Volpi enfoque *subjetivo-innovador* (es innovador, obviamente, porque rompe fuertemente con las tradiciones más arraigadas en nuestro

---

[15] Volpi, C. (1981): «Socializzazione e Scuola di Base» en Gozzer, G.: *Oroscopo per la Scuola Primaria*. Armando. Roma. Págs. 76-98.

La Universidad, escenario específico y especializado de formación   47

contexto). Se basa, en su opinión, en la aceptación de la legitimidad de lo individual. Se operativiza en el derecho al desarrollo personal y la *autorrealización*. Los sujetos se hacen protagonistas, al menos en cierta medida, de la definición de su propio proyecto de vida y, por tanto, del itinerario formativo que lo hará posible. La función de la formación es potenciar el desarrollo de las capacidades, intereses y necesidades de los sujetos.

Mi impresión es que la formación (al menos en su formato más ligado al mundo universitario) se ha escorado fuertemente hacia el polo de lo externo y está olvidando el polo de lo personal. Al final, quedamos reducidos como sujetos a una consideración subsidiaria: somos parte de un sistema y debemos acomodarnos (formarnos=conformarnos) a las exigencias y condiciones que ese sistema nos impone.

Hablando del futuro de la formación se planteaba Giuseppe di Rita[16] (Secretario General del Centro Nacional para la Formación del Profesorado, CENSIS) el sentido profundo y liberador de la crisis que sufre en la actualidad la formación. En la sociedad moderna, decía, nadie acepta que otros tengan el derecho de formarle. Pero siempre hay alguien (una elite de sabios, de políticos o de burócratas de la Administración) que piensan y deciden lo que otros deben saber. Y aludía a la Italia de los dos pueblos, un primer pueblo que deja su vida en el trabajo (o se prepara para dejarla) y un segundo pueblo que piensa el sentimiento del primero y lo legitima. Pero el primer pueblo también reivindica hacerse dueño de su destino y diseñar su propio itinerario vital. En su opinión, ésa es la razón por la que muchos sujetos dejan los estudios antes de concluirlos para ponerse a trabajar (no dejan que sea la escuela la que les marque la agenda de sus vidas, la que defina qué deben saber y cómo han de ser). Y no es que se vean forzados a hacerlo, porque se trata de un fenómeno que sucede sobre todo en las zonas más desarrolladas del país.

Estamos tan metidos en el sistema que nos resulta difícil percibir estas disyuntivas. La formación se plantea y operativiza casi exclusivamente como la forma de responder a las demandas del sistema: adaptarse a las nuevas necesidades del sistema productivo, mejorar nuestro equipamiento para elevar la rentabilidad de nuestra aportación, redimensionar al alza el capital humano. En el fondo, la inversión en formación es una inversión dirigida, casi exclusivamente, a mejorar la adaptación a las nuevas tareas, a la mejora de los resultados en el trabajo. En ese planteamiento, los sujetos y sus demandas desaparecen o se hacen invisibles.

La formación no se concibe, en ese sentido, como un derecho de todos los ciudadanos a desarrollarse plenamente en lo personal y lo profesional.

---

[16] De Rita, G. (2000): «Nuove frontiere della cultura e dell'educazione», conferencia en el Congreso Nacional de la SIPED (Società Italiana di Pedagogia) celebrado en Bolonia (29 de Junio a 1 de Julio de 2000).

© narcea, s. a. de ediciones

Es un derecho o una necesidad del sistema por mejorar sus efectivos y elevar la capacidad productiva de los individuos e, indirectamente, del propio sistema. Lo cual es, desde luego, justo y pertinente, pero haría falta que esa respuesta a las necesidades sociales no se hiciera a costa de sacrificar la atención a las demandas de los propios sujetos.

En Australia, pude comprobar hace unos años que los niños, desde que tenían seis años, podían escoger qué tipo de materias deseaban cursar en la escuela. Sólo eran obligatorias dos disciplinas, lengua y matemáticas. Más tarde se añadía una displina que tenía que ver con la historia y la cultura local.

Nuestros alumnos universitarios tienen entre veinte y veinticinco años, algunos bastantes más. Algunos ya están casados (puede que incluso divorciados) y tienen hijos, otros han hecho su servicio militar, todos han tenido que asumir múltiples responsabilidades y compromisos en su vida. Pero la Universidad no les permite tomar prácticamente ninguna decisión con respecto a sus estudios. Está todo pensado y cerrado, salvo pequeños e irrelevantes espacios de opcionalidad sin importancia entre los que podrán elegir. Los profesores y la institución deciden qué es lo importante para ellos, a qué han de dedicar sus esfuerzos.

Algunas Universidades han creado unas jornadas de recepción de los nuevos alumnos con la idea de conocerse mejor. El objetivo consiste en que los nuevos alumnos conozcan bien la institución a la que ingresan y sus reglas. Así pueden adaptarse mejor a ella. Pero la propia institución no hace nada para conocer las condiciones de los alumnos. La Universidad y las Facultades no se adaptan a los sujetos, son éstos los que deben adaptarse a nuestra condiciones. Ni se nos pasa por la cabeza que pudieran ser unas jornadas de adaptación mutua.

Para cerrar la consideración de este dilema, una analogía entre formación y salud. También con respecto a la salud podríamos establecer un dilema similar al que estoy analizando con respecto a la formación. Podríamos pensar la salud como un recurso dirigido hacia fuera o hacia dentro de los sujetos. Una sanidad entendida hacía fuera significaría que cuidamos la salud para que las personas puedan trabajar mejor, pierdan menos horas de trabajo, estén en mejores condiciones para llevar a cabo las tareas que se les encomiendan, etc. Pero la sanidad puede ser pensada también en la otra dirección, como algo orientado hacia dentro de los sujetos. En este caso la salud aparecería como el medio para mejorar el bienestar personal y la calidad de vida de las personas. Por eso, lo que se hiciera por la salud no tendría por qué venir estrictamente orientado a que fuéramos mejores trabajadores sino a que tuviéramos una vida más saludable. Actuaciones que quizás afecten poco al trabajo sí que afectan mucho al bienestar personal. Y son importantes por ello. Con la formación debería pasar otro tanto.

Hay todo un conjunto de dimensiones formativas que tienen ese sentido: mejorar nuestra calidad de vida, nuestra cultura, nuestra autonomía,

© narcea, s. a. de ediciones

La Universidad, escenario específico y especializado de formación 49

nuestra capacidad de disfrute de la vida. No tienen una rentabilidad, al menos directa (siempre la tienen indirecta en la medida en que, como se ha demostrado de sobra, cuanto más competentes, cultos o satisfechos estemos, mejores trabajadores seremos) en el trabajo o en el empleo pero no por ello resultan menos importantes para nosotros.

En el fondo, a lo que me estoy refiriendo es a esa necesidad de equilibrar la formación entre ambos polos: lo que supone de acomodación a las exigencias externas y lo que supone de crecimiento personal y recuperación de la propia autonomía.

- *Dilema entre especialización y formación general de base*

Otro de los dilemas que afronta la formación universitaria está centrado en el *continuum* que va del polo de la máxima generalidad de los conocimientos (una cultura general, unos conocimientos de tipo científico o práctico de índole académica, etc.) al polo de la máxima especialización (prepararse para un puesto de trabajo específico, centrarse en una serie de conocimientos o destrezas muy condicionados por la situación en que han de ser desempeñados, etc.).

Con respecto a este punto, ni las orientaciones académicas ni las demandas del mercado de trabajo son claras. De todas maneras, parece que hoy día comienza a predominar la idea de que resulta preferible, incluso desde el punto de vista de los empleadores, que los sujetos vengan con una formación general suficientemente amplia y polivalente que permita la movilidad laboral.

Por otra parte, es difícil hablar de formación especializada, puesto que la especialización no se plantea ya en singular sino en plural: a lo largo de la trayectoria profesional o laboral una persona ha de irse especializando en frentes bastante diferentes: puede pasar de producción a ventas, de gestión de personal a planificación de una nueva sede, de una empresa a otra del mismo ramo o de sectores diferentes. En definitiva no parece fácil la tarea de fijar el objetivo que podría darse a cualquier proceso de especialización que pretendiera seguirse.

Ferrández[17] insiste en la necesidad de priorizar una formación básica por la doble función que cumple de servir de base a la formación para el trabajo y a la formación permanente. Este dilema adquiere matices estratégicos que van más allá de las simples modalidades específicas de formación. La dialéctica entre «formación de base»-«formación para un puesto de trabajo» subyace en buena parte de la problemática que hemos ido analizando en los puntos anteriores. Pero dicha problemática incorpora, ade-

---

[17] Ferrández, A. (1989): «La formación de base como fundamento de la formación profesional», en *Herramientas,* n° 72. Págs. 44-52.

© narcea, s. a. de ediciones

más, la difícil relación (al menos en España) entre formación reglada (encomendada fundamentalmente a los centros de formación) y formación no reglada (más vinculada a las instancias laborales) y entre formación inicial y formación continua.

La progresiva tendencia en los últimos años a vincular la formación universitaria al ejercicio profesional y a las demandas del mercado del empleo, ha ido desequilibrando la respuesta al dilema entre «generalidad» y «especialización» en favor de esta última. La formación más general y de base, salvo en algunos centros y especialidades que han optado por mantenerla dejando la especialización para estudios post-universitarios, ha ido perdiendo credibilidad e imagen (no sirve para nada, se dice, son sólo cuestiones teóricas que no responden a las nuevas exigencias de la sociedad, etc.) y, progresivamente, ha ido perdiendo también recursos.

Sigue siendo fundamental, y coincido en ello con Ferrández, una política de formación que conecte el sistema escolar, incluida la Universidad, con el sistema post-escolar. No son pocos los que señalan que el sistema escolar debería mantener como prioridad básica potenciar una *formación de base* que es la que facilita cualquier acomodación posterior a las exigencias específicas de un puesto de trabajo o a nuevos procesos de especialización. El modelo 3+2+2 (tres años de formación básica, con posibilidad de ingresar en el mundo del trabajo, más dos años de especialización más otros dos que conducirían al doctorado) recomendado por la UE en la Declaración de Bolonia (1999) responde a ese criterio.

De todas formas, el dilema y la dificultad en la búsqueda de un equilibrio adecuado entre generalidad y especialización subsiste. Mence (1981)[18] alude a ello:

> «Un tiempo demasiado largo empleado en la formación generalista pone demasiado tarde al estudiante en contacto con las cuestiones que tienen gran importancia para su vida profesional. Pero también sucede a la inversa: una instrucción especializada demasiado temprana hace que se pierda la visión de conjunto e impide un trabajo creador, rico en inspiraciones, porque ata al estudiante a objetivos determinados con exactitud, que no dejan margen a sus propias energías e iniciativas» (pág. 272).

- *Dilema entre lo local y lo global (universal)*

La presión de la internacionalidad ha supuesto un fuerte revulsivo para las Universidades. La necesidad de construir una oferta formativa capaz de competir en el marco internacional constituye en la actualidad

---

[18] Menze, C. (1981): «Formación», en Speck, J. y Wehle, G. (Coord.): *Conceptos fundamentales de Pedagogía*. Herder. Barcelona. Págs. 267-297.

una de las más potentes fuentes de presión y estímulo para su desarrollo institucional.

La Asociación Internacional de Presidentes de Universidades señalaba en 1995:

> «Urgimos fervientemente a todas las instituciones de Educación Superior a promover con energía la internacionalidad de sus instituciones y la cultura y competencias globales de sus estudiantes como aspectos esenciales para la búsqueda permanente de un mundo más pacífico en el que la comprensión internacional y la cooperación para resolver problemas va a convertirse en una cuestión cada vez más importante para la calidad de vida y un desarrollo económico, social y cultural sostenidos»[19].

Las viejas Universidades deben remozar no sólo sus estructuras y currículos sino, incluso, su «cultura institucional», su forma de presentarse (su imagen) y el enfoque que dan a la formación. Pasar de un pensamiento local a uno global, es decir, recuperar la vieja idea de la *universalidad* como atributo de los estudios universitarios es, sin duda, uno de los retos básicos que nos ha impuesto el nuevo escenario de las tecnologías y la globalización económica y científica.

Esta idea de la internacionalización la han operativizado las instituciones de muy diversas maneras. En el caso de la Copenhagen Bussiness School, a la que me he referido en un punto anterior como modelo paradigmático de esta orientación, se ha concretado ese compromiso en los siguientes puntos:

> «Verse a sí misma como una Universidad europea (que participa de la tradición europea) y trasciende, por tanto, lo local.
> Plantear tanto la enseñanza como la investigación en un contexto de redes europeas y en partenariado con centros de otros países.
> Marcarse como objetivos los estándares internacionales que le permitan compararse con otras prestigiosas Universidades» (*CBS*, WEB de la Universidad).

La *Universidad de Deakin,* en Australia, es otro magnífico ejemplo de cómo se puede leer institucionalmente esta idea de la internacionalidad:

> «La internacionalización de la Educación Superior requiere de amplios cambios en el currículo formativo, cambios que incluyen todos o algunos de los siguientes elementos:
>
> — La Inclusión en los estudios de casos y ejemplos internacionales en un contexto de metodología comparada.

---

[19] Citado por Yellad, R. (2000): «Supranational Organizations and Trasnational Education», en Higher Education in Europe, vol. XXV (3). Págs. 297-307.

52 La enseñanza universitaria

— Ofrecer la posibilidad de que los estudiantes adquieran lo que se exige para poder trabajar en el campo profesional de su carrera tanto en el propio país como en el extranjero.

— Establecer redes internacionales de trabajo y colaboración.

— Llevar a cabo intercambios de profesores y alumnos.

— Montar un programa para estudiantes extranjeros.

— Llevar a cabo momentos de la formación fuera del propio país, a través de instituciones hermanadas.

— Llevar a cabo programas de enseñanza internacional a distancia» (WEB, Universidad).

Obviamente, estas propuestas de desarrollo institucional sólo son posibles en instituciones bien consolidadas y con prestigio en el contexto internacional. Por otra parte, son planteamientos que generan importantes demandas de formación a los profesores: competencias lingüísticas, competencias de índole técnica y pedagógica con respecto a las nuevas tecnologías, etc.

Lo interesante de estos nuevos planteamientos internacionalistas es que deben estar bien articulados con los compromisos que cada Universidad asume con su propio entorno local. Ya señalaba en un punto anterior que una de las misiones que la sociedad y las leyes le encomiendan es que colabore en el desarrollo social, cultural, científico y técnico del país y de la región a las que pertenecen.

«La CBS quiere cumplir con sus obligaciones con la sociedad danesa y su sector empresarial consiguiendo un alto nivel de competitividad internacional, creando un marco internacional de actuación y mejorando su *status* como institución colaboradora para proyectos de cooperación internacional» (Copenhagen Bussiness School, web de la Universidad).

Esta visión empresarial del desarrollo universitario (más lógica si cabe en una Facultad de Estudios Empresariales) llevó a la CBS a establecer una relación muy estrecha con empresas de todo el mundo, a crear delegaciones y campus asociados en otros países y, en general, a participar de forma constante en proyectos internacionales.

La internacionalidad como «conquista de mercado» (y/o de imagen) no tiene por qué estar reñida con otros enfoques más horizontales y de apoyo mutuo (o de apoyo a países en situación de riesgo o en proceso de desarrollo). Cuando la relación se produce entre instituciones de características similares se genera un espacio de cooperación más abierto y polivalente para la formación: se pueden establecer programas formativos compartidos, equipos de investigación conjuntos, intercambio de estudiantes y profesores, etc. En todo caso se genera un nuevo clima de trabajo y de construcción de conocimiento.

© narcea, s. a. de ediciones

Los programas europeos de cooperación interuniversitaria, los programas con Iberoamérica, las acciones bilaterales o multilaterales, etc. están cambiando y enriqueciendo los escenarios de formación de nuestros estudiantes. Para una persona joven, formarse en la Universidad no debería significar que pasa del Instituto de su ciudad, a la Facultad de su ciudad sin cambios notables en los contenidos formativos que estudia ni en la mentalidad con que los afronta.

La formación como proceso a lo largo de la vida

Uno de los enfoques más interesantes adoptados en los últimos años en relación a la formación es el que se refiere a la necesidad de vincular la formación a todo el ciclo vital de los sujetos. Se refuerza así la idea de que la formación trasciende la etapa escolar y los contenidos convencionales de la formación académica, y constituye un proceso íntimamente unido a la realización personal y profesional de los sujetos.

Esta perspectiva de continuidad altera notablemente el sentido y la orientación de la formación que los diversos agentes sociales deben aportar en cada uno de los ciclos vitales de las personas. En definitiva, partiendo de la nueva idea de que los sujetos se forman a lo largo de su vida, se ha ido configurando un nuevo marco de condiciones (estructurales, curriculares, organizativas, etc.) para el desarrollo de la formación.

Numerosas organizaciones internacionales de diverso signo se han interesado e implicado en los últimos veinte años en la temática de la «formación continua» a través de encuentros de trabajos e Informes. Así la UNESCO, la OCDE, el Consejo de Europa, el Club de Roma, el G7 o grupo de los países más desarrollados (que recomendaba en su reunión de Nápoles de 1994 potenciar «la cultura del aprendizaje a lo largo de la vida»), etc. Desde 1995 se han ido sucediendo los «años» dedicados por unas organizaciones u otras a destacar la importancia de la formación continua.

En definitiva, estamos ante una nueva toma de conciencia de las condiciones marcadas por el desarrollo social y económico de los nuevos tiempos. Quizás por ese origen más vinculado a las nuevas exigencias de la producción industrial y al impacto generado por las nuevas tecnologías, los más sensibles a esta necesidad de formación continua y los primeros en reaccionar han sido los sistemas productivos. El mantenimiento de la competitividad comercial hace preciso un constante reajuste de las competencias laborales de los empleados y eso ha supuesto un esfuerzo real de las empresas más avanzadas en la creación de sistemas de formación y reciclaje permanente de sus trabajadores. También el mundo de la ciencia y su desarrollo imparable (tanto en lo que se refiere a los retos que debe abordar como en lo que afecta a las tecnologías con que puede contar para ha-

© narcea, s. a. de ediciones

cerlo) ha asumido claramente la necesidad de un mantenimiento constante de la presión por la formación y la innovación.

Pero este florecer de la cultura de la formación continua y su extensión a todos los escenarios de trabajo e investigación ha supuesto una progresiva vulnerabilidad de la propia idea de formación. Todos hablan de formación pero no siempre se está haciendo una lectura adecuada de lo que la formación significa. De ahí la necesidad estratégica de no perder nunca de vista la naturaleza y condiciones de la formación, sea cual sea el escenario en que se aplique.

Durante bastante tiempo, el sistema académico ha quedado un poco al margen de este movimiento. Seguramente por su impacto reducido en el tiempo (el tiempo que se pasa en los centros formativos se concreta en un periodo de la vida de los sujetos) y por mantenerse en esa especie de mundo autoreferido con su propia cultura, sus ritos, sus modalidades tradicionales de formación, etc. De ahí que uno de los retos importantes a asumir por la Universidad es conectar la oferta formativa que ofrece con este nuevo enfoque del *lifelong learning*.

En diciembre de 1994 tuvo lugar en Roma un encuentro emblemático sobre formación continua. Estuvo organizado por ELLI (*The European Initiative on Lifelong Learning*[20]). Asistieron expertos en formación continua de buena parte de los países europeos. En esa reunión se planteó la necesidad de concretar la idea de la formación continua, un tanto borrosa y basada en buenas intenciones pero por lo general notablemente genéricas, en una definición que ayudara a homogeneizar el vocabulario y homologar los diversos enfoques prácticos que fueran surgiendo en los distintos países. La definición adoptada fue la siguiente[21]:

> «Llamamos "aprendizaje a lo largo de la vida" al desarrollo del potencial humano de las personas a través de un proceso de apoyo constante que estimule y capacite a los sujetos para adquirir los conocimientos, valores, habilidades y comprensión de las cosas que van a necesitar y para saber aplicarlos con confianza, creatividad y gozo en cuantos roles, circunstancias y ambientes se vean inmersos durante toda su vida»[22].

---

[20] Existe una organización gemela a nivel mundial: la WILL (*World Iniciative on Lifelong Learning*). Ambas iniciativas llevan a cabo, en sus respectivos ámbitos de competencia, la misión de promocionar los principios y conceptos derivados de los nuevos enfoques en formación continua.

[21] Longworth, N. (s/f): «Lifelong Learning and the Schools: into the 21st. Century», en Longworth, N. & Beernaert, Y. (Edits.): *Lifelong Learning in Schools:* an exploration into the impact of Lifelong Learning on the Schools Sector and on its implications for the Lifelong Learning needs of Teachers. ELLI (European Lifelong Learning Iniciative). Bruxelles. Págs. 4-16

[22] La definición original fue la siguiente: *Lifelong Learning* is the development of human potential through a continuously supportive process wich stimulates and empowers individuals to acquire all the knowledge, values, skills and understandings they will require throughout their lifetimes and to apply them with confidence, creativity and enjoyment in all roles, circumstances and environments.

© narcea, s. a. de ediciones

La Universidad, escenario específico y especializado de formación   55

Lo importante de esta definición es lo bien que enlaza con las ideas antes expuestas en torno al sentido y valor de una formación general. Se plantea la formación como algo que:

— abarca todas las dimensiones del desarrollo humano (desde los conocimientos a los valores, pasando por las habilidades y los significados).

— precisa de un ecosistema particular (por eso se habla de «cultura del aprendizaje») en el que la formación no responde únicamente a una exigencia social y académica vinculada a una edad y una institución determinada sino que se trata de algo que se proyecta a lo largo de toda la vida y que precisa de sistemas de apoyo (infraestructuras, oportunidades, incentivos, etc.) que lo estimulen (*a continuously supportive process*, reza la definición).

— busca, desde los inicios, educar a los sujetos en la puesta a punto de sus propios recursos y en el trabajo autónomo. Ciertas fórmulas de enseñanza generan sobre todo dependencia y no autonomía. Hay que preparar a los sujetos a gestionar su propio aprendizaje (ese es el sentido del *empowering individuals* que se señala en la definición).

— incorpora como contenidos de la formación aspectos valiosos para los diversos cometidos que los sujetos hayan de afrontar a lo largo de la vida (no solamente para dar respuesta a las exigencias académicas).

— vincula la formación no solamente a la presión social y al sufrimiento personal (idea coherente con el viejo principio de que la letra con sangre entra) sino a la autoestima y el gozo personal.

En definitiva, la formación a lo largo de la vida no es un slogan vinculado al neoliberalismo industrial y orientado a mantener la presión adaptativa sobre los futuros empleados para garantizar mejores cotas de competitividad en las empresas. Seguramente nunca podrá desvincularse del todo de propósitos tan pragmáticos y necesarios como esos, pero su sentido trasciende, con mucho, ese enfoque y queda mejor ubicado en el compromiso del desarrollo constante de las personas en todo su potencial humano.

Plantear y desarrollar una definición es poca cosa. Normalmente los problemas y contradicciones no suelen surgir de la «filosofía» de las definiciones sino de su operativización práctica. Y, desde luego, hemos de aceptar que la formación que hoy se está impartiendo (incluyendo la que nosotros mismos ponemos en marcha en las Universidades) dista mucho de responder a los principios arriba señalados.

Esta nueva perspectiva de la formación no surge en el vacío. Son diversas las circunstancias y factores que han acabado configurando un nuevo escenario de vida personal, social y laboral que nos obliga a un reajuste constante de nuestras expectativas y de los recursos precisos para conseguirlas. Al final, la formación continua se ha convertido en un proceso ne-

© narcea, s. a. de ediciones

cesario e irreversible. En este sentido, la presión hacia el conocimiento y la mejora constante que tradicionalmente pudo estar más vinculada al «espíritu» de lo escolar se halla en la actualidad mucho más vinculada a factores emergentes que tienen su fuente y su sentido fuera de la institución escolar y que pertenecen al ámbito más genérico de la «cultura de nuestra época». Factores a los que con frecuencia la Universidad tiene serias dificultades para adaptarse o, simplemente, es renuente a hacerlo de buen grado. Entre esos factores merece la pena destacar los siguientes:

— *El pensamiento posmoderno y su énfasis en el valor de lo individual, de las diferencias, de lo provisional*

Esta sensibilidad ha ido connotando cada vez más los procesos sociales (y también los políticos) y está en la base de una nueva estructura de legitimidades en relación al derecho a la propia idiosincrasia, a la autonomía, a la capacidad de optar entre itinerarios vitales y formativos hechos a la medida de las necesidades e intereses de cada uno. Los procesos escolares y la formación tradicional, suele decirse, han actuado más como factor de homogeneización que como apoyo al propio desarrollo. Por eso se han resquebrajado los formatos demasiado rígidos y estandarizados de formación.

Sin embargo, cabría suponer que la Universidad es un espacio formativo especialmente apto para atender las exigencias de este pensamiento posmoderno. En ella caben, mejor que en ningún otro escenario social, la libertad de pensamiento, la creatividad, la divergencia intelectual y de formas de vida, el escepticismo y la ruptura de las verdades absolutas. La posibilidad de «deconstruir» viejos principios y prácticas para plantear propuestas alternativas constituyó siempre la esencia de lo universitario. Por eso, la Universidad ha de ser, necesariamente, uno de los ejes principales de la sociedad del aprendizaje y ha de pensar su aportación social desde esos parámetros.

— *Enorme explosión de informaciones y conocimientos disponibles*

La idea de una formación «completa» al estilo renacentista ha entrado en crisis por pura imposibilidad material. Los campos científicos y los espacios profesionales se han ido diversificando hasta tal punto que resulta imposible abordarlos de manera integral. De ello se ha derivado una tendencia mantenida a la especialización y la subdivisión de competencias y se han generado nuevas redes de vinculaciones y complementaciones: aparición de nuevas profesiones, mezclas de carreras tradicionales (por ej. derecho con económicas, lenguas con ingenierías, etc.), estructuras modulares de formación, etc.

Esta sofisticación de conocimientos y destrezas se ha producido no solamente en los ámbitos más elevados de la ciencia y la tecnología sino también en el conjunto de las actividades cotidianas (cualquier trabajo profesional implica hoy conocimientos muy variados y en constante cambio: bien sea por los dispositivos técnicos aplicables, bien por las variaciones introducidas en las competencias y conocimientos exigidos, bien por las condiciones prácticas en que hayan de ser puestas en práctica).

La explosión de informaciones y conocimientos se ha producido, por otra parte, no solamente en el ámbito del trabajo sino también en el ámbito de la convivencia y la cultura en general. La presencia masiva de la TV y los medios de comunicación en general nos han aproximado al resto del mundo y de los acontecimientos y avances que en él se producen. La sobresaturación de informaciones y estímulos exige una capacidad notable de descodificación e integración por parte de las audiencias. También en ese sentido la necesidad de una formación continua se hace patente.

— *Nuevas fórmulas organizativas de las empresas y del trabajo en general*

Las condiciones señaladas en los puntos anteriores han provocado la aparición de nuevas estrategias empresariales y nuevos estilos de organización del trabajo. Dos aspectos parecen especialmente destacables en este punto. El primero, la progresiva flexibilidad en las estructuras y cometidos de las empresas. Para poder sobrevivir muchas abren frentes diferenciados que se complementen mutuamente (llegando a veces a competir entre ellos). Esa flexibilidad lleva a una necesaria adaptación de las personas y los dispositivos empresariales.

Otro aspecto es la subdivisión progresiva de las unidades funcionales dentro de las empresas. En muchas ocasiones estas unidades son subcontratadas (lo que implica una enorme subdivisión de redes de responsabilidad y de autogestión laboral). Los profesionales se ven abocados cada vez más a ejercer un trabajo autónomo y autogestionado en el marco de sistemas más amplios.

— *Nuevos recursos técnicos disponibles*

El mercado ofrece constantemente novedades técnicas en cada uno de los ámbitos profesionales. Por muy buena que haya sido la formación inicial recibida por el profesional, resulta siempre insuficiente para dar respuestas actualizadas a las exigencias de su trabajo.

Dos aspectos se han hecho especialmente notables en el escenario laboral español en los últimos años: el avance constante de las nuevas tecnologías de la información y la comunicación, y la posibilidad de trabajar en redes.

— *Nuevas sensibilidades y compromisos con valores*

Aunque sea en formato light, no es en ningún punto desdeñable su progresiva introducción en la dinámica social y cultural de nuestros días. Lo que hace que aparezcan nuevos problemas a resolver y/o que se haga una lectura diversa de problemas ya existentes. La preocupación por la salud, por el medio ambiente, por la calidad de vida, por la propia cultura y, a la vez, por las culturas de los demás (lo que exige del conocimiento linguístico que posibilitará el viajar o leer), etc. se han convertido en un patrimonio cada vez más extendido y apreciado en nuestros días.

La toma en consideración de todos estos aspectos implica no solo reconocer su importancia sino utilizarlos como criterios de análisis de las ofertas y las prácticas formativas que se llevan a cabo en las Universidades. ¿Hasta qué punto son coherentes con estas ideas nuestros Planes de Estudio? ¿Seguimos anclados en una consideración ya caduca de la formación o nos hemos incorporado, efectivamente, a los nuevos enfoques?

Parece fuera de toda duda que estamos ante un nuevo escenario, cuyas condiciones y exigencias son muy diferentes a las existentes anteriormente. La sociedad ha dejado de ser un nicho estable en posición de *stand by* para convertirse en un auténtico hervidero de cambios y transformaciones constantes. Por eso resulta apropiado hablar de la *sociedad del aprendizaje*. Bien entendido, eso sí, que cuando hablamos de aprendizaje estamos lejos de referirnos a ese *conocimiento standard* tradicionalmente vinculado a la academia y a sus textos y apuntes que uno debe asimilar para superar los exámenes. De ahí que la *formación continuada* tenga sentido solamente si se amplía el propio concepto de Universidad y de la misión formativa que se le encomienda. Este aspecto es el que tratamos en el punto siguiente.

Posición de la Universidad en la «sociedad del conocimiento»

La situación de la Universidad y de los centros de Educación Superior en general resulta ciertamente contradictoria. Por un lado se constata, como señalaba Bennet, una integración plena de las instituciones de formación en la dinámica social y política general. Se le incluye en los proyectos sociales y económicos como un elemento más, tanto más importante cuanto más se valora la aportación del conocimiento al desarrollo social y económico. Pero pese a ello, se tiene también la impresión general de que la Universidad se ha quedado un tanto al margen del proceso de la formación continua (en parte como consecuencia de sus propias contradicciones

© narcea, s. a. de ediciones

internas y su dificultad para flexibilizar sus estructuras y su estilo de actuación, y también como consecuencia de una marginación activa de lo académico por parte de los agentes sociales que han preferido tomar en sus propias manos la formación y condicionarla a sus propias expectativas e intereses sectoriales).

La Universidad del siglo XXI ha de ser pensada y ha de actuar, al menos ésas son también las previsiones y propuestas de los organismos internacionales, desde perspectivas muy diferentes y mucho más abiertas a las nuevas dinámicas de la globalización y de la formación continua.

Varios aspectos resultan especialmente mencionables en ese *cambio* de la formación académica.

El establecimiento de una nueva cultura universitaria

El compromiso de una formación a lo largo de toda la vida supone una ampliación notable de la actual idea del sentido de la formación universitaria. Normalmente, el conocimiento académico estaba pensado como «cultura suficiente para la vida». Lo que se aprendía en la escuela debía ser lo suficientemente valioso como para que uno pudiera aprovecharlo siempre (a veces se le otorgaba una importancia excesiva como si, efectivamente, cada pieza del conocimiento fuera esencial para poder sobrevivir como profesional).

Algunas Universidades han tenido serios problemas para consolidar los programas de intercambio de estudiantes porque algunos profesores no podían entender que alguien pudiera licenciarse sin haber cursado su disciplina. Lo que ellos explicaban era tan fundamental que no podía ser sustituido por nada. Los alumnos que se decidían por participar en el intercambio (y que, por tanto, debían cursar créditos de valor similar en las Universidades de destino) se veían obligados, a su regreso, a rendir examen de las disciplinas que deberían haber cursado durante el periodo del intercambio.

La tendencia a considerar los conocimientos como algo *estable* (concepción *perennialista* del conocimiento, la ha denominado Pellerey[23]) y como algo *propio de la Universidad* (que no podrá adquirirse, o al menos no podrá adquirirse en buenas condiciones, fuera de ella) son dos de las principales cortapisas que han alterado la incorporación de la escuela a un escenario más abierto en el que ni los conocimientos se conciben como algo permanente (puesto que su característica y condición básica es la flexibilidad y el cambio), ni son patrimonio la Universidad (puesto que

---

[23] Pellerey, M. (1981): «Cultura de Educazione nella Scuola Elementare: ricerca di una mediazione», en GOZZER, G.: *Oroscopo per la Scuola Primaria*. Armando. Roma. Págs. 98-125.

© narcea, s. a. de ediciones

por eso se habla de la sociedad del conocimiento, porque el conocimiento está presente y se genera en múltiples fuentes y a través de múltiples procesos sociales).

Esa nueva *cultura* ha de ir asumiendo las nuevas circunstancias que caracterizan la vida social de nuestros días y las condiciones bajo las que las personas desarrollan en la actualidad, y lo harán aún más en el futuro, su vida y su trabajo. Los factores mencionados en el punto anterior definen ese marco de coordenadas bajo el que la escuela habrá de renovar su sentido y su misión.

Si hubiera que destacar algún aspecto de especial importancia en este sentido, creo que podríamos centrar esa nueva cultura en los siguientes puntos:

— Asumir una nueva visión **del alumno y del proceso de aprendizaje en su conjunto**

La necesidad de re-equilibrar el tradicional sentido homogeneizador de las carreras universitarias con la posibilidad de establecer itinerarios formativos más acordes con las propias necesidades e intereses de los sujetos (visión de la diversidad como un valor y no como un déficit o una dificultad) forma parte de esa nueva visión del alumno como auténtico protagonista, agente y no solo paciente de su formación.

Y, además, la necesidad de hacer una lectura ampliada del aprendizaje como algo vinculado a toda la vida y a todas las experiencias y no solamente al periodo escolar y a los contenidos académicos.

— Plantearse **objetivos a medio y largo plazo**

La tarea formativa no concluye con la última evaluación. Su efectividad real se ha de medir por el tipo de efectos que la Universidad es capaz de producir a largo plazo: el deseo por aprender, la apertura de frentes que impliquen al sujeto en procesos de mejora constante, el equipamiento con actitudes, técnicas y competencias que lo habiliten para poder seguir aprendiendo por su propia cuenta, etc.

Con frecuencia, la Universidad no sólo no consigue estos propósitos a largo plazo sino que más bien acaba cortocircuitando tal posibilidad. Se ha dicho por ejemplo, que la tendencia a manejarse habitualmente con libros de texto y apuntes acaba consolidando un empobrecimiento del espíritu de documentación. Muchos universitarios carecen de esa formación y ese espíritu inquieto que les lleve a preguntarse constantemente cosas y a buscar respuestas en una diversidad de fuentes. La posibilidad de seguir formándose al dejar la Universidad estará ligada, sin embargo, a esta capacidad.

© narcea, s. a. de ediciones

La Universidad, escenario específico y especializado de formación   61

— Mantener una **orientación basada en el desarrollo personal y no en la selección**

Para muchos, la escuela en su conjunto (y la Universidad en mayor medida) es un mecanismo social cuya función es seleccionar a los mejores. Por tanto, aquellos que no puedan seguir el ritmo establecido deberán buscar otros caminos. Esta idea de la *escuela-obstáculo* está muy enraizada en nuestra visión de los aprendizajes escolares y, sobre todo, en los mecanismos de evaluación empleados.

La Universidad no puede renunciar a un cierto sentido selectivo. Esa es una de las funciones sociales que debe cumplir ya que ha de acreditar la competencia profesional de los sujetos. Se supone que debe hacer de filtro para impedir que se titulen personas que no estén capacitadas para ejercer la profesión. Pero ello no obsta para que su misión fundamental siga siendo la formación y no la selección. Asumimos un compromiso fundamental con los sujetos que desean aprender y prepararse y no sólo con la Administración que es quien regula las titulaciones y los accesos a las profesiones (generalmente sometidos a otro tipo de controles distintos a los propiamente universitarios: oposiciones, sistemas de selección, etc).

Ésta es una cuestión compleja que se ha convertido en uno de los problemas más importantes que deben afrontar tanto los profesores como las instituciones y, sobre todo, los propios estudiantes que al fin y a la postre son los que padecen las consecuencias de nuestras decisiones.

Esa actitud predominantemente selectiva da lugar a los típicos docentes que suspenden a la mayor parte de sus estudiantes o que sitúan los niveles de rendimiento mínimo en cotas tan elevadas (y, por lo general, tan discrecionales: lo hacen así porque les parece que así debe ser) que resultan inasequibles al menos en el tiempo adscrito a esa disciplina.

Pensar el aprendizaje y la formación como tarea que se prolongará a lo largo de toda la vida permite desdramatizar esa lucha contra el tiempo. Ya no hay que enseñar todo lo que se puede enseñar en cada disciplina. Y, desde luego, ya no hay que enseñarlo en el corto periodo de un curso o de los pocos o muchos créditos que se le hayan concedido en el Plan de Estudios. Nuestra principal preocupación debe ser sentar las bases necesarias para que el alumno pueda y quiera seguir profundizando en ese ámbito científico cuando deje la Universidad y se incorpore al mundo profesional.

— Valorar preferentemente las **capacidades de alto nivel**

Frente a una Academia que ha tendido, en ocasiones, a basarse en el poder de la memoria y la transmisión simple de ciertos conocimientos y competencias preestablecidas, resulta muy importante reforzar el papel y la importancia que adquieren otras capacidades más complejas y, desde luego, más necesarias para capacitar a los sujetos a mantenerse en un sistema abierto de aprendizajes: la capacidad de manejo de información, de resolución de problemas, la creatividad, la capacidad de planificación y evaluación de procesos, etc.

— Actualizar y dinamizar los contenidos del currículum **formativo**

Una perspectiva abierta del aprendizaje conlleva todo un conjunto de acciones sobre el currículo que en la actualidad están ofreciendo las Universidades. Es cierto que ya se han producido importantes cambios en los últimos años pero sigue manteniéndose una estructura demasiado rígida y excesivamente autorreferida: los aprendizajes siguen siendo notoriamente académicos, más valiosos para la misma academia que para la vida.

Beernaert (1995)[24] recogiendo algunas de las ideas puestas en común en la ya citada reunión de expertos europeos celebrada en Roma en diciembre de 1994, centra esas medidas sobre el currículo formativo para adaptarlo a la idea del *long-life learning* en tres líneas de acción: *actualización* permanente de los contenidos y estrategias de aprendizaje para poder incorporar tanto los nuevos conocimiento como las nuevas preocupaciones sociales y las nuevas demandas del mundo laboral; mayor *flexibilización* del currículo que permita itinerarios diferenciados en función de las particulares circunstancias y preferencias de los sujetos; estructuras curriculares que permitan *diferenciar entre contenidos básicos*, que pueden figurar como obligatorios, y contenidos que queden a la iniciativa de cada estudiante.

— Dinamizar el ámbito de las **metodologías** empleadas

Junto a las medidas vinculadas a la estructura del currículo y sus contenidos, cabría señalar, igualmente, otras condiciones que tienen que ver con las *metodologías* empleadas. El sistema convencional de transmisión de información por parte del profesor y apoyado por el estudio sobre libros de texto, resulta en la actualidad claramente superado: nuevos medios y recursos técnicos cumplen mejor que los profesores esa función transmisora; por contra, se hace preciso un papel más activo de los profesores en tanto que guías y facilitadores

---

[24] Beernaert, Yves (1995): «Lifelong Learning as Contribution to Quality in Europe: a comparative study for european countries», en Longworth, N. & Beernaert, Y. (Edits.): *Lifelong Learning in Schools*. Edited by ELLI with the support of the European Commission, DCXXII. Págs. 17-25.

La Universidad, escenario específico y especializado de formación   63

del aprendizaje. El cúmulo casi infinito de informaciones que reciben los actuales estudiantes al cabo del día no siempre resulta bien asimilado y precisa de esa acción tutorial y orientadora. De ahí que el principal objetivo de la formación es dotarlos de estrategias de integración de las informaciones. Señalaba De Rita[25] que:

> «El problema de la formación es el de dotarse de una facultad que "ordene" el politeísmo cultural. Y eso no es una cuestión de materia o de contenidos informativos (que sólo añadiría nuevos politeísmos) sino una cuestión de lógica. Formar es construir estructuras de regulación de las informaciones (competencia de "over-inclusión")».

Por otra parte, las actuales circunstancias culturales, científicas y laborales reclaman del currículo escolar una apuesta clara para reforzar, al menos, los siguientes aspectos (Beernaert, 1995):

- Modelos *interdisciplinares* que ayuden a visualizar la proyección complementaria de las diversas disciplinas y, a la vez, favorezcan el trabajo en equipo de los profesores. En la vida profesional no existen las disciplinas en su formato académico y la mayor parte de los problemas presentan perfiles mixtos en cuanto a su naturaleza y a la posibilidad de afrontarlos. Cualquier intento de continuar autónomamente la formación va a venir vinculada a su capacidad y hábito de pensar los problemas y el propio conocimiento de una manera global.

- Sistemas *creativos* de enseñanza que incorpore desde la escuela la *cultura del cambio*, basados en el *descubrimiento* que facilite la capacidad para adaptarse a diversos contextos y problemas y a trabajar de forma autónoma en el aprendizaje.

- Incorporación de las *nuevas tecnologías* como recurso habitual en el desarrollo de los aprendizajes (recursos para el aprendizaje y no solo para la enseñanza, de manera que los estudiantes se acostumbren a utilizarlos en su aprendizaje autónomo).

- Métodos de aprendizaje que conduzcan al *trabajo activo y autónomo*. La capacidad para manejarse en un contexto de fuentes de información múltiples, la actitud de búsqueda constante y de contrastar los datos, de llevar a cabo todo el proceso completo de actuación desde la planificación hasta la ejecución y evaluación de las intervenciones,

---

[25] De Rita, G. (2000): «Nuove frontiere della cultura e dell'educazione», conferencia en el Congreso Nacional de la SIPED (Società Italiana di Pedagogia) celebrado en Bolonia (29 de Junio a 1 de Julio de 2000). En su exposición aclaró que toma esta idea de la obra de Reno Podei: «Sull'Ordine».

© narcea, s. a. de ediciones

forman parte de los «grandes aprendizajes» que nuestros estudiantes adquieren fundamentalmente a través del método que hayamos utilizado en la Universidad.

— Propiciar **escenarios alargados** de formación

Una de las peculiaridades básicas de la *sociedad del conocimiento* es que se abre la posibilidad de una visión horizontal de la formación. Estamos en una sociedad molecular y policéntrica en la cual se produce una especie de «efecto yakutzi» en la diseminación del conocimiento: las competencias profesionales, la cultura, las destrezas útiles para la vida se adquieren en contextos muy diversos y bajo una gran policromía de orientaciones y agentes formativos. La incorporación de las nuevas tecnologías de la comunicación al mundo de la formación han abierto múltiples posibilidades de apertura de las Universidades a su entorno incluidas otras Universidades del mundo entero.

Ese nuevo escenario formativo ofrece la posibilidad de establecer **redes interuniversitarias**, de manera que se puedan establecer vínculos y relaciones estables entre diversas instituciones del mismo país y de países diferentes. Las posibilidades de trabajo compartido, de intercambio de experiencias, de establecimiento de módulos curriculares homologables, de preparación de intercambios, etc. son múltiples y están aún, en su mayor parte, por explorar.

Otra de las posibilidades que se abren a la acción formativa es la de ir estableciendo nuevas relaciones hacia el exterior de manera que se incorporen otros agentes sociales que hasta este momento habían estado ajenos al proceso. Especialmente importantes para el desarrollo de programas de formación universitaria son las empresas. Es difícil, hoy, concebir un programa de formación en el que no participen como *partenaires* empresas del sector profesional para el que se estén preparando nuestros estudiantes. Esa conexión entre teoría y práctica resulta fundamental para poder progresar en un aprendizaje completo, que siente las bases de los aprendizajes que los sujetos continuarán desarrollando a lo largo de toda su vida.

— Incorporación al currículo de **actividades formativas extracurriculares**

Los currícula modernos han ido incorporando en los últimos años importantes complementos a la oferta formativa que desarrollan. Se trata de iniciativas formativas que, aunque no constituyan partes centrales de las propuestas curriculares, aportan habilidades y competencias muy importantes para la vida de los sujetos. Hay que tomar en consideración, una vez más, que la Universidad no sólo tiene como misión incorporar a los sujetos al mundo laboral, sino también

© narcea, s. a. de ediciones

La Universidad, escenario específico y especializado de formación

ponerlos en condiciones de disfrutar de la cultura y del ocio al que, sin duda, podrán dedicar una parte importante de su vida. Actividades vinculadas, como disfrute y no sólo como contenido académico, a la dinámica científica y social del momento, a los deportes, a la música, al teatro, a la literatura, al arte, a la naturaleza, etc. constituyen partes de mucha relevancia. También se ha ido remarcando la importancia de ofrecer a los jóvenes estudiantes la oportunidad de llevar a cabo lo que se ha venido en llamar *«experiencias fuertes»*, es decir, actividades en las que se vea implicado muy personalmente (no sólo como alguien que aprende algo sino como alguien que «vive» algo y que ese algo llega a implicarle en todas sus dimensiones, intelectual, afectiva, social, etc.).

Este tipo de *experiencias* pueden tener diversas presentaciones; por ejemplo los intercambios con estudiantes de otros países (lo que les obliga a adaptarse a culturas diferentes y a situaciones que resultan muy novedosas para ellos). Este tipo de actividades vienen además a reforzar lo que se ha venido en denominar la «dimensión europea» de la formación universitaria y a lo que se ha concedido una notable importancia en la constitución de la identidad europea; actividades de naturaleza social, como participación en actividades de apoyo social, de animación cultural de alguna zona deprimida, de voluntariado, etc.; actividades de tutoría con compañeros con problemas o de estudiantes más jóvenes, y actividades de asociacionismo juvenil de tipo social, político o cultural.

En definitiva, estamos ante un amplio abanico de posibilidades de acondicionamiento de las Universidades, como instituciones formativas, a ese nuevo escenario en el que la formación ya no es algo que acontece «entre muros» y limitada a un espacio y un tiempo concretos. La posición y la misión de la Universidad en el contexto de la «sociedad del aprendizaje» (es decir, de una sociedad en la que es preciso mantenerse siempre en posición de aprendizaje para poder preservar un cierto nivel de calidad de vida) adquiere una orientación bien diferente: es una Universidad menos autosuficiente, más centrada en sentar las bases del conocimiento que en desarrollarlo al completo, más comprometida con el desarrollo de las posibilidades reales de cada sujeto que en llevar a cabo un proceso selectivo del que sólo salgan adelante los más capacitados o los mejor adaptados.

2

Estructuras organizativas de las instituciones universitarias

El tercer gran aspecto a considerar en esta revisión de las características de la Universidad como escenario formativo tiene que ver con la *organización*. La peculiaridades propias de la estructura y la dinámica institucional de la Universidad marcan fuertemente su actuación y aparecen como un inevitable *marco de condiciones* de la misma. De todas maneras, la estructura organizativa de una institución no solo es y actua como *contexto* (esto es como característica general que define el marco en que los procesos y actuaciones institucionales se producen y desde el que hay necesariamente que contemplarlos) sino como *texto* (esto es, como objeto de estudio y de intervención). Nadie puede entender adecuadamente lo que sucede en las Universidades y mucho menos puede pretender hacer propuestas válidas para su mejora sin considerar cómo están organizadas y funcionan.

La evolución de las instituciones universitarias en la última mitad del siglo XX ha sido muy fuerte. Como ya se ha ido señalando en puntos anteriores tanto su sentido social como su estructura y dinámicas internas, así como sus relaciones con los otros agentes sociales y económicos han variado profundamente. Parte de la llamada «crisis» de las Universidades se deriva, justamente, de estas modificaciones, algunas de ellas todavía sin consolidarse y otras a punto de ser reguladas por nueva legislación

Es necesario señalar que estas modificaciones y el tipo de dinámicas organizativas a las que han dado lugar es un fenómeno con fuertes características locales. Aunque seguramente se pueden encontrar rasgos comunes en los procesos de cambio seguidos por las Universidades, lo cierto es que tales procesos han seguido orientaciones y ritmos muy diferentes en los diversos países. Las diferencias son netas entre centros universitarios (o de

© narcea, s. a. de ediciones

Educación Superior) españoles e iberoamericanos. Pero son igualmente claras cuando comparamos lo sucedido dentro de cada país. Algunas de las consideraciones aquí recogidas pueden tener un sentido diferente en los diversos contextos nacionales.

Un análisis en profundidad de la dimensión organizativa de las Universidades nos lleva a considerar algunos aspectos que caracterizan ese *marco de condiciones* que la Universidad, como organización, impone a la formación que se desarrolla en su seno: lo estructural y lo dinámico en las instituciones universitarias; el proceso de democratización en la distribución del poder; la «autonomía» como eje crucial del desarrollo institucional; la apertura hacia el exterior; la estructura interna y el papel de las unidades intermedias; las Universidades como organizaciones que aprenden; el papel del liderazgo institucional y el sentido de comunidad: colegialidad e identidad institucional.

Las organizaciones en general: institución, organización y organigrama

Veremos en este primer punto a algunas características generales de las organizaciones. Como tales son aplicables también a las Universidades. Nos servirán de punto de partida para clarificar aspectos característicos de la dinámica institucional de las Universidades.

Para iniciar la reflexión sobre este punto, partiremos de los siguientes principios generales de la organización que, en nuestro caso, aplicamos a las Universidades:

— Toda Universidad en tanto que organización es un *sistema abierto* que se halla en un proceso permanente de interacción con el entorno. El nivel de apertura puede variar. Una de las características tradicionales de las Universidades era que se trataba de entidades muy cerradas (con sus ritos, su propia cultura, con unas fronteras muy marcadas entre el «dentro» y el «fuera», entre «ser miembro» y «no serlo»). Las modificaciones en este punto han sido muy importantes: mayor apertura a la cultura del entorno y a sus demandas, orientación hacia la profesionalidad y el mercado de trabajo, mayor dependencia de los recursos provenientes de las fuerzas productivas, etc.

— Los miembros o componentes de la organización desarrollan entre ellos una red de relaciones mutuas y con la organización como un todo; es decir con lo que la organización tiene de imagen, de objetivos, de realización de tareas, de obtención de productos, etc. Esas relaciones no dependen del hecho de pertenecer a la organización sino de todo un conjunto de factores personales y sociales que actuan a nivel individual y grupal. Una de las características básicas de la organización es cómo se definen, se regulan y se producen las relaciones entre los individuos y la propia organización. En cierta manera, eso marca uno de los signos de identidad de las organizaciones. En la Universidad este tipo de relación es uno de los rasgos más distintivos y, por ello, uno de los que más fuertemente se ha visto afectado por los cambios en la cultura institucional de nuestros centros. La tendencia al *individualismo* (sacralizado por la libertad de cátedra), la incorporación de la filosofía de la *democracia*, la nueva *ética de la practicidad* (buscando aquel tipo de estrategias más eficaces para el desarrollo personal), los nuevos modos de *colegialidad*, las nuevas formas de relación interpersonal (entre el profesorado y entre profesores/as y alumnos/as), los nuevos procesos de generación de *filias* y *fobias* entre sujetos y grupos derivados de la diseminación de los órganos de poder y de toma de decisiones (la importancias de las elecciones y de las oposiciones en la configuración de grupos), etc. constituyen interesantes fuentes de influencia sobre el desarrollo de la docencia universitaria.

— Los miembros de la organización son reconocidos como «agentes», esto es, como poseedores de un cierto nivel de autonomía en el seno de la organización, como «generadores» de organización (informal, al menos) y, en definitiva, como «actores».

Seguramente, en ningún otro contexto institucional tienen los individuos un papel tan relevante como en la Universidad. Ésta es una de las fuentes de poder y a la vez de debilidad de las actuales Universidades. Los individuos constituimos el principal patrimonio de las Universidades. De cada uno de nosotros, de nuestra aptitud intelectual, creatividad, capacidad de búsqueda e investigación, producciones científicas o artísticas, etc. depende lo que la Universidad es y lo que puede aportar a la sociedad. Pero, simultáneamente, esa orientación extremadamente individualista en que tendemos a funcionar limita la posibilidad de un desarrollo global y sinérgico: resulta difícil desarrollar estrategias de conjunto o hacer ofertas más adaptadas a las demandas del entorno.

Tomadas las organizaciones universitarias en cuanto realidades sociales y dinámicas, podemos superar el viejo estilo del análisis formal de las instituciones: describir los componentes de la estructura o el organigrama y especificar cuáles son las funciones teóricas de los diversos estamentos y órganos personales o colectivos, etc.

Ese planteamiento es claramente insuficiente, y con frecuencia equívoco, para expresar la realidad plural y dinámica de las instituciones y los individuos y grupos que las componen. Conocer el marco legal de una institución, su estructura material y formal es, desde luego, conocer poco, y quedarse exclusivamente en eso supone desconocer lo que realmente es y cómo funciona: lo que la institución tiene de instituido y de instituyente, de tensiones y de acuerdos, los patrones de distribución de poder y de relaciones entre personas y funciones, etc. En definitiva, lo que constituye la «cultura» de cada institución, su naturaleza como ecosistema específico.

Es en este espacio epistemológico donde hay que situar el estudio de la Universidad como un subsistema social, como un organismo social vivo que desborda cualquier tipo de representación formal porque su dinámica interna se nutre de un juego de interacciones e influencias y no de los rótulos formales que correspondan a cada componente del sistema. Es el aspecto humano y funcional, el aspecto organizativo de las instituciones el que se pone en primer plano y no la estructura formal-nominal de la institución en sí misma (aunque tampoco quepa desconsiderar esa dimensión administrativa por cuanto constituye la parte legal y reguladora del funcionamiento de la institución y actúa, por tanto, como estructura de condiciones que enmarcará las posibilidades de desarrollo de las actividades). La dinámica organizativa surge del conjunto de personas que van estableciendo unos patrones de funcionamiento. Patrones que tiene como base la estructura formal de la institución pero que la desbordan nutriéndose del juego relacional que se produce en su seno tanto hacia dentro de la propia institución (configuración de alianzas) como hacia fuera, sobre todo con respecto a aquellas estructuras o superestructuras de las que la institución es subsidiaria.

> «Las organizaciones presentan en el curso de su historia unas características estructurales y funcionales específicas, determinadas por la existencia de objetivos (explícitos o implícitos), de un organigrama (formal y oculto), así como por la naturaleza de un «producto» que cualifica a cada organización particular. Cualquier organización está igualmente definida por la calidad y la cantidad de los recursos de que dispone, por el flujo de informaciones racionales y metarracionales (como creencias, tradiciones, mitos, ideologías, etc.), por la red de reglas y metarreglas, así como por la distribución de las posibilidades decisionales... La organización (privada o pública) resulta además caracterizada por la presencia de juegos relacionales específicos que evolucionan y cambian en el tiempo al socaire de la evolución de las situaciones externas e internas. En no pocas ocasiones tales juegos comportan momentos conflictivos, tensiones, escisiones y lucha de facciones, con la constitución de alianzas abiertas y de coaliciones entre grupos o entre personas»[1].

---

[1] Anolli, L. (1981): «Anche lo psicologo debe fari i conti con se stesso», en Selvini Palazzoli, M. y otros: *Sul Fronte dell'Organizzazione*. Feltrinelli. Milán. Pág. 174.

En las instituciones universitarias existe un claro doble nivel (bidimensionalidad) de referentes constitutivos:

— El componente formal, estructural y en cierta manera prescriptivo (surgido por una exigencia externa de tipo legal o estatutario) de la organización que podríamos denominar *organigrama* (de hecho con frecuencia viene expresado en términos gráficos señalando un vértice y el escalonamiento jerarquizado de las diversas instancias o niveles) caracterizado por otorgar, al menos sobre el papel, una determinada posición y capacidad de actuación (espacio competencial) a cada una de esas instancias.

— El componente dinámico, vivo, real, histórico, que está caracterizado por los «juegos relacionales» y que habría que entender tanto en términos de relación personal como en términos de distribución del poder, y tanto en términos de dinámica interna como de relación con el exterior. En tal dinámica habría que distinguir también entre los componentes explícitos del juego relacional y los componentes o dimensiones implícitas de ese juego. Penetrar en esa diferencia exige un gran esfuerzo de análisis de indicadores y pistas contextuales y consiguientemente unos modelos metodológicos capaces de captarlos y descifrarlos.

Las instituciones universitarias, como todo hecho social, se producen en el seno de una historia social (de la que son inevitablemente subsidiarias) y tienen, a su vez, su propia historia. En tal sentido pueden presentar un mayor o menor nivel de consolidación de sus estructuras en función de ese patrimonio histórico y de su efecto en la fijación (rigidificación, formalización, etc.) del organigrama y de las redes relacionales.

La dialéctica homeostasis-cambio en el seno de cada organización dependerá de esa esclerotización de las estructuras: un Consejo de Administración de una multinacional con toda seguridad habrá fijado con mucha mayor nitidez el marco de competencias y relaciones que un Consejo de Departamento universitario. Una y otra organización poseen una distinta cultura organizativa: modos legítimos de pensar y actuar en la organización, expectativas con respecto a la conducta de los otros y a los modos de relación aceptables, modos de acceder y desempeñar el poder, circuitos de influencia, relaciones con el exterior, defensa de imagen, etc. De todas formas, en cuanto hechos sociales, en ambos casos se trata de «unidades vivas» que exigen una forma de aproximación epistemológica muy distinta de lo que puede suponer aproximarse al estudio de una estructura geológica. Sean unas u otras las cualidades funcionales que caractericen a cada institución concreta, sea mayor su formalización o su dinamismo, se trata siempre de grupos de personal que operan en contextos específicos y que, por tanto, configuran un universo complejo de variables que se estructuran en diversos niveles (explícitos e implícitos, formales y dinámicos) que van evolucionando y adquiriendo diversas configuraciones en función de las interacciones internas y con el exterior.

© narcea, s. a. de ediciones

Los componentes materiales de las organizaciones son también un elemento importante por cuanto definen las condiciones de funcionamiento de la organización y afectan tanto al producto que se ha de obtener como a los recursos disponibles y al marco espacial en que se opera.

Siendo eso cierto, sería una caracterización superficial e insuficiente de la institución si solo nos quedáramos en un mero recuento y análisis de la dimensión externa de dichas condiciones. Conocer una Universidad implica un nivel de penetración muy superior al mero recuento de recursos. Implica, con respecto a las condiciones objetivas, analizarlas no solo en lo que tienen de objetos, recursos o condiciones materiales sino en lo que tienen de objetos transaccionales (en cuanto elementos definidores de funciones, competencias y status, y, por ello, configuradores de modos específicos de relación dentro de la institución) y de unidades sistémicas (en cuanto a la función que cumplen y a cómo la cumplen dentro de la institución u organización en cuanto sistemas formativos).

El desarrollo de una organización, como no podría ser menos, no sucede en el vacío sino que está vinculada al desarrollo del ambiente del que forma parte, con el que interacciona y por el que se ve condicionada. Y eso tiene que ver tanto con los elementos macro del ambiente (orientación política, nivel socioeconómico, capacidad cultural, etc.) como con los elementos micro (implicación de los agentes locales, características del tejido productivo local, red de relaciones interinstitucionales establecida, etc.)

La Universidad es un sistema abierto. En el caso concreto de instituciones, organizaciones o contextos de aprendizaje no es posible ni conocerlos ni intervenir sobre ellos como si se tratara de realidades cerradas, autosuficientes y autogenerativas. Muy al contrario se trata de espacios sociales cuya dinámica interna viene prefigurada (modelos sociológicos más estrictos dirían que predeterminada) por la dinámica social de la que es reflejo. Morin (1977)[2] ha recalcado este aspecto con notable énfasis:

> «El ambiente no solamente es una realidad co-presente: es además co-organizador. La apertura ecológica no es solo una ventana sobre el ambiente: la organización, en cuanto sistema abierto, no se encastra en el ambiente como una simple parte de un todo. La organización, en tanto que elemento activo, y el ambiente, aún cuando sean distintos el uno al otro, están el uno en el otro, cada uno a su manera, y sus indisociables interacciones y relaciones recíprocas son complementarias, concurrentes y antagonistas. El ambiente simultáneamente nutre y amenaza, hace existir y destruye. Pero también la organización lo transforma, lo contamina, lo enriquece» (pág. 204).

---

[2] Morin, E. (1981): *El método. La naturaleza de la naturaleza.* Cátedra. Madrid.

Estructuras organizativas de las instituciones universitarias

El organigrama de una institución u organización refleja dos aspectos comunes: la existencia de una estructura y el hecho de que tal estructura es jerárquica (ambas, a su vez, características de los sistemas, como ha señalado Bertalanfy, 1976[3]). Las instituciones poseen una estructura jerárquica cuyo grado de formalización dependerá de las características de la institución y del proceso evolutivo seguido; por lo general, cuanto más se estabiliza una institución o un grupo más se va fijando su estructura interna. La formalización de la estructura interna:

> El organigrama «segmenta la organización en varios estratos y niveles, predefine funciones y relaciones en los diversos niveles, prescribe reglas respecto a las interacciones entre la organización y el ambiente externo. (...) Restringe fuertemente el grado de discrecionalidad que los miembros poseen tanto a la hora de programar su actividad como a la hora de definir sus relaciones recíprocas»[4].

En resumen, resulta insuficiente y por ello mismo incorrecta, una visión de tipo taylorístico que concibiera las instituciones universitarias como engranajes mecánicos movidos por una racionalidad lineal y de contenidos explícitos. Sin embargo, así son la mayor parte de los informes o documentos que se nos ofrecen. Hay mucha información disponible sobre la estructura de los centros universitarios, sobre las instancias que configuran su organigrama y las competencias que cada una de ellas asume, sobre las características formales de su funcionamiento, etc. Todo ello forma parte de la organización pero es insuficiente para explicar por qué con unas estructuras tan similares las Universidades son tan distintas entre sí. La estructura es sólo el soporte formal y administrativo de todo un conjunto de dinámicas relacionales y funcionales que, a la postre, son las que caracterizan lo que una Universidad es.

Es, por tanto, mucho más correcto y de mayor potencialidad disciplinar una visión más dinámica y «humana» de las instituciones universitarias. Concibiéndolas, como apuntan Crozier y Friedberg (1978)[5], como «universos conflictuales y su funcionamiento como el resultado de encuentros entre racionalidades contingentes, múltiples y divergentes de actores relativamente libres que utilizan las fuentes de poder a su disposición» (pág. 62). La Universidades son ecosistemas muy particulares y característicos. Algunas de esas características irán apareciendo en los puntos siguientes.

---

[3] Bertalanfy, L.V. (1976): *Teoría general de los sistemas*. F.C.E. México.
[4] Ugazio, V. (1981): «Lo psicologo e il problema dei livelli gerarchici. Organigrama e programma». en Selvini Palazzoli,M y otros: *Sul Fronte dell'Organizzazione*. Feltrinelli. Milán. Págs. 192-204.
[5] Crozier, M. y Friedberg, E. (1978): *El actor y el sistema. Las restricciones de la acción colectiva.* Alianza. Madrid.

© narcea, s. a. de ediciones

Democracia y autonomía, grandes aspiraciones institucionales

Democracia y autonomía constituyen dos constantes del pensamiento y la cultura organizativa de las Universidades. Como quiera que se trata de aspiraciones profundas y de difícil delimitación práctica, la forma en que han sido entendidas y puestas en acción (por la propia Universidad y por los poderes políticos) ha sufrido notables altibajos al socaire de las particulares políticas universitarias que se han ido implementando. Avances y retrocesos se han ido produciendo con una cadencia regular y en una especie de movimiento pendular.

En ambos casos, autonomía y participación democrática han tenido como efecto inmediato la incorporación del mundo universitario a la dialéctica social y política del momento histórico en que nos encontramos. El posicionamiento ideológico y los postulados políticos vinculados a las posibles interpretaciones de ambos principios han introducido en la Universidad una nueva definición de la vida institucional, de los sistemas de reparto de poder e, indirectamente, de las formas de relación. Las afinidades profesionales o científicas que constituían los componentes básicos de la relación interna en centros y departamentos se desequilibran y se ven sometidas a crisis por las nuevas alianzas de tipo ideológico o político.

Democracia y estructuras de participación en la Universidad

Algo que convierte a la Universidad (al menos a las Universidades públicas) en un ecosistema absolutamente atípico en el ámbito de las organizaciones es el alto nivel de democracia de que se ha impregnado en los últimos años su gestión y dinámica interna.

Dicho esto así puede resultar excesivamente triunfalista; muchos estudiantes discutirían la verdad de dicha afirmación. En su opinión (y así suelen manifestarlo los más exaltados en sus *grafittis*) nuestra democracia es ficticia e imperfecta puesto que no se ha llegado a una distribución igualitaria del poder entre los diversos sectores de la comunidad universitaria.

Pese a esas demandas juveniles, es fácil constatar cómo ninguna otra institución social ha introducido en sus dinámicas de funcionamiento unas estructuras de participación tan democráticas como la universitaria. Todos los sectores de la comunidad universitaria (y algunos de fuera) forman parte de sus estructuras de gobierno. Pese a la estructura jerárquica del organigrama, los componentes fundamentales están constituidos por órganos colegiados (Claustro universitario, Junta de Gobierno, Juntas de Facultad o de Escuela Universitaria, Consejos de Departamento, etc.) y buena parte de las decisiones que se adoptan han de recibir la aprobación de esos órganos colegiados. Todos los órganos o instancias unipersonales significativos son elegidos con participación de todos los sectores. En definitiva, la Universidad mantiene un alto nivel de democracia (al menos de democracia formal).

Se ha llegado tan lejos en este proceso que comienzan a levantarse voces, cada vez más potentes y representativas (por ejemplo, el reciente Informe Bricall sobre *Universidad 2000*[6]) en el que ponen serios reparos a los actuales sistemas de gestión universitaria por su complejidad y por lo difícil que resulta promover procesos de mejora. Al haberse multiplicado los órganos de toma de decisiones y al estar éstas sometidas a los particulares juegos de apoyo y rechazo de los grupos organizados cualquier toma de postura conlleva inacabables discusiones y agotadores procesos de búsqueda de consenso o acuerdo mayoritario. Las decisiones acaban desnaturalizadas y cualquier tipo de cambio se hace prácticamente imposible, al menos si afecta a los intereses de alguno de los grupos con capacidad de influencia.

También es cierto que no pocas voces se han alzado en contra de dicho Informe (al que tildan de intento de *golpe de estado* por parte de los rectores y gerentes de las Universidades) reivindicando la *participación democrática* en la gestión como una de las mayores conquistas alcanzadas por nuestra Universidad. Cualquier pérdida en ese ámbito la valorarían como un claro retroceso en la vida universitaria y como una fase más en la pérdida de identidad de las Universidades y en su deslizamiento hacia planteamientos neoliberales y gerencialistas.

Por lo que a la docencia se refiere, este aspecto de la *democracia* aparece como uno de los elementos que marcan el contexto de condiciones en el que se llevan a cabo las actividades formativas. En algún sentido, en la docencia directa prima más la anarquía que la democracia. Puesto que el ejercicio de la docencia ha quedado relegado, en su mayor parte, a la esfera de lo privado y lo discrecional (cada uno puede hacer allí lo que mejor le parezca) se ha visto escasamente influenciada por la dinámica democrática. Pero en otros aspectos básicos de la docencia como la configuración de los *Planes de estudio*, el establecimiento de un *Plan formativo*, las estrategias de *coordinación*, la definición y puesta en práctica de *innovaciones* y *planes de mejora*, las políticas de *evaluación de estudiantes, programas, centros y profesores*, los mecanismos para la *revisión de exámenes*, los procedimientos para la *resolución de conflictos*, etc. sí que ha influido esta condición de la democracia. En unos casos la influencia ha sido muy posi-

---

[6] Bricall, J.M. (2000): *Universidad 2000*. Madrid. Conferencia de Rectores de las Universidades Españolas (CRUE).

© narcea, s. a. de ediciones

tiva, en otros, al menos según mi personal opinión, notablemente negativa.

Un caso absolutamente escandaloso de ineficacia democrática ha tenido lugar en relación a la configuración de los nuevos Planes de Estudios. Puesto que al final lo que valen son los votos y éstos se convierten en mera expresión de intereses parciales, las posibilidades de cambio se han visto claramente anuladas. En cambio, la democracia ha rendido beneficios notables en todo lo que se refiere a la *resolución de conflictos*, la *evaluación de profesores y programas*, etc. La presencia de estudiantes en estos foros ha permitido ver las cosas desde otras perspectivas y buscar soluciones menos sesgadas por la perspectiva del profesorado.

Autonomía e *identidad* institucional

La *autonomía* ha constituido una pieza clave de la identidad universitaria. No se trata de una autonomía concedida por el poder político (como ha sucedido con otras organizaciones sociales, las escuelas, las instituciones de salud, algunas instituciones culturales, etc.) sino de una autonomía reconocida. Desde que la Universidad existe, el autocontrol y la capacidad de tomar decisiones han sido uno de los patrimonios institucionales a los que los académicos se han negado a renunciar por razón alguna.

Hoy día la autonomía parece consustancial a la naturaleza y status social de las instituciones universitarias. Pero su contenido y su sentido se ha visto profundamente alterado por la evolución que han ido siguiendo los diversos contextos en los que la Universidad se inserta: el político, el social, el económico, el propiamente institucional.

Desde el punto de vista *político* parece claro que, pese a las constantes declaraciones formales que afirman el escrupuloso respeto a la misma, la Universidad ha ido perdiendo paulatinamente su autonomía. Los poderes políticos han regulado su funcionamiento (en algunos puntos con un gran celo de detalles), han establecido parámetros comunes al contenido de sus programas, a los sistemas de contratación del profesorado y de fijación de plantillas, etc. Por otro lado, las Universidades se han convertido en «objetos de transacción política»: los partidos contraponen sus posturas en materia universitaria y utilizan la Universidad como arma arrojadiza en contra de sus competidores políticos (la promesa de crear nuevas Universidades o reforzar las existentes es algo que vende políticamente y los partidos no desaprovechan la oportunidad de hacerlo).

Los cambios profundos acaecidos en el sistema social han llevado también a modificaciones importantes en la relación entre la Universidad y sus principales interlocutores sociales. En primer lugar, se ha convertido en un patrimonio cultural valioso para su entorno. Las ciudades se disputan tener su Universidad y los colectivos sociales ven en ella un signo de presti-

© narcea, s. a. de ediciones

gio local (pero no cualquier Universidad o cualquier tipo de estudio sino aquellos que poseen mejor «marca social»). Los estudiantes y las familias acceden a la Universidad no como quien se beneficia de una oferta ya decidida sino que plantean reivindicaciones y propuestas en cuanto a los estudios y las condiciones en que éstos podrán ser cursados. De esta manera, la Universidad ve recortada su capacidad de decisión y se ve abocada a negociar su oferta formativa y los sistemas en que pretende implementarla.

La presencia de los *poderes económicos* en el ámbito universitario es cada vez más evidente. De la tradicional contraposición entre poderes económicos y poderes culturales y científicos (con frecuencia críticos con los primeros) se ha llegado a una virtual integración entre ambos (aunque en un equilibrio inestable en el que la parte más débil es, sin duda, la Universidad). La Ley de Reforma Universitaria instituyó en España el Consejo Social como órgano que rige la orientación y los presupuestos de las Universidades y dio cabida en él a las fuerzas sociales y económicas del entorno (suele estar presidido por un conocido empresario o representante de las fuerzas económicas locales). Pero la influencia mayor del poder económico sobre la Universidad se filtra a través de la *financiación*. Dado que la financiación por parte de los gobiernos se ha ido reduciendo progresivamente, las Universidades han debido buscar angustiosamente nuevas fuentes. Como resulta obvio, a buscar dinero sólo se puede acudir a donde el dinero está, es decir en las grandes empresas, las entidades financieras, las fundaciones, etc. Y la forma de conseguir fondos no puede ser otra que a través de convenios de cooperación que comprometan a ambos tipos de entidades en un proceso de compensaciones mutuas: la Universidad investiga o transfiere conocimientos o tecnología a las empresas y éstas ofrecen nuevas partidas económicas para subvenir a los gastos de la Universidad. La Universidad reorienta su sentido y se incorpora a una visión más pragmática de la formación y de la investigación: interesa formar para el empleo e interesa investigar en aquellos asuntos más rentables y fáciles de colocar en el mercado. Lo que ha tenido un gran impacto sobre la misión formativa de las Universidades.

La propia dinámica institucional ha producido cambios importantes en la autonomía e identidad de las instituciones. Los procesos de globalización han afectado también a la capacidad de subsistencia de las instituciones individuales, sobre todo en el caso de las pequeñas. Por eso se han producido importantes procesos de asociación o fusión que hagan más *visible* y *competitiva* la oferta formativa. Otro tanto sucede con los convenios interinstitucionales entre centros de formación y centros de trabajo para poder llevar a cabo los programas de prácticas en empresas. Por otro lado, los procesos de convergencia internacional (europea, del mercosur, de los países andinos, etc.) en cuestión de acreditación y homologación de titulaciones ha hecho que las Universidades deban ir renunciando a las prácticas tradicionales para buscar sistemas de aproximación a unos parámetros comunes.

© narcea, s. a. de ediciones

En definitiva, como está sucediendo en todos los órdenes de la vida, la autonomía formal está dejando de ser esa capacidad para decidir cada institución o entidad individual lo que le parezca bien, para convertirse en el compromiso que cada una adquiere para integrar las decisiones adoptadas en niveles superiores a las características y condiciones propias de los sujetos a los que atiende. De estar, en el nivel máximo de la toma de decisión (en el que podía tomar decisiones según criterios propios e independientes), las Universidaes han pasado a estar ubicadas en los niveles intermedios (desde los que ya no toman decisiones independientes sino decisiones que deben ser contingentes con las adoptadas en los niveles superiores).

Así pues, la democratización y la autonomía constituyen elementos esenciales para poder entender qué son las Universidades, cómo funcionan y en qué se diferencian de otro tipo de organizaciones. Por eso no son transferibles a la dinámica universitaria procesos pensados para otro tipo de organizaciones. Eso ha sucedido, por ejemplo, con los planes estratégicos, con los estilos de liderazgo, con los sistemas de calidad total, con la rendición de cuentas, etc. Filosofías o tecnologías de gestión que han podido dar buenos resultados en contextos institucionales menos democráticos o más dependientes fracasan o reducen su eficacia en la Universidad.

En cualquier caso, democracia (participación) y autonomía (identidad) constituyen elementos clave del patrimonio institucional de las Universidades. Pero están tan sujetos a influencias y presiones de todo tipo que su aportación al funcionamiento equilibrado de las instituciones universitarias no es todo lo positivo que se podría suponer. Tal como se presentan en la actualidad, se trata de *cualidades* muy vulnerables y no exentas de ciertas contradiciones que acaban afectando el funcionamiento global de la institución.

— En su relación con el exterior, la autonomía universitaria se ha ido deteriorando progresivamente. Se ha reforzado, por el contrario, el substrato de *dependencia* que la Universidad mantiene con respecto a los poderes políticos y económicos. Los sistemas de financiación han acabado con su autonomía (al menos para las cuestiones claves). Pero la autonomía también viene condicionada por los efectos de la globalización a la hora de establecer las carreras, de organizar al profesorado o de definir un plan de desarrollo institucional.

En ambos casos, autonomía y participación, se ha producido, también, una clara revalorización de lo *singular e individual*. La diseminación de la autonomía de la Universidad como institución global a cada uno de sus componentes (centros, institutos, departamentos, grupos, etc.) hace que los procesos de toma de decisiones se difuminen en una extensa red de núcleos decisionales, cada uno de los cuales, por lo general, tiende a actuar en función de la perspectiva limitada de sus miembros (y sus respectivos intereses) y de su propia capacidad de presión en el universo universitario. En ese contexto, también los sujetos y los grupos adquieren una nueva relevancia (en tanto que votos a conseguir, en tanto que intereses a tomar en consideración, en tanto que identidades a reconocer).

La Universidad como sede de una particular cultura organizacional

No es éste el momento para analizar de manera detallada el concepto de *cultura institucional* y su aplicación a las organizaciones formativas. Casi todos los manuales de Organización Escolar incorporan algún capítulo al estudio de este tema[7]. Yo mismo he tenido la oportunidad de reflexionar junto a otro colega sobre él en un trabajo anterior[8].

Aproximarse a las consideraciones de las Universidades desde una perspectiva cultural significa hacer una apuesta por ir más allá de lo que constituye su dimensión visible y administrativa. Poseedoras de una *cultura institucional* particular (que las diferencia de otras organizaciones) y expresión y reflejo de una determinada concepción de la *cultura*, las Universidades se convierten en un fenómeno social que resulta, a la vez, complejo y dinámico.

La primera característica del concepto de cultura es su «inclusividad» semántica: se refiere a muchas dimensiones de las organizaciones. Aspectos tales como las *normas* y los *valores*, las *creencias* y los *prejuicios*, las *formas de relación* y las *situaciones de conflicto*, los *enfoques sobre contenidos y metodologías de la tareas*, las *modalidades de distribución del poder*, etc. constituyen dimensiones de la cultura institucional. Es decir, todos aquellos componentes racionales e irracionales, visibles e invisibles, colectivos o individuales que caracterizan a las organizaciones en tanto que ubicadas en un tiempo y un espacio determinado (dimensión social e histórica) y en tanto que organizaciones específicas y distintas (el *ethos organizativo*).

Las Universidades son *cultura* en la medida en que forman parte de un contexto social y cultural y encarnan sus mismas aspiraciones, recursos, estilos de vida y de pensamiento, contradicciones, etc. Pese a su peculiar idiosincrasia y su tendencia a mantener unas fronteras nítidas entre el «den-

---

[7] Pueden verse por ejemplo los siguientes: Domínguez, G. y Mesanza, J. (1996): *Manual de organización de instituciones escolares*. Escuela Española. Madrid. Coronel, J.M.; López Yáñez, J.; Sánchez Moreno, M. (1994): *Para comprender las Organizaciones Escolares*. Repiso. Sevilla. Lorenzo Delgado, M. y Sáenz Barrio, O. (1993): *Organización Escolar: una perspectiva ecológica*. Marfil. Alcoy.

[8] Álvarez Nuñez, Q. y Zabalza Beraza, M.A. (1989): «La comunicación en las instituciones escolares», en Martín-Moreno, Q. (coord.): *Organizaciones Educativas*. UNED. Madrid. Págs. 169-238.

tro» y el «fuera», la historia de las Universidades es la historia de los pueblos a los que pertenecen. Aún hoy, aunque estemos hablando de Universidades en general, parece obvio, que eso no es sino una simplificación abusiva de la gran diversidad y heterogeneidad de centros de Educación Superior. Una consideración más matizada nos llevaría a tenerlas que considerar por separado y siempre en relación a los países a los que pertenecen y de cuyas características participan. La forma de concebir la educación superior, las condiciones y estilos de trabajo, los procesos de selección de contenidos de la formación, los modos de relación entre las personas, etc. resultan muy diferentes de unos países a otros. Y sus Universidades lo reflejan.

Las Universidades *poseen* una cultura característica. Una cultura que les resulta propia en tanto que categoría institucional, como organizaciones distintas, y también como instituciones individuales (cada una de ellas acaba generando una identidad cultural peculiar). Por eso resulta tan interesante la aproximación a las Universidades a través de la lente de la *cultura organizativa*.

La Universidad como sistema abierto no puede, en absoluto, sustraerse a las influencias de su entorno ni dejar de ser un reflejo (matizado por el remanente de capacidad de autocontrol institucional que siguen conservando) de las concepciones y dinámicas que caracterizan su entorno social.

Nos centraremos en la otra acepción de la cultura institucional: la *cultura* como característica y cualidad diferencial de las organizaciones. Hay tres aspectos muy interesantes de las Universidades a los que podemos acceder a través del concepto de *cultura organizativa*: a) el conjunto de concepciones y símbolos que caracterizan el particular *modo de actuación* de cada Universidad y acaban configurando una *identidad* propia y diferente; b) los juegos relacionales que se producen en su interior y que generan *conflictos* pero también *cambios* institucionales y c) el conjunto de ideas, recursos y prácticas que más allá de su consolidación en cada Universidad concreta se ofrecen como *modelos de actuación apropiados*, es decir, que pueden servir como marco de referencia a los procesos de mejora y desarrollo institucional.

Esta triple perspectiva ayuda a entender mejor las peculiaridades del escenario universitario como sede y ecosistema peculiar.

Cultura e *identidad* de las Universidades

La cultura de las organizaciones está relacionada con su propia identidad diferencial: los modos de ser y actuar de un grupo de sujetos que los diferencian de otros. Como decía Erickson (1987)[9]:

---

[9] Erickson, F. (1987): «Conceptions of School Culture: an overview», en *Educational Administration Quarterly*, 23 (4). Págs. 11-24.

© narcea, s. a. de ediciones

«Usualmente los antropólogos han planteado la cultura como el sistema de lo ordinario, los significados y los símbolos que se dan por sentados y que contienen aquello que, consciente o inconscientemente, se ha aprendido y es compartido por los miembros de un grupo social bien delimitado».

Esta identificación de los usos habituales de las instituciones universitarias no es fácil de llevar a cabo. Pero resulta muy interesante en la medida en que nos ayuda no sólo a ver lo que se hace sino a entender el significado de lo que sucede.

¿Qué sucede en los centros universitarios? ¿Con qué expectativas acceden a ellos los estudiantes y qué tipo de respuesta reciben de la institución? ¿Se les presta, simplemente, un servicio o se les integra en una comunidad?

Goodlad (1995)[10], haciéndose eco de la tradicional diferencia anglosajona entre Universidades y *colleges*, presenta una interesante distinción entre dos tipos de culturas universitarias que reflejan bien este punto: la «cultura de aeropuerto» y la «cultura monástica». En las primeras se ha concebido la Universidad como una organización de servicios múltiples: enseñanza, restaurantes, diversiones, etc. En algunos casos van introduciéndose incluso zonas comerciales. En las segundas, el sentido de identidad y de comunidad es mucho más fuerte y por ello se marcan con claridad los límites entre el estar «dentro» o estar «fuera» dotando de un simbolismo y un valor particular el hecho de ser miembro de la organización. En la tabla siguiente se comparan ambos tipos de culturas universitarias.

Cultura de «aeropuerto»	Cultura «monástica»
1. Lugar de tránsito. Los estudiantes deben matricularse cada año. No existen ritos significativos de entrada.	1. La cualidad de miembro es permanente. Una vez matriculados, los estudiantes se convierten en miembros de la institución para siempre. Los fallecimientos aparecen en el boletín del college. Se les invita cada cierto tiempo a las reuniones de ex-alumnos.
2. La relación es funcional. Los alumnos son admitidos si su «pago» está en orden.	2. La relación se produce en función del propio mérito. Los alumnos son admitidos si reunen las características (familiares, de calificaciones, etc.)

---

[10] Goodlad, S. (1995): *The Quest for Quality. Sixteen Forms of Heresy in Higher Education. Op. cit.* Pág. 82.

© narcea, s. a. de ediciones

Cultura de «aeropuerto»	Cultura «monástica»
3. La institución no está interesada en la vida personal o social de sus miembros. Las relaciones entre el profesorado y los estudiantes son formales y remotas.	3. Interés paternalista de la institución por sus miembros. Los alumnos son invitados a cenar con sus tutores. No se permite la entrada de individuos del otro sexo a partir de ciertas horas. Se precisa de permiso para ausentarse de la Universidad.
4. No existe normas disciplinarias específicas más allá de lo que marca la ley. Los estudiantes rechazan como una ilegal «doble penalización» cualquier intento de la institución por imponer sus propias sanciones a los estudiantes que infringen la ley.	4. Existe un fuerte sentido de lo que es un comportamiento apropiado y de lo que no. Los estudiantes pueden ser expulsados o suspendidos por deshonrar la institución.
5. Cafetería o restaurante por sistema de catering. Se paga por lo que se toma.	5. Comidas comunitarias. Los estudiantes pagan por la comida del periodo completo. Todo el mundo come junto cuando es posible.
6. Los entretenimientos que se ofrecen son una extensión de los existentes fuera de la Universidad: conciertos, máquinas de juegos, televisión, etc. Si existe librería es para libros de texto y apuntes.	6. Existen entretenimientos propios: coro u orquesta de la institución, revista propia, equipos deportivos propios para competiciones inter-centros.
7. La cafetería juega un papel central en las relaciones sociales.	7. La biblioteca y, a veces, la capilla constituyen puntos centrales. La asistencia a la capilla en ciertas ocasiones formales puede ser exigida a los colegiales.
8. Un problema característico es el de la *anomía*, que se trata de afrontar a través de un nuevo maternalismo ejercido por los orientadores, psiquíatras, etc.	8. Un problema característico es el de la *alienación*: suele afrontarse a través de originales rebeliones contra las reglas opresivas (el mito de quien se escapa por la noche y escala las paredes evitando a los celadores y a los guardianes).

© narcea, s. a. de ediciones

Esta descripción se corresponde más al contexto anglosajón, en el que los *college* presentan algunas de las características aquí atribuidas a la cultura monástica (que entre nosotros podrían desarrollar los Colegios Mayores). Pero resulta interesante porque destaca algunos puntos clave en relación a la identidad de nuestras Universidades, sobre todo las más recientes, muy próximas a lo que Goodlad describe como cultura de aeropuerto: la falta de un sentimiento de pertenencia y consecuentemente, de identificación con la institución, la pérdida progresiva de ritos y ceremonias que constituyen un patrimonio común y un signo de identidad de la institución, la carencia de espacios (fuera de la cafetería) donde se puedan ir construyendo relaciones más intensan y personales, etc.

En definitiva, reforzar la *identidad* de la institución supone potenciar la *identificación* con ella. Y ésa es una cuestión que nos afecta tanto a profesores como a estudiantes. Si la Universidad se convierte en un simple lugar de trabajo (a veces, compartido con otros lugares en los que uno trabaja) resulta difícil llegar a construir un fuerte nivel de identificación con él. Algunos atribuyen el *desapego* a las nuevas formas de relación de nuestros días. Pero lo cierto es que la posibilidad de sentirse miembro de una institución y de un equipo de personas refuerza nuestra capacidad de comprometernos y de identificarnos con las metas que la institución asume como propias (incluso si no llegamos a estar plenamente de acuerdo con ellas).

Para quienes pertenecemos a instituciones con mucha historia este aspecto de la identificación resulta, seguramente, más fácil. Sin embargo, también es algo que precisa construirse día a día. La identidad no se posee, se construye. Y si se pretende que sea una identidad compartida por los distintos miembros de la comunidad universitaria es preciso disponer de espacios y de mecanismos institucionales que posibiliten esa *identificación* con el sentido, la misión, los planteamientos, los estilos de trabajo, las normas, etc.

Ese es el gran papel que juegan los ritos y las rutinas institucionales; y no solamente las grandes ceremonias (el inicio de curso, la graduación, la celebración de los patronos o de las efemérides colectivas) sino también las pequeñas rutinas de encuentro entre los diversos sectores (fiestas, encuentros, elaboración de informes, toma de posturas frente a situaciones de la vida social, homenaje a profesores veteranos, días de bienvenida a los nuevos estudiantes, actuación de grupos culturales o deportivos, etc.). Estos pequeños momentos de encuentro son básicos para la construcción de espacios comunes sobre los que se construye una identidad de la institución basada en los sujetos que la forman, no sólo en los servicios que ofrece.

Diversos componentes de la cultura institucional de las Universidades están especialmente relacionados con el tipo de prácticas formativas que se desarrolla en ellas. Erickson (1987)[11] resalta entre ellos: las ideas compar-

---

[11] Erickson, F. (1987): *Op. cit.*

© narcea, s. a. de ediciones

tidas sobre los estudiantes, las teorías implícitas de los académicos sobre el aprendizaje y el papel a desarrollar por los profesores en el mismo, las orientaciones prevalentes hacia ciertas destrezas y no hacia otras, la valoración y actitudes de los alumnos menos dotados o más problemáticos, etc. Estos aspectos y otros resaltan por su importancia a la hora de definir esa especie de «pensamiento colectivo» o «ideología» sobre la docencia que, de una manera u otra, acabará afectando al tipo de prácticas que se desarrollan en la institución.

Cultura y dinámica de conflictos y cambios

Los análisis más formales de las instituciones omiten la existencia de conflictos o los toman como fenómenos disfuncionales que deben ser evitados. Pero ninguna organización funciona sin conflictos, y aunque pueda parecer contradictorio, los conflictos no tienen por qué ser negativos para el desarrollo de la institución sino que suelen constituir oportunidades para introducir cambios que resuelvan la crisis que originó el conflicto. Ambos procesos, el conflicto y el cambio, cuando se producen en las circunstancias adecuadas y no sobrepasan ciertos límites, son necesarios para garantizar la vitalidad de las estructuras institucionales y su acomodación a las condiciones cambiantes en que han de desarrollar sus funciones.

En cualquier caso, una de las peculiaridades básicas de las organizaciones, sean cuales sean sus características, es que en su seno se producen juegos de poder. Por eso algunos autores han vinculado la cultura institucional a la «apropiación del poder» (Elmore, 1987)[12] En este sentido, la *cultura institucional* no se refiere al conjunto de creencias, valores o prácticas que comparten los miembros de la institución y de donde se deriva su identidad. Dado que las organizaciones están formadas, con frecuencia, por sectores diversos que compiten en la defensa de sus propios intereses, la idea de *cultura* institucional ha de plantearse como un equilibrio de fractales más que como una unidad sólida. En el caso de las Universidades esta ruptura cultural interna forma parte de su dinámica habitual. Por algo la Universidad es un espacio especialmente apto para la divergencia de pensamiento, de conductas y estilos de vida, de modelos científicos, etc. Por otra parte, el proceso de *democratización* al que antes he aludido, ha intensificado esa conflictividad natural de las instituciones universitarias. Los diversos grupos de intereses no sólo compiten por hacer prevalecer sus puntos de vista en el enfoque y desarrollo de la vida diaria de los centros

---

[12] Elmore, R. F. (1987): «Reform and the Culture of Authority in Schools», en *Educational Administration Quarterly*, 23 (4), Págs. 60-78.

sino también por ocupar zonas de poder y hacerse con los mecanismos de gestión y control de la institución en su conjunto.

Con frecuencia, las diferencias culturales entre los grupos se convierten en *símbolos culturales* lo que las transforma en puntos centrales de la propia identidad como grupo. De ello se deriva que tiendan a mantenerlas y reforzarlas al margen de su propio significado y su función cultural inicial (Bateson, 1975[13], lo ha denominado 'esquizogénesis complementaria': las diferencias tienden a aumentarse con el tiempo en una especie de escalada por destacar la propia identidad y poder por oposición a los grupos contrarios). Se llega así a sistemas fracturados de convivencia en los que el mantenimiento de la identidad de los grupos requiere la existencia de diferencias. En esos contextos, cualquier tipo de propuesta colectiva será boicoteada por unos u otros. No tanto por sus bondades o flaquezas cuanto por constituir un nuevo espacio en el que se hace precisa la confrontación para preservar la identidad (y la expresión de poder) de los grupos.

Los procesos de cambio en el seno de las organizaciones universitarias están también sujetas a estos «juegos de poder» entre los diversos grupos culturales. No todos los componentes de la cultura institucional son igualmente susceptibles de modificación. Depende del elemento cultural en sí y del poder que posea el grupo que lo mantiene. Obviamente, cuanto más central o relevante en la constitución de la identidad es un componente cultural más difícil resulta su cambio, y cuanto mayor poder institucional detenta el grupo que mantiene ese componente cultural menos probable resultará que llegue a modificarse.

En ese sentido, Corbett y otros (1987)[14] diferencian entre *componentes sagrados* y *componentes profanos* de la cultura institucional. Los primeros son prácticamente inalterables porque constituyen la base (no sólo racional sino a veces irracional) de la cultura del grupo. La idea que plantean estos autores es que, a nivel general, la institución es siempre poco propensa al cambio, la tendencia a la *homeostasis* prodomina claramente sobre la tendencia al *cambio*, pero esa resistencia adquiere matices más dramáticos cuando el cambio se refiere a los aspectos «sagrados» de la dinámica social (los más básicos y segurizantes, los que nutren los símbolos de identificación del grupo mayoritario o con más poder, etc.). Los cambios en cuestiones «profanas» resultan más asequibles a la institución porque quiebran menos su homeostasis. El problema de esta dicotomía es que la naturaleza de lo «sagrado» (y por tanto inalterable) no siempre está basada en justificaciones de tipo lógico o racional. La categoría de lo «sagrado» se nutre, con frecuencia, de temores, presunciones, rutinas, intereses disfrazados de

---

[13] Bateson, G. (1992): *Hacia una ecología de la mente*. Planeta. Barcelona.

[14] Corbett, H.D.; Firestone, W.A. y Rossman, G.B. (1987): «Resistance to Planned Change and the Sacred in School Cultures», en *Educational Administration Quarterly*, 32 (4). Págs. 36-59.

© narcea, s. a. de ediciones

argumentos *ad hoc* (tanto más sofisticados cuanto mayor el nivel intelectual de quien lo presenta o cuanto mayor la inadecuación del interés que oculta), etc. Por eso resulta tan difícil el desarrollo innovaciones en las instituciones universitarias.

Por lo general, cuando las culturas son amenazadas generan mecanismos de autodefensa y supervivencia. Si el ataque (a veces los procesos de innovación son vistos como tales) viene de fuera, la reacción es una clausura defensiva y una rigidificación de los componentes culturales: la propia cultura se convierte en símbolo de identidad y oposición al cambio. Si el reto del cambio es interno a la propia institución, la cultura del centro estalla en diversas subculturas: unas de complicidad con el cambio, otras de retirada y otras de oposición. Y esa ruptura significa el inicio de un nuevo episodio de conflicto que originará una nueva distribución del poder y una reorganización de las estructuras culturales de la institución.

Desde esta perspectiva del cambio institucional, es muy interesante la distinción que hace Elmore (1987)[15] entre *cultura intrainstitucional* que se refiere a la dinámica interna que caracteriza la vida cotidiana de la propia organización y *cultura suprainstitucional* que es la cultura de los reformadores, de los legisladores, de los especialistas, de los burócratas, de los equipos directivos. Los procesos de innovación y cambio suelen producirse a partir de los procesos de conflicto y choque entre ambas culturas.

Cultura y modelos de actuación apropiados

Ningún análisis pedagógico puede quedarse en una mera descripción de los fenómenos. La naturaleza propositiva de lo pedagógico impone siempre una mirada hacia delante, un salto del «ser» al «deber ser». Cuando hablamos de *cultura institucional* no podemos quedarnos en una simple lectura de lo que caracteriza a las Universidades. Alguna referencia debe ser hecha sobre cómo podrían ser las cosas y, en todo caso, sobre vías posibles (a veces ya experimentadas) de optimización de la dinámica institucional y de los modelos de actuación.

Cuando nos referimos a la *cultura* como el *conjunto de normas y valores compartidos* por los miembros de la organización no sólo estamos identificando un aspecto de interés o una dimensión en la que conviene fijarse al analizar las organizaciones. Implícitamente se esta señalando también ese punto como una de las metas de la «buena» cultura, por decirlo de algún modo. Manejar el concepto de cultura supone, pues, identificarlo como un elemento relevante en la descripción de las organizaciones (¿qué tipo de valores forman parte explícita o implícita del pensamiento compartido?, ¿hasta qué punto se comparten valores y significados?) y, además, indicar que ése es el

---

[15] Elmore, R. F. (1987): *Op. cit.*

© narcea, s. a. de ediciones

camino que las instituciones han de seguir para su consolidación y desarrollo (hacer explícitos los valores que se asumen y progresar en su consenso). Este salto conceptual entre el puro análisis (qué son las cosas y cómo se producen en los diversos contextos) y la proposición (dejar implícita la meta que sería deseable alcanzar) forma parte consustancial del pensamiento y del lenguaje pedagógico. Es lo que se ha llamado naturaleza «normativa» de la pedagogía y se deriva de su compromiso constante con los valores (con lo que se considera valioso en la situación o con respecto al asunto analizado). En ocasiones da la impresión de ser una especie de error científico. Uno podría pensar (muchos lo hacen) que lo que se está diciendo no se corresponde con la realidad de los hechos comprobados y los datos disponibles, sino con lo que el investigador o el orador considera valioso. No es eso lo correcto. La dimensión descriptiva de las situaciones ha de responder a los mismos criterios de validez y justificación empírica que en el resto de las ciencias humanas. Pero, mientras otras ciencias pueden quedarse en esa descripción, la pedagogía debe continuar para señalar (a veces como puras hipótesis propositivas, a veces como resultado de la experiencia contrastada) cómo podría hacerse para mejorar, para propiciar un mejor desarrollo y consolidación de los fenómenos estudiados.

Si llevamos esta consideración al terreno de la *cultura institucional* no será suficiente con los dos puntos analizados anteriormente: qué es la cultura y cómo se relaciona con la actuación ordinaria de las organizaciones. Habremos de avanzar un poco más para indicar algunas constataciones relativas a los modelos culturales que resultan más efectivos en las organizaciones. Trataremos a continuación la colegialidad, la colaboración, la reflexión y la intencionalidad de la cultura.

La **colegialidad** *como elemento clave de la cultura institucional.* Uno de los nutrientes básicos de la cultura universitaria es la *colegialidad* o conciencia de compartir un sentido y un significado común de los rasgos de identidad de la institución a la que se pertenece. La colegialidad requiere un algo nivel de identificación con la institución como conjunto de valores, tradiciones y prácticas.

No es algo que se produzca en el vacío o por azar, sino que constituye una meta organizativa que no se alcanza sin un gran esfuerzo colectivo y que precisa, normalmente, de un tiempo prolongado en el que se producirán inevitables retrocesos y dificultades. Precisa, igualmente, de prácticas específicamente dirigidas a potenciarla: ritos y celebraciones, una graduación en niveles que establezca la expectativa de ir progresando en el status y reconocimiento de la propia pertenencia a la institución (los grados de «aspirante», «miembro pleno», «senior», «miembro honorario», que utilizan algunas instituciones, por ejemplo), ceremonias periódicas, actividades exclusivas para los miembros, existencia de grupos de exalumnos, etc. En general, todos los mecanismos empleados para reforzar la identidad

© narcea, s. a. de ediciones

pueden transformarse en estímulos para consolidar la identificación. En cualquier caso, es algo que las organizaciones *aprenden*.

Se ha hablado mucho de una fórmula de colegialidad forzada (*contrived collegiality*) que forma parte de las condiciones impuestas por algunas instituciones a sus miembros. Pero, a la larga, sus efectos son poco duraderos y, desde luego, poco profundos porque la «colegialidad», como cualquier otra fórmula de identificación, conlleva para ser auténtica elementos que desbordan lo puramente racional o pragmático: el sentirse bien, el valorar positivamente la entidad o persona con la que uno de identifica, el tener a gala que a uno le reconozcan por esa vinculación, etc.

La idea de que ingresar en una Universidad llegue a convertirse en algo similar a incorporarse a una comunidad es algo que resulta difícil en la actual articulación de la vida cotidiana de nuestras Universidades. Resulta difícil, incluso, para los profesores, metidos como estamos en una zarabanda de actividades en contextos muy diversificados. Lo es aún más para aquéllos cuyo compromiso con la institución se reduce a impartir unas cuantas horas de clase. Lo es también para los alumnos que en su gran mayoría no acaban por construir un sentimiento de identificación con la institución en la que se forman. La cultura de «aeropuerto» a la que antes me refería tampoco facilita mucho las cosas. Los problemas de vandalismo institucional (con periódicos destrozos de mobiliario o deterioro de los inmuebles a través de pintadas), la desimplicación en las actividades que se organizan, etc. son una especie de indicadores de esta distancia afectiva entre institución y colectivo estudiantil. El hecho de haberse incorporado formalmente a las instancias de toma de decisión institucional no ha supuesto el refuerzo de la identificación que podía esperarse.

Algunas Universidades incorporan a los alumnos a los programas de investigación que se estén llevando a cabo. No se trata de investigaciones menores o con una orientación meramente didáctica, sino investigaciones de alto nivel. Ese es el caso, por ejemplo, del programa *Undergraduate Research Opportunities Programme* que desarrolla el MIT en EEUU o en las instituciones del Imperial College de Londres. En ambos casos, los estudiantes se incorporan como colaboradores de investigación (*research assistants*) recibiendo compensaciones económicas (pocas veces) o créditos académicos. El principal efecto del programa reside en que potencia fuertemente el sentimiento de colegialidad y pertenencia.

La **colaboración** *como cultura*. Otra de las grandes metas del desarrollo institucional se sitúa en el ámbito de la *colaboración* y el *trabajo en equipo* del profesorado. A veces, el ámbito de colaboración se amplía, incluso, fuera de la propia institución para llegar a abarcar a un amplio abanico de agentes formativos que participan en el desarrollo del proyecto de formación que se desarrolla en la Universidad. La cultura de la *colaboración* se opone a la cultura del *individualismo* que es la predominante en la mayor parte de los centros universitarios. Y se operativiza a través de las estrategias de *coordinación*. Como la tradición universitaria se ha basado en el trabajo individual del profesorado, hoy cuesta un mundo cualquier iniciativa que tienda a romper esta inercia institucional. Los propios estudiantes se han acostumbrado a esta situación en que cada profesor sigue su propio ritmo y plantea programas y exigencias aisladas. De hecho, suelen rechazar propuestas innovadoras que tiendan a romper este esquema atomizado porque entienden que les va a suponer más trabajo y porque, tampoco ellos, están acostumbrados a otro tipo de planteamiento didáctico.

La idea de la *colaboración* se aplica no solamente al desarrollo de las clases o actividades didácticas, sino que tiene que ver con todo el funcionamiento de la institución. Una buena expresión de la dinámica colaborativa suele ser, por ejemplo, la forma en que los profesores veteranos acompañan y apoyan a los noveles. O la iniciativas en que los alumnos veteranos prestan su apoyo a los recién ingresados.

Muchas Universidades han puesto en marcha programas tendentes a reforzar esta cultura colaborativa en sus centros, con resultados inciertos, al menos en los casos que conozco. Esas iniciativas se han basado en innovaciones de diverso tipo:

— Financiar programas de innovación didáctica poniendo como condición que deberían ser presentados no por un profesor individual sino por un equipo e incluir diversas disciplinas.

— Poner en marcha programaciones conjuntas de varias disciplinas cuyo desarrollo combina el trabajo independiente en cada una de ellas (algunas clases, algunas actividades propias) con otros momentos en el que se llevarían a cabo experiencias integradas (explicaciones, trabajo de laboratorio o de campo, lecturas, informes). Al final la evaluación se realiza a través del sistema de los *portafolios* (los profesores evaluarían cada uno su disciplina pero a partir de las experiencias y los materiales elaborados conjuntamente para todas las disciplinas integradas en el proyecto). De esta manera los alumnos no tienen que rendir exámenes separados o presentar trabajos diversos para cada disciplina.

— Programas de *mentoring* en el que los profesores noveles eligen a un profesor senior (un catedrático/a, alguien con notable experiencia o prestigio) de su departamento u otro que hará de mentor. El programa para noveles incluyen actividades en las que participan ambos.

— Experiencias similares a las del *mentoring* se están haciendo también con alumnos. Los alumnos veteranos actúan como valedores y orientadores de los recién llegados. En otros casos, los veteranos actúan como apoyo académico para los alumnos que tengan más dificultades para aprobar ciertas disciplinas o para superar lagunas en su preparación previa.

© narcea, s. a. de ediciones

La **reflexión** *como cultura (vinculada a la evaluación).* La capacidad reflexiva y crítica ha sido uno de los signos de distinción del intelectual. Lo es también, por tanto, de la Universidad.

Desde la aparición de las obras de Schön (1983,1987)[16] sobre los «profesionales reflexivos», la reflexión se ha convertido en una especie de «leitmotiv» omnipresente en cualquier referencia a la formación. El problema reside en la pobre operativización que se ha hecho de ese enfoque en el desarrollo institucional.

Una cultura *reflexiva* se opone a una cultura de *rutina* y *opacidad*, a dejar que las cosas sigan su curso natural fruto de la propia inercia institucional. Los frenéticos ritmos actuales, tanto de los directivos como del profesorado en general, hace que apenas dispongamos de tiempo para detenernos y revisar los procesos que se están llevando a cabo. Por otra parte, como una buena parte de nuestras actividades docentes se desarrolla en una zona opaca (nadie sabe lo que sucede en nuestras clases, seminarios o laboratorio porque es un territorio que nos pertenece en exclusiva y en el que nadie puede entrar) tampoco tenemos mucho de qué hablar. De ahí que las reuniones se nutran fundamentalmente de cuestiones administrativas y/o de decisiones que tienen que ver con lo organizativo (presupuestos, horarios, plazas, etc.).

Reflexionar no es divagar u opinar reiterativamente sobre lo divino y lo humano. No es que no hagamos reuniones o que no se hable en ellas. También hablamos mucho en los pasillos y en la cafetería. Pero entender la reflexión como un interminable retornar sobre los mismos argumentos y valoraciones personales resulta poco práctico. Necesitamos datos reales (no sólo percepciones u opiniones personales) y estrategias que nos permitan pasar del pensar al actuar. Por eso la cultura de la reflexión sólo resulta eficaz cuando va unida a la de la *evaluación*.

Reflexionar, opinar, hacer propuestas, etc. es muy fácil cuando se construye sobre lo abstracto, y cuando no se deriva la decisión correspondiente. Por eso la utopía es mucho más vistosa que el simple reajuste. Y más cómoda.

Con frecuencia, nuestras reuniones (cuando se habla de estas cosas) se convierten en puras elucubraciones sobre cómo deberían ser las cosas o cómo habrían de hacerse. Cuando descendemos a concretar las cosas y eso altera nuestros horarios o compromisos, los propósitos se desvanecen porque, solemos coincidir, «no se dan las condiciones adecuadas para introducir cambios».

El primer paso de la reflexión es la evaluación que nos ofrece los datos necesarios para analizar y valorar cómo van las cosas y en qué medida la

---

[16] Schön, D. (1983): *The reflective Practicioner.* Basic Books. N. York; Schön, D. (1992): *La formación de profesionales reflexivos. Hacia un nuevo diseño de la enseñanza y el aprendizaje en las profesiones.* Paidós/MEC. Barcelona.

realidad se asemeja a nuestros propósitos individuales e institucionales. Sobre esos datos se construye la reflexión. En eso se diferencia reflexionar de elucubrar. Se trata de analizar y valorar colectivamente los diversos componentes de la situación, de los que previamente hemos obtenido información adecuada, para poder llevar a cabo los reajustes o iniciativas de desarrollo que parezcan convenientes. Cabe señalar que esta cultura de la *reflexión* es una de las características de las instituciones eficaces.

La **internacionalidad** *como cultura.* Parece fuera de toda duda que el desarrollo de esta modalidad de provisión de cursos y experiencias ha sido uno de los progresos más importantes que se han producido en los últimos años en la oferta formativa universitaria.Se vuelve a conectar así con lo que desde sus orígenes fue el sentido de la *universitas*: una formación superior en contenidos y expectativas, y abierta a las ideas, las personas, los territorios, etc.

> Hace ya un par de veranos tuve la oportunidad de leer una preciosa novela de Noah Gordon titulada *El Médico*. Con su estilo habitual de reconstrucción histórica novelada, Gordon relata la experiencia de un personaje medieval que deseaba ser médico y que para lograrlo cruza medio mundo (desde Inglaterra hasta Constantinopla) para prepararse con los mejores maestros. Me pareció una magnífica metáfora de la formación universitaria marcada por la internacionalidad: es una búsqueda de los mejores profesionales que lleva por escenarios diversos y pone en contacto con culturas diversas de las que el universitario se va impregnando. El conocimiento que se nutre sólo de lo local carece de esa cualidad.

Por eso, y aunque no esté exenta de sombras, la experiencia internacional constituye una de las aportaciones más ricas y duraderas que se puede ofrecer a los estudiantes porque les da la posibilidad de *abrirse a otras culturas* y modos de vida. No son pocos los que identifican como uno de los propósitos básicos de la formación universitaria el de potenciar la *apertura de mente* de los estudiantes y dotarlos de una visión global de los temas que afectan a los desarrollos culturales y técnicos de la actualidad. Justamente lo contrario de lo que se ha venido en denominar *aldeanismo cultural*. Las salidas al extranjero, el conocimiento de compañeros, familias, instituciones, estilos de vida y tecnologías de trabajo, etc. promueven esa visión de conjunto. Permiten *descentrarse* del aquí y ahora local para construir una perspectiva más cosmopolita y sensible a la diversidad.

Esa apertura a la internacionalidad exige, como condición básica de viabilidad, un notable compromiso de las instituciones y una ordenación adecuada de las condiciones en que se producen los intercambios. Se precisa, igualmente, de unas estructuras curriculares flexibles y adaptables a las diversas formalizaciones que la Educación Superior adquiere en el mundo. Tanto los aspectos formales de los estudios (duración, estructura, exigencias previas, sistemas de acreditación, etc.) como sus componentes cualitativos (perfiles profesionales, enfoques en la formación, sistemas de evaluación, etc.) varían notablemente de unos países a otros y eso crea numerosos problemas de compatibilidad y dificulta la generalización de la experiencia transnacional.

De todas formas, el mero hecho de salir y viajar no siempre constituye una oportunidad real de progresar en la formación. Con frecuencia, en el extranjero los estudiantes acaban constituyendo grupos cerrados de compatriotas o de personas culturalmente homogéneas sin interaccionar (porque no quieren o porque no les dejan hacerlo) con los nativos. Otras veces acaban asumiendo rasgos escasamente valiosos de las culturas visitadas sin llegar a impregnarse de sus auténticos valores (lo que se ha venido en llamar la *mcdonalización cultural*). Parece obvio, que tanto más importante será la experiencia internacional cuanto más haya posibilitado una auténtica integración de los estudiantes visitantes en la cultura social y universitaria del país que visitan[17].

Liderazgo y gestión de los recursos humanos en la Universidad

Uno de los problemas importantes en cualquier organización es el del liderazgo, que tiene un doble ámbito de resonancias. Las que se refieren a la estructura formal de la organización y la posición particular que en ella ocupan las diversas instancias y las personas que las ocupa. La posición en el organigrama condiciona la función a desarrollar y la capacidad de toma de decisiones que se posee. En este caso estamos hablando del liderazgo formal. Pero existen otro tipo de resonancias que tienen más que ver con el poder, cómo está distribuido en los diversos niveles de la organización y cómo se ejerce. Es bien sabido que no siempre coincide el poder formal con el poder real; en instituciones como la Universidad esa diferencia es aún más palpable.

En cualquier caso, el liderazgo tiene siempre que ver tanto con el *poder* como con la *autoridad*, y en ambos casos, con la capacidad para influir en el desarrollo de los acontecimientos que se producen en la organización. Para ello se precisa tanto de mecanismos institucionales que doten de legitimidad y recursos para la toma de decisiones (*poder* formal, puesto en el organigrama) como de capacidad de influencia interpersonal y reconocimiento por parte de los miembros de la organización (*autoridad*).

En ambos aspectos, las Universidades constituyen organizaciones muy diferentes a otras. Por ello, la función del liderazgo en la Universidad presenta características muy particulares:

---

[17] Pueden verse consideraciones más sistemáticas sobre este aspecto en un trabajo anterior: Zabalza, M.A.: *La dimensión pedagógica de los itinerarios culturales europeos* Dossier para el Consejo de Europa. Estrasburgo. 1991.

— La fuerte *democratización* existente en sus órganos de gobierno. Las decisiones se toman siempre en órganos colegiados en los que participan proporcionalmente todos los sectores de la vida universitaria. Esta circunstancia obliga a intensas fases de negociación y a una ralentización de los procesos de cambio (que pueden quedar desdibujados para contentar a todos).

— La presencia de *grupos organizados* con filiaciones de diverso tipo (políticas, sindicales, profesionales, de intereses, derivadas de la vinculación a personas, religiosas, etc.) que protagonizan el debate y la toma de decisiones. Esto hace que quienes ocupan posiciones de liderazgo vean condicionada su actuación por la pertenencia a un grupo o por la necesidad de mantener coaliciones entre otros.

— Una amplia *diseminación* de los niveles en los que se toman decisiones lo que supone la existencia de muchos *líderes* en los diversos estratos de la organización. Las Universidades constituyen mundos complejos y policéntricos en los que se toman decisiones a muchos niveles. Eso facilita las vías de participación y resalta la capacidad de incidencia de los individuos. Y hace difícil, salvo que la institución quiera normativizarlo todo, el mantenimiento de líneas cohesionadas de actuación o de una política común en el conjunto.

— La pervivencia del *poder individual* del profesorado y la persistencia de zonas de difícil permeabilidad a las decisiones institucionales.

Por todo ello, el papel de los líderes universitarios no resulta sencillo de ejercer y está muy distante de lo que puede ser el liderazgo en otros contextos organizativos (empresas, instituciones privadas, organismos públicos, etc.). Los líderes universitarios poseen una capacidad de intervención reducida (tanto por la normativa como por las características de la institución que dirigen) en la gestión de los recursos económicos, del personal, en la reorientación de las funciones de la organización, etc.

Por lo que se refiere a la vinculación del liderazgo a la docencia (objeto de análisis de este libro) ya he señalado antes que la relación no es del todo clara. La docencia, al menos en su desarrollo operativo en las clases y laboratorios, pertenece a esa zona opaca que depende directamente de las características personales del docente que la lleva a cabo y se mantiene, por el contrario, bastante inmune a las influencias institucionales. Sin embargo la *relación liderazgo-docencia* resulta fundamental en, al menos, dos cuestiones centrales:

— La interpretación y uso que se haga de la *autonomía institucional* para la definición de la *oferta formativa* que cada Universidad hace.
Los procesos de desarrollo de la autonomía de las instituciones están determinados por la condición de sus líderes. La capacidad de tomar decisiones se puede aprovechar mejor o peor. En unos casos se obtienen resultados que marcan claramente la personalidad de las ins-

tituciones y en otros se adoptan propuestas de otras instituciones vaciando de sentido la autonomía.

— La *gestión de los planes formativos* en el conjunto de la institución dando coherencia y continuidad a la intervención de las diversas instancias.

El policentrismo universitario complica la posibilidad de mantener un proyecto formativo integrado y cohesionado en toda la institución. La posibilidad de hacerlo depende mucho de la coordinación interna y del papel que jueguen los líderes intermedios. Estructurada como organización basada en individuos y donde éstos tienen una gran autonomía de actuación (en la línea habitual de las *burocracias profesionales*) parece inviable cualquier modelo de gestión que implique una transmisión directiva de orientaciones *top-down*.

Al igual que sucede en los equipos de fútbol mal organizados (cuando no funciona el medio-campo y las delanteras quedan tan lejos de las defensas que resulta muy difícil recibir balones en buenas condiciones), en las Universidades, sobre todo en las grandes, las estructuras jerárquicas superiores se hallan muy alejadas de las inferiores y, por tanto, resulta prácticamente inviable trasladar las decisiones asumidas como institución a todos los miembros. Tanto más difícil es esa diseminación cuanto más cualitativa sea la decisión u orientación institucional (las decisiones que afectan a contenidos burocráticos se trasladan mejor) y cuanto más pertenezca ésta al ámbito de la actuación individual (por ejemplo, cuestiones que tengan que ver con el desarrollo de la docencia).

El papel de quienes lideran las instancias intermedias (Facultades, Departamentos, Institutos, Equipos de investigación) resulta fundamental en la consecución de esa integración institucional. Como han señalado Hopkins y col. (1994)[18], el cambio y la mejora necesitan los esfuerzos de todos los niveles de la institución. Otros autores (vide Sammons y otros, 1997)[19] insisten en la necesidad de reconceptualizar la idea de liderazgo institucional para que englobe no sólo el nivel máximo de la jerarquía (los equipos rectorales o de gobierno de las instituciones) sino también los niveles intermedios. La importancia de este liderazgo intermedio ha sido ampliamente explicada por Mintzberg (1979)[20] y Bennett (1995)[21]. Esta

---

[18] Hopkins, D.; West, M.; Ainscow, M.; Harris, A. y Beresford, J. (2001): *Crear las condiciones para la mejora del trabajo en el aula. Manual para la formación del profesorado*. Narcea. Madrid.

[19] Sammons, P.; Thomas, S. y Mortimore, P. (1997): *Forging links. Effective schools and effective departaments*. Paul Chapman. London

[20] Mintzberg, H. (1984): *La estructuración de las organizaciones*. Ariel. Barcelona.

[21] Bennett, N. (1995): *Managing Professional Teachers: middle management in primary and secondary schools*. Paul Chapman. London.

categoría del liderazgo ha sido también uno de los **rasgos básicos** que caracterizan a los centros escolares de calidad (véase revisión de Purkey y Smith, 1983[22]; Fullan, 1982[23]; Estebaranz 1996[24]).

Los líderes intermedios ejercen dos funciones básicas: la del liderazgo *transaccional* y la del liderazgo *transformacional*.

El liderazgo *transaccional* garantiza que las decisiones tomadas a nivel superior sean seguidas (con diverso nivel de determinación según la naturaleza de la orientación o norma y según la cultura más o menos autoritaria de la institución) por el grupo de personas que coordinan. Se convierten así en eslabones y puntos de conexión (los intermediarios) entre las cúpulas institucionales y las bases, entre las políticas de la institución y las prácticas de los profesionales que la forman: deben organizar y coordinar el trabajo de los profesores y administrativos para que se adecúen mejor a las orientaciones de la institución y a la consecución de sus fines. De ahí que su papel sea tan fundamental. Podríamos decir que juegan el papel de representantes de la institución ante los colegas. Ello suele conllevar el ejercicio de un cierto «*poder*» delegado de la propia institución, vinculado a la connotación y orientación de las decisiones, la distribución del trabajo, la diseminación de la información y la gestión de los recursos.

En el liderazgo *transformacional*, los líderes intermedios actúan como representantes de sus colegas frente a la institución. Se convierten en agentes del cambio de la cultura de la institución y de la dinámica de funcionamiento de la misma. Generan innovaciones y, en ocasiones, conflicto en el seno de la institución y en ese sentido provocan cambios. Su papel fundamental es el de generar una identidad compartida (cultura de la colegialidad) en el grupo de profesores y personal de su ámbito. Implica también diseñar y estimular una dinámica atrayente de innovaciones y planes de acción que supongan el desarrollo de las personas y de la propia unidad departamental.

Como han señalado Glover, Gleeson, Gough y Johnson (1998)[25], refiriéndose a los directores de departamento de escuelas secundarias, el ejercicio de esta función implica trascender la gestión de los componentes estructurales y burocráticos para intentar impactar en

---

[22] Purkey, S. y Smith, M. (1983): «Effective Schools: a review». The Elementary School Journal, vol 83, nº 4. Págs. 426-452.

[23] Fullan, M.G. (1982): *The Meaning of Educational Change*. OISE Press. Toronto.

[24] Estebaranz, A. (1994): *Didáctica e Innovación Curricular*. Servicio Publicaciones. Universidad de Sevilla.

[25] Glover, D.C.; Gleeson, D.; Gough, G. y Johnson, M (1998): «The meaning of management: the development needs of middle managers in secondary schools», en *Educational Management and Administration* 26 (3). Págs. 279-292.

© narcea, s. a. de ediciones

su cultura para modificarla. De ahí a que la dimensión colegial (ya no se trata de un *poder sobre*, como en el liderazgo transaccional, sino de un *poder a través de*) resulta condición necesaria: el liderazgo transformacional implica una fuerte vinculación a las personas que constituyen el departamento y un posicionamiento de estimulación de la sinergia colectiva que permita el cambio de las personas, de la cultura y de las dinámicas.

Ambas proyecciones del liderazgo resultan consustanciales para que la Universidad esté en condiciones de poder dar efectivo cumplimiento a su misión formativa. Los universitarios no son personas débiles o inmaduras que precisen de un pastor que les proteja y oriente. Por el contrario se trata de personas de un alto nivel cultural (*masa crítica* denominan en Portugal al profesorado) y de un elevado reconocimiento social. Están, además, muy habituados al trabajo autónomo. El liderazgo que se requiere no es, por tanto, un liderazgo de carácter personalista o impositivo. En el fondo es un tipo de liderazgo compartido, una especie de *primum inter pares*, que ejerce transitoriamente tareas de dinamización y coordinación institucional.

La Universidad como organización que aprende

Los puntos que hemos ido viendo hasta ahora nos sitúan ante un tipo de organización, la Universidad, muy compleja y con una notable tendencia al *statu quo* (sobre todo en el caso de las más grandes y antiguas). Las nuevas, más pequeñas y especializadas, muchas de ellas privadas o con estilos de gestión más flexibles, han modificado, al menos en parte, esa imagen convencional. En todo caso, hay una pregunta inicial que no podemos desatender: ¿Pueden aprender las Universidades?, ¿reúnen las condiciones de adaptabilidad, apertura, dinamismo interno, etc. que convierten a los organismos en entes sociales capaces de aprender?

La respuesta inicial podría ir en la siguiente línea de razonamiento. Como cualquier organización, las Universidades, pese a su complejidad, «aprenden»: incorporan nuevos dispositivos para hacer frente a las nuevas demandas, ajustan sus prácticas, desarrollan procesos de «adaptación» hacia dentro y hacia fuera, etc. En definitiva, buscan ese «equilibrio» consustancial a todos los sistemas abiertos.

Pero seríamos ingenuos si confundiéramos ese «aprender», unido al mero hecho de existir y a la necesidad de adaptarse, con lo que hoy se identifica con procesos de «desarrollo institucional», esto es, procesos dirigidos a la mejora de las instituciones, al mejor cumplimiento de sus funciones (o como ahora gusta de decirse, su «misión»). No todos los cambios ni todas las adaptaciones constituyen pasos hacia la mejora.

Como ya había señalado Fullan (1993)[26], hay pocas posibilidades de que los cambios se produzcan y sobrevivan si no hay alguien, con suficiente peso y capacidad de influencia en la institución, que los defienda y haga valer.

¿Qué significa «aprender» en este contexto, es decir, en una organización? Aprender no es simplemente «adaptarse» a las nuevas circunstancias, sobre todo si supone aceptar, sin más, las presiones o las circunstancias externas. En muchos casos, los organismos vivos necesitan adaptarse al entorno para poder sobrevivir. Por tanto, la adaptación se produce más como una necesidad que como un opción institucional deliberada y orientada a la mejora. Algo de eso está sucediendo con los nuevos marcos de financiación, o los nuevos esquemas de acomodación al mercado laboral. Vienen impuestos por las circunstancias o por las políticas universitarias y las Universidades *deben* aceptarlo porque se trata de algo que excede a su control.

Tampoco el hecho de introducir «cambios» o «nuevas experiencias» implica necesariamente que se esté aprendiendo. Sobre todo cuando esos cambios no responden a una justificación o a un plan de desarrollo institucional. A veces, los cambios responden sólo a una mera acomodación a las nuevas circunstancias (la «adaptación» a la que acabamos de referirnos), otras veces son un reflejo de las modificaciones producidas en la distribución del poder en el interior de las instituciones. También pueden producirse a raíz de las presiones externas; por ejemplo, cuando se lleva a cabo una modificación en la legislación universitaria. Todas esas modificaciones, por sí mismas, no suponen aprendizaje institucional. La experiencia que hemos tenido, por ejemplo, en la *reforma de los planes de estudio* ha supuesto cambios que han mejorado poco la oferta formativa de nuestras instituciones. Algunos piensan que incluso la hemos empobrecido.

El aprendizaje institucional se produce cuando los cambios (mejor hablar de *reajustes*) se dan en el marco de un proceso de mejora bien planificado. Como todo aprendizaje, se trata de un proceso que consta de diversas fases: reconocimiento de la situación de partida (diagnóstico de la situación, evaluaciones sectoriales, etc.); exploración de iniciativas de reajuste y/o de desarrollo adoptadas a partir de los datos disponibles (momento de los cambios justificados y de las innovaciones), consolidación de las nuevas prácticas o dispositivos (también a partir de evaluaciones sistemáticas de su adecuación y sus aportaciones efectivas a la mejora de la institución).

---

[26] Fullan, M. (1993): *Change Forces*. The Falmer Press. London.

© narcea, s. a. de ediciones

Condiciones del aprendizaje institucional

Hablar de que las organizaciones «aprenden» es una bella metáfora que abre expectativas muy positivas a los componentes de las mismas, desde los aspectos más estructurales a los más dinámicos. La idea del «aprendizaje» nos sitúa ante la posibilidad de que las organizaciones (en nuestro caso las Universidades) mejoren su funcionamiento, la gestión de sus recursos, la forma en que definen sus funciones y las adecúan a las nuevas demandas, el tipo de relaciones que mantiene, etc.

Todo eso requiere una metodología. Se han de crear las condiciones adecuadas para que el cambio se produzca y para que ese cambio lleve efectivamente a una situación superior a la que se desea modificar. «¿Por qué será, escribe Claudia Picardo[27], que al realizar nuestros objetivos acabamos creando mundos diversos a los que habíamos proyectado y casi siempre muy similares a los que decíamos querer combatir?». Por falta de la metodología adecuada, seguramente.

Aunque se trata del primer paso, no basta con tener claro que las organizaciones, incluídas las Universidades, pueden aprender y mejorar su funcionamiento. Es necesario anticipar el proceso que se pretende llevar a cabo (eso es planificar): decidir qué, en qué plazos, con qué recursos, a través de qué medios, con qué apoyos, en base a qué contraprestaciones, etc. Aunque no es imposible, es poco probable que se logre un aprendizaje significativo sin ese esfuerzo de planificación, puesta en marcha y seguimiento de las iniciativas de cambio.

> El profesor Fernández Huerta solía decir que el aprendizaje precisaba de tres tipos de intervenciones por parte de los profesores: *evitación, motivación y presión*. Esto es, nuestro papel como docentes implicaba, en primer lugar, eliminar todos aquellos obstáculos que pudieran impedir o dificultar el aprendizaje (falta de recursos personales o intelectuales, lagunas, condiciones inadecuadas, etc.). Debíamos, además, estimular a los estudiantes para el aprendizaje. Aprender implica siempre, nos decía, un proceso agónico (de lucha y esfuerzo) y por tanto los aprendices deben estar convencidos que de luchan por algo de interés, algo que los va a hacer mejores. Esta tarea de motivación tiene mucho de seducción y reclamo hacia las metas. Y finalmente, como a veces todo lo anterior no suele ser suficiente, hemos de ejercer una cierta presión. Presión que ayude a romper las inercias, superar los atascos, provocar la reacción de los más apáticos, etc.

Esa combinación de elementos es también necesaria para que se produzca el aprendizaje institucional. La *evitación* implica un momento de eli-

---

[27] Picardo, C. (1993): «Introduzione all'edizione italiana» de la obra de Argyris, C.: *Superare le difese organizative: strategie vincenti per facilitare l'apprendimento nelle organizzazioni*. Rafaello Cortina Editore. Milán. Págs. XI-XVIII.

minación de obstáculos y de creación de las condiciones necesarias para que los cambios se produzcan. La *motivación* conlleva mucho ejercicio de comunicación y seducción hacia dentro y hacia fuera, explicando bien lo que se pretende, justificando su sentido e interés, aclarando las dudas o temores que cualquier proceso de mejora suele suscitar. Como la tendencia a la *homeostasis* suele ser superior a la tendencia al *cambio*, los aprendizajes institucionales suelen precisar de alguna forma de *presión* que puede ser ejercida desde fuera (por los responsables de las políticas universitarias, los empleadores, los agentes de financiación o por las asociaciones profesionales) o desde dentro de la propia organización (equipos directivos, órganos de gobierno, grupos más dinámicos de la institución, grupos o sectores implicados en los aspectos a mejorar, los propios resultados alcanzados, etc.).

Existen otras visiones del aprendizaje que pueden servirnos como analogías del aprendizaje de las organizaciones. Vamos a examinar el modelo piagetiano, las aportaciones de Vygoskty y el análisis de Argyris.

El *modelo piagetiano de aprendizaje* (exploración, asimilación, acomodación) nos aporta una visión del aprendizaje como *proceso* internamente *generativo* que se va produciendo a través de la reconstrucción progresiva de los recursos personales que en cada nuevo avance te van situando en mejores condiciones de abordar etapas sucesivas.

El modelo piagetiano (tomado así como una simple analogía) nos permite identificar tres etapas importantes en los procesos de aprendizaje organizativo. Un primer momento de *exploración* en el que se tantean las posibilidades del cambio deseado y se desarrollan aproximaciones a través de innovaciones puntuales, de pequeñas modificaciones, de tentativas de diverso signo. Poco a poco ese cambio experimental se va consolidando. La organización *asimila*, fija el cambio, que se va haciendo más habitual, más seguro. Finalmente, el cambio se integra en la estructura y el funcionamiento de la institución. Las estructuras previas se *acomodan* a la nueva situación, se modifican, se crean nuevos elementos. La institución en su conjunto está, ahora, en disposición de afrontar nuevas metas puesto que ya ha *aprendido* y enriquecido sus estructuras previas con el nuevo aprendizaje.

Este esquema describe bien lo que se puede comprobar en los procesos de mejora de las organizaciones. Se comienza por iniciativas titubeantes que marcan un primer momento de exploración, de tanteo. Las primeras etapas de cualquier iniciativa suelen ser así, un poco inciertas, inconstantes, con muchos problemas de logística, de previsiones, de claridad de objetivos, etc. Parece tiempo perdido pero no es así porque la institución va aprendiendo, va haciéndose con los mecanismos para poder manejarse mejor en ese ámbito. Poco a poco aquella iniciativa deficitaria del inicio se va consolidando, tomando firmeza y seguridad. La organización ha aprendido a manejarla y la innovación se lleva a cabo sin problemas; sólo falta que ese cambio se convierta en una nueva riqueza, en un nuevo recurso que la institución pueda utilizar para avanzar hacia cotas superiores de desarrollo y calidad.

Así es como funcionan las organizaciones cuando aprenden. El proceso puede cortocircuitarse y quedar estancado en cualquiera de las fases intermedias. En ese caso no se habría producido el aprendizaje. Al menos no en su sentido completo. Pensemos, por poner un ejemplo, en los procesos de *intercambios de estudiantes entre Universidades*. Las primeras fases fueron, desde luego, dificultosas y llenas de sobresaltos. Dependían mucho de las personas, fallaba con frecuencia la logística, los convenios de colaboración dejaban muchas lagunas, había problemas de reconocimiento de los estudios realizados en el exterior, etc. Poco a poco la iniciativa fue consolidándose a medida que las instituciones adquirían experiencia y se iban introduciendo los reajustes precisos. Los intercambios se consolidaron y se incorporaron a la dinámica habitual de funcionamiento de las instituciones. Es cierto que algunas Universidades no han superado aún la etapa de la exploración y sus programas de intercambio siguen siendo inciertos y poco institucionalizados. Pero en la mayor parte de los casos el proceso ha ido consolidándose. Diríamos que estas Universidades han alcanzado la segunda fase del aprendizaje institucional en ese punto. Pero no se llega al final hasta que esa iniciativa se integra en los recursos de la institución como un elemento que permite proponerse niveles superiores de desarrollo. No es ya que los intercambios se hayan consolidado como experiencia aislada sino que constituyen una nueva capacidad o recurso del equipamiento institucional mediante el cual se está en condiciones de avanzar a niveles de desarrollo superior. En este caso podrían ser la incorporación de ofertas formativas internacionales, sistemas de acreditación compartidos, intercambio de profesorado, proyectos de investigación comunes, etc. Cada nuevo aprendizaje, la institución se pone en condiciones de afrontar metas superiores en su desarrollo.

Otra aportación interesante para entender los procesos de aprendizaje institucional podemos extraerla de Vygosti a través de su concepto de *aprendizaje coral.*

Los aprendizajes individuales pasan por una etapa previa en que se presentan como intercambios y producciones grupales. Construimos nuestras representaciones e ideas a partir del intercambio que se produce en el grupo y del juego de reajustes que dicho intercambio provoca tanto en nosotros como en nuestros interlocutores. Vamos ajustando lo que pensamos y decimos a lo que piensan y dicen los otros con los que intercambiamos ideas y experiencias.

Dado que la Universidad es un tipo de organización en la que el poder de los individuos es muy fuerte, al final, las posibilidades de cambios de mejora dependen mucho del tipo de posicionamiento que adopten los sujetos que la forman (o, cuando menos, aquellos que han de adoptar la decisión pertinente).

El aprendizaje o cambio institucional requiere, en estos casos, el cambio en las ideas y las prácticas de los sujetos. Y para que se produzca se requiere de ese contexto de aprendizaje coral en el que los intercambios van haciendo posibles los ajustes progresivos de las percepciones y las ideas de los sujetos que participan en él.

Quien haya participado en procesos de cambio (tanto si al final han acabado en auténticos aprendizajes institucionales o se han quedado en un puro maquillaje) sabe hasta qué punto son importantes esas fases de comunicación e intercambio. Por eso no funcionan los «cambios por decreto» ni los que se pretende llevar a cabo de una forma rápida y sin dar tiempo a que cambien las mentalidades. Al final, todo suele convertirse en un mero cambio formal o burocrático (cumplimos lo que nos mandan pero dejando todo como estaba).

Mencionaré, en tercer lugar, el interesante análisis que hace Argyris (1990)[28] de las **mentalidades defensivas** en las organizaciones. En su estudio sobre los procesos de cambio en las organizaciones, este autor se encontró con que son frecuentes las actitudes e intervenciones defensivas. No se trata, necesariamente, de movimientos perversos que pretendan mantener a toda costa el *statu quo*. Tampoco de procesos que surjan de un posible conflicto de intereses entre sectores o de lucha por el poder. Argyris se encontró con actitudes bienintencionadas que trataban de preservar el buen clima de la institución y para ello evitaban cualquier tipo de conflicto.

El error fundamental en este caso se deriva de un aprendizaje que los individuos hemos asimilado desde muy temprano en nuestras vidas: la necesidad de evitar situaciones embarazosas y amenazantes en aras del objetivo máximo de sentirnos bien y hacer sentirse bien a los que nos rodean. De ese aprendizaje ligado al instinto de conservación se derivan muchos comportamientos defensivos: no decir la verdad si puede molestar, tratar de ser siempre educados, mantener una actitud de apoyo con el menor peso posible de condiciones, no tocar temas complicados o que puedan generar conflicto, hacer primar las relaciones cordiales sobre cualquier otro propósito o condición. Se generan así *organizaciones neuróticas*[29] en las que cualquier análisis en profundidad o cualquier ocasión de conflicto se sacrifica a la prioridad de mantener buenas relaciones. «Hemos aprendido, escribe Claudia Picardo

---

[28] Argyris, C. (1990): *Op. cit.*
[29] De Vries, K. y Miller, D (1984): *L'Organizzazione nevrotiva*. Rafaello Cortina. Milán.

© narcea, s. a. de ediciones

102 La enseñanza universitaria

prologando esta obra de Argyris, a no producir análisis en profundidad, a aceptar relaciones no auténticas puesto que se caracterizan por la ausencia de problemas y cosas desagradables. Hemos sacrificado al altar de la buena educación y del agrado la posibilidad de intercambios auténticos, de confrontación de ideas y sentimientos» (pág. XIII).

Este modelo de comportamiento que resulta conservador y dificulta cualquier proceso de cambio precisa ser sustituido por otro modelo que para Argyris incluye mantener los mismos valores del primero pero dotándolos de un nuevo significado. El apoyo a los demás se convierte en el compromiso mutuo de desarrollar las capacidades propias y ajenas para poder afrontar conjuntamente las situaciones y problemas reales sean agradables o desagradables. El respeto y aprecio personal a los demás se replantea desde la perspectiva de la reflexión conjunta, de la aceptación de los hechos como son y de la búsqueda común de soluciones.

La vida ordinaria de nuestras Universidades está muy impregnada de este tipo de mentalidad defensiva. Ya no es sólo que pocas personas, sobre todo en los círculos de mayor poder, se atrevan a manifestar abiertamente sus opiniones críticas con respecto a la situación (el factor de adulación a los superiores, sobre todo si son del propio grupo, suele ser una condición de supervivencia) sino que se ha generado una cultura de la privacidad que elimina cualquier tipo de contraste con respecto a aquellos espacios que se viven como algo «privado» (las propias clases, las evaluaciones, la relación con los alumnos, el grado de implicación en las actividades institucionales, etc.).

Obviamente no se trata de preferir el conflicto a la armonía. El problema está, como señala Argyris, en sacrificarlo todo a la evitación de conflictos. De esa manera es poco probable que la institución progrese, al menos en la superación de aquellas disfuncionalidades más arraigadas en la dinámica institucional.

Aprender y desaprender de la Universidad

Aunque pueda parecer un simple juego de palabras se trata de una condición básica en el proceso de mejora de las organizaciones. Para aprender, esto es, para incorporar mejoras, para acceder a fases superiores de desarrollo, resulta preciso desaprenden, eliminar lastres, deconstruir prácticas, significados y aprioris que suelen estar bien establecidos en las rutinas institucionales.

> Entre esos *aprioris* hay que destacar que a enseñar se aprende enseñando, que los resultados del aprendizaje dependen de los alumnos, que docencia e investigación van unidas y se refuerzan mutuamente, que la formación universitaria debe estar orientada al empleo, que cada materia es diferente y por tanto no valen los análisis generales, etc. Sin una reconstrucción de su significado y de su proyección sobre la práctica docente existen pocas posibilidades de avanzar.

© narcea, s. a. de ediciones

Ese análisis en profundidad se deberá hacer en un foro de discusión abierto en el que cada cual tuviera posibilidad de exponer su opinión y confrontarla con la de los demás.

¿Qué debería aprender y desaprender la Universidad? Esa parece ser una cuestión importante en esta consideración general de la Universidad como organización que aprende.

En la tabla siguiente tenemos algunos contenidos posibles de este proceso.

Desaprender	Aprender
Percepciones de profesores y alumnos.	Conocerse (evaluación).
Culturas institucionales.	Explicitar pensamientos y necesidades.
Resistencias al cambio.	Situarse frente a las características y necesidades de alumnos, profesores y profesión.
Rutinas y ritos.	Ajustar los mecanismos institucionales.

Uno de los aspectos importantes a desaprender es lo que ya hemos visto antes como *rasgos de la cultura institucional de la Universidad* (por ejemplo, la tendencia al individualismo). Pero junto a esas características globales de la cultura de la Universidad, existen otras culturas particulares que afectan a centros o subunidades de la institución. Podríamos decir que en cada Facultad se ha ido construyendo un espacio, más o menos compartido, sobre la forma de plantear los estudios, los comportamientos aceptables (de profesores, de alumnos y de relación entre ambos), las normas de funcionamiento, etc. Por ejemplo, la visión tan extendida en algunas Facultades de que las disciplinas se han de enseñar en forma magistral (por eso la configuración particular de las aulas con tarimas en las clases y pupitres orientados hacia ellas) y se ha de aprender de memoria. O la idea de algunos profesores de que su disciplina desmerece si no la suspenden un porcentaje muy elevado de estudiantes. O la dinámica más informal de relación entre profesores y alumnos en algunas carreras.

Otra condición para mejorar es desaprender las *resistencias al cambio*. En un párrafo anterior he mencionado, de la mano de Argyris, algunas de esas resistencias (de índole emocional y social). Pero existen muchas otras ancladas en otros espacios: prejuicios, intereses personales o del propio sector, tradiciones. Este proceso de desactivación de resistencias exige mucho trabajo de comunicación y análisis. El propio modelo que propone Argyris se basa justamente en eso: ser capaces de identificar cuáles son los comportamientos y las «teorías en uso» (a veces contradiciendo lo que uno mismo dice saber o pensar, *espoused theories*) que actúan como impedimento de los cambios, para transformarlas. Otro tanto acontece con las rutinas y hábitos asumidos en los diversos niveles de la administración, desde quienes llevan la gestión de la administración y los servicios, a quienes desarrollamos la docencia o quienes lideran las instituciones. Esas formas consuetudinarias de afrontar las situaciones acaban esclerotizándose y dificultando cualquier propuesta de mejora.

En definitiva, *desaprender* significa ser capaces de «deconstruir» la situación vigente del sistema, de sus significados y de sus prácticas. Y volver a pensarlo de nuevo, es decir volver a «reconstruirlo» con un nuevo significado o con un nuevo tipo de intervenciones que serán el contenido del aprendizaje, lo que esa organización va a aprender.

Aprender es ir recorriendo una serie de fases que comienza por un momento de «reconocimiento» de la situación a través de los procedimientos de recogida de información que se estimen oportunos (una evaluación, reuniones de análisis, informes o memorias de las diversas instancias, etc.). Y complementando ese momento (a veces en simultáneo) otro en el cual se plantean las expectativas, demandas o necesidades que se desea afrontar. Por eso se dice que las instituciones no deben reducirse a responder a los problemas sino que deben construir un proyecto capaz de afrontar simultáneamente los ajustes a incorporar para adaptarse mejor a los cambios del entorno junto a las nuevas expectativas e ideas que reflejen el sentir de los diversos sectores participantes. Las instituciones aprenden así en la doble dirección de adaptarse a las nuevas demandas y de generar ellas mismas nuevas líneas de actuación.

3
El profesorado universitario

Parece fuera de toda duda que la pieza fundamental en el desarrollo de la docencia universitaria son los profesores y profesoras que desarrollan su trabajo profesional. Siendo las Universidades, «instituciones formativas» nada ni nadie debería restar protagonismo a dicha función primordial y a quienes la ejercen.

Aunque esta consideración pueda parecer obvia, las circunstancias cambiantes de las condiciones de funcionamiento y supervivencia de los centros universitarios han oscurecido su sentido formativo esencial. Las Universidades se han convertido, en muchos casos, en centros de producción y transferencia de componentes culturales o industriales. El ranking de las Universidades se realiza en base a indicadores de producción científica o técnica (patentes, proyectos de investigación subvencionados, publicaciones, congresos, etc.). El nivel de la formación que se imparte a los alumnos que acuden a ella constituye una variable de consideración menor.

La Universidad forma un ecosistema laboral y profesional muy particular. Sus peculiaridades afectan, de manera directa, a la forma en que su personal elabora su propia identidad profesional, ejerce sus funciones y desarrolla las actividades laborales que le son encomendadas. Afecta, también, a los mecanismos básicos que utiliza para progresar en el status profesional y/o institucional. No tiene nada de extraño que los profesores universitarios tendamos a construir nuestra propia identidad profesional en torno a la producción científica o a las actividades productivas que generan mérito académico y que redundan en beneficios económicos y profesionales. Podríamos llamarlo,

© narcea, s. a. de ediciones

utilizando la denominación de Vandenberghe (1986)[1], la *ética de la practicidad*.

En los capítulos anteriores he tratado de hacer una «lectura» del escenario universitario como marco de condiciones en el cual se produce la docencia. Una vez visto, nos toca ahora adentrarnos en el mundo de los *agentes* de la formación: los profesores y profesoras de las distintas categorías y especialidades que desarrollamos en la Universidad nuestro trabajo profesional.

El primer problema es cómo organizar la aproximación a la figura y el trabajo de los profesores. Son muchas las dimensiones y componentes que configuran la acción docente en la Universidad. Casi todas se interrelacionan y afectan mutuamente. Por eso es difícil encontrar un modelo que permita cubrir todo el espacio sin reiteraciones o solapamientos.

Intentaré analizar la figura del profesorado universitario utilizando el mismo esquema que empleo en mis clases cuando abordo este tema. Para ello, diferenciaré tres grandes dimensiones en la configuración del rol docente:

— *Dimensión* **profesional,** que permite acceder a los componentes claves que definen ese trabajo o profesión: cuáles son sus exigencias (qué se espera que haga ese profesional), cómo y en torno a qué parámetros construye su identidad profesional, cuáles son los principales dilemas que caracterizan el ejercicio profesional en ese ámbito, cuáles son las necesidades de formación inicial y permanente, etc.

— *Dimensión* **personal,** que permite entrar a considerar algunos aspectos de gran importancia en el mundo de la docencia: tipo de implicación y compromiso personal propio de la profesión docente, ciclos de vida de los docentes y condicionantes de tipo personal que les afectan (sexo, edad, condición social, etc.), problemas de tipo personal que suelen ir asociados al ejercicio profesional (*burn out, stress,* desmotivación, etc.), fuentes de satisfacción e insatisfacción en el trabajo, la carrera profesional.

— *Dimensión* **laboral** que nos sitúa ante los aspectos más claramente relacionados con las condiciones contractuales, los sistemas de selección y promoción, los incentivos, las condiciones laborales (carga de trabajo, horarios, obligaciones vinculadas, etc.).

Se trata de un esquema de categorías no absolutamente excluyentes. Algunos de los aspectos que se tratan en una de las dimensiones podrían ser tratados en otra (por ejemplo, la *carrera docente* es tanto una cuestión labo-

---

[1] Vandenberghe, R. (1986): «Le rôle de l'enseignant dans l'innovation en éducation», en *Revue Française de Pédagogie,* nº 75 (abril-junio 1986). Págs. 17-26.

ral como profesional e incluso personal). Pero creo que resulta útil para poder moverse con una cierta soltura entre el enmarañado conjunto de dimensiones y cualidades que caracterizan el rol docente en la actualidad.

Dimensión profesional del docente universitario

¿La docencia universitaria es una profesión o es el trabajo que uno ejerce? ¿Cuál es el eje en torno al cual construimos nuestra identidad profesional? Cuando nos toca decir qué somos, ¿cómo nos identificamos?, ¿como sociólogos, economistas, abogados, ingenieros, médicos o como profesores de Universidad?

La docencia universitaria resulta notablemente contradictoria en cuanto a sus parámetros de identidad socio-profesional. Es frecuente que los profesores universitarios nos identifiquemos como tales («soy profesor universitario») en la medida en que es signo de alto status social. Pero ese reconocimiento (al menos en lo que se refiere a sus componentes docentes) resulta bastante marginal a la hora de valorar los elementos desde los que se construye y desarrolla dicha identidad.

Dicho en términos sencillos, a muchos profesores universitarios les resulta más fácil verse a sí mismos desde la perspectiva de su ámbito científico (como matemáticos, biólogos, ingenieros o médicos) que como docentes universitarios (como «profesor/a» de...). Su identidad (lo que sienten sobre lo que son, lo que saben, los libros que leen o escriben, los colegas con los que se relacionan, los congresos a los que asisten, las conversaciones profesionales que mantienen, etc.) suele estar más centrada en sus especialidades científicas que en sus actividades docentes.

Seguramente muchos profesores universitarios se horrorizarían si un colega les dijera que nunca ha leído un libro científico sobre su especialidad. No entenderían que estuviera al nivel de conocimientos científicos que requiere su trabajo. Pero posiblemente (es sólo una hipótesis) el escándalo sería menor si el colega les confesase que nunca había leído nada sobre «didáctica de la especialidad», sobre cómo enseñar la materia que está a su cargo.

Es decir, el lugar en el que se pone nuestra identidad es en el saber de la especialidad (lo que nos identifica con los otros colegas de la especialidad sean o no profesores) y no el saber de la docencia (lo que nos identificaría con los otros colegas de la Universidad sean o no de nuestra especialidad).

Uno de los aspectos débiles de los enseñantes (en todos los niveles del Sistema Educativo) ha sido, justamente, la de poseer una *identidad profesional borrosa*. Su preparación para el ejercicio profesional ha estado tradicionalmente orientada hacia el dominio científico y/o hacia el ejercicio de las actividades profesionales vinculadas a tal dominio. Con tales

© narcea, s. a. de ediciones

precedentes resulta difícil construir, a posteriori, una identidad profesional vinculada a la docencia.

Sin embargo, cuando se plantea la actividad docente como una actuación profesional estamos considerando al mismo nivel el ejercicio de la docencia (que posee sus propios conocimientos y condiciones) y el dominio científico de la propia especialidad. Como actuación especializada, la docencia posee su propio ámbito de conocimientos. Requiere una preparación específica para su ejercicio. Como en cualquier otro tipo de actividad profesional, los profesionales de la docencia deben acreditar los conocimientos y habilidades exigidos para poder desempeñar adecuadamente las funciones vinculadas al puesto que deben ejercer.

Esta idea se contrapone a la de quienes mantienen una visión no-profesional de la docencia. El tópico bastante habitual y extendido de que «a enseñar se aprende enseñando» refleja esa visión no-profesional. No hace falta prepararse para ser docente, se vendría a decir, ésa es una actividad práctica para la que no son precisos conocimientos específicos sino experiencia y «vocación».

Hoy parece evidente que, al menos en el ámbito de los discursos oficiales, se tiene claro que la profesión docente entraña tales retos y exigencias que son precisos conocimientos específicos para poderla ejercer adecuadamente. O cuando menos, que la adquisición de los conocimientos y habilidades vinculados a la actividad docente es una condición necesaria para la mejora de la calidad de la misma.

La recuperación, todavía titubeante, de esa naturaleza profesional de la actividad docente ha requerido, como condición previa, separarla de las otras dimensiones que caracterizan y completan la identidad del puesto de trabajo de profesor universitario. Esto es, separar la actuación docente del ámbito de la investigación y del de la gestión que también vienen anexos al rol de profesores. Ser docente, ser un buen docente, es distinto (porque requiere distintos conocimientos y habilidades) de ser un buen investigador o un buen gestor.

Sin embargo, todavía son muchos los que defienden ideas contrarias: para ser buen profesor universitario lo importante, dicen, es ser buen investigador. Ser buen investigador es, desde luego, importante (al menos en el contexto español donde ambas competencias están vinculadas al puesto de profesor) pero no sustituye ni se iguala (ni en objetivos, ni en habilidades, ni en mentalidad, ni en actuaciones concretas, ni en conocimientos precisos) con ser profesor. Parece claro que el hecho de poseer un alto nivel de excelencia como investigador no garantiza el que la práctica docente resulte igualmente exitosa[2]. Aún más clara resulta la divergencia entre tareas de gestión y tareas docentes.

---

[2] Task Force Resource Allocation (1994): *Undergraduate Teaching, Research and Community Service: what the functional interactions? A literature review*. Ontario Council for University Affairs. Toronto.

El primer punto de referencia, pues, para el análisis del rol docente del profesorado universitario se asienta en la afirmación de la profesionalidad de dicho rol y de las condiciones que, como cualquier otro desempeño profesional, exige la docencia: conocimientos y competencias propios, preparación específica, requisitos de entrada, proceso de progreso en la carrera profesional, etc.

La docencia como actividad profesional

Aunque en las percepciones de algunos, el papel del profesor universitario siga siendo el mismo de siempre, no cabe duda de que estamos ante una fuerte transformación tanto de las características formales de la dedicación del profesorado (con una presencia amplia de profesorado asociado y a tiempo parcial) como de las demandas que se hacen a los profesores. Hablamos de docencia para referirnos al trabajo de los profesores, pero somos conscientes de que el profesorado universitario desarrolla en realidad todo un conjunto de funciones que van más allá de la docencia. Las funciones formativas convencionales (conocer bien su materia y saber explicarla) se han ido complicando con el paso del tiempo y con la aparición de nuevas condiciones de trabajo (masificación de los estudiantes, atomización de las materias, incorporación de las nuevas tecnologías, combinación del trabajo en el aula con la tutorización del aprendizaje en empresas, aparición de los intercambios y otros programas interinstitucionales, etc.).

Normalmente suelen atribuirseles al profesorado universitario tres funciones: la *enseñanza* (que aquí denomino docencia), la *investigación* y la *gestión* (en los diversos niveles institucionales, desde los Departamentos y Facultades, a las diversas Comisiones y al Gobierno de la Universidad). En la actualidad se han añadido nuevas funciones que amplían y hacen cada vez más complejo su cometido profesional: lo que algunos han llamado *bussiness* (búsqueda de financiación, negociación de proyectos y convenios con empresas e instituciones, asesorías, participación como expertos en diversos foros científicos, etc.) y las *relaciones institucionales* (que tiene muchas versiones, desde la representación de la propia Universidad en los múltiples foros en que es reclamada, hasta la creación y mantenimiento de una amplia red de relaciones con otras Universidades y con empresas e instituciones con vistas a reforzar el carácter teórico-práctico de la formación y también, en algunos casos, su carácter internacional).

De todas ellas, me voy a referir a la docencia. Teóricamente debería ser la más importante puesto que en ella se concentra la tarea formativa de la Universidad. Pero como ya hemos tenido oportunidad de señalar, la docencia ha bajado muchos enteros en el ranking de prioridades de las instituciones y de los propios profesores.

© narcea, s. a. de ediciones

Entre nuestros colegas americanos (del Norte) corre esta especie de historia. Remedando aquella oportuna frase de «¿estudias o trabajas?» que resultaba tan útil para romper el hielo en las fases iniciales de un nuevo «ligue», cuando te encontrabas con un colega podías emplear una expresión similar «¿enseñas o investigas?». Ahora, parece ser, la presunta dicotomía ya no funciona, porque la respuesta más frecuente es «Oh no, I manage business now!».

Cualquiera puede entender que la investigación constituye un proceso sumamente complicado y que requiere de un amplio espectro de conocimientos y competencias en las que es preciso formarse. Otro tanto acontece con la gestión. Hasta ahora se había mantenido como un espacio de dedicación no totalmente profesional (al menos en la parte que corresponde a los docentes, sí lo ha sido en otros ámbitos dependientes de los funcionarios de la administración y servicios adcritos a la Universidad) pero son ya muchas las voces que están reclamando una profesionalización de las tareas de gestión (incluido el reciente informe Bricall[3]).

Al socaire de los cambios producidos en el escenario universitario, la docencia ha sufrido también importantes transformaciones. La tradicional misión del docente como *transmisor* de conocimientos ha quedado relegada a un nivel secundario para priorizar fundamentalmente su papel como *facilitador* del aprendizaje de sus estudiantes. El acceso al conocimiento se puede hacer hoy a través de muy diversas vías (libros, documentos de diverso tipo, materiales en soporte informático, Internet, etc.). Pero la facilidad de acceso no supone una ayuda significativa en lo que se refiere a la decodificación, asimilación y aprovechamiento de tal información, ni garantiza la vinculación de dicho material con la práctica profesional. Es justamente en esta función de «aprendizaje» (la más sustantivamente «formativa») donde el profesorado universitario debe centrar su acción.

Por ello, frente a la idea de quienes defienden que enseñar es un arte que se aprende con la práctica (visión no profesional de la enseñanza: no hace falta prepararse para ello) pretendo desarrollar aquí una visión más completa y compleja de la enseñanza. La enseñanza como actividad que requiere de unos conocimientos específicos, de un proceso de formación *ad hoc* y de un reciclaje permanente para ponerse al día tanto en los nuevos contenidos como en las nuevas metodologías didácticas aplicables a ese ámbito. Eso no significa decir que la práctica no sea necesaria o que uno no aprenda de ella. En todas las profesiones la práctica constituye una fuente de conocimiento, pero es una fuente insuficiente.

Decían Brown y Atkins (1994)[4] que la visión profesional de la enseñanza parte de dos asunciones previas: que lograr una enseñanza efectiva es

---

[3] Bricall, J.M. (2000): *Universidad 2000*. Conferencia de Rectores de las Universidades Españolas. Madrid.
[4] Brown, G. y Atkins, M. (1994, 4ª edic.): *Effective Teaching in Higher Education*. Routledge. London.

© narcea, s. a. de ediciones

una tarea compleja y un fuerte reto social, con altas exigencias intelectuales y que enseñar efectivamente consiste en una serie de habilidades básicas que pueden ser adquiridas, mejoradas y ampliadas a través de un proceso mantenido de formación.

Enseñar es una tarea compleja porque exige conocer bien la materia o actividad, saber cómo aprenden los estudiantes cuyo aprendizaje se ha de guiar, manejar bien los recursos de enseñanza que se adecúen mejor a las condiciones en que ha de realizar su trabajo, etc.

Conocer bien la propia materia es una condición fundamental pero no suficiente. La cualidad intelectual del docente, la forma en que ha de abordar esos contenidos es muy diversa de cómo lo hace el especialista. Es una forma de aproximarse a esos contenidos o actividades profesionales pensando en cómo hacerlas entender por parte de los alumnos. En ello radican las especiales *exigencias intelectuales* a las que se refieren Brown y Atkins. Además de conocer los contenidos los docentes deben ser capaces de:

— Analizar y resolver problemas.

— Analizar un tópico hasta desmenuzarlo y hacerlo comprensible.

— Apreciar cuál es la mejor manera de aproximarse a los contenidos, cómo abordarlos en las circunstancias presentes (para lo que deben poseer diversas alternativas de aproximación).

— Seleccionar las estrategias metodológicas adecuadas y los recursos que mayor impacto puedan tener como facilitadores del aprendizaje.

— Organizar las ideas, la información y las tareas para los estudiantes.

Estas exigencias intelectuales desbordan el mero dominio de los contenidos científicos de la especialidad. Añadamos a todo ello que la enseñanza es una actividad interactiva que se realiza en relación a unos sujetos, los estudiantes, cuyas características y disposiciones son muy variadas. Lo cual no hace sino abrir un nuevo ámbito de competencias que el docente debe poseer:

— Saber identificar lo que el alumno ya sabe (y lo que no sabe y necesitaría saber).

— Saber establecer una buena comunicación con sus alumnos (individualmente y como grupo): explicar las cosas de forma que se le entienda, mantener una relación cordial con ellos,

— Saber manejarse en el marco de condiciones y características que presenta el grupo de estudiantes con el que le toque trabajar (jóvenes de los primeros cursos, estudiantes adultos, etc.), y ser capaz de estimularles a aprender, pensar y trabajar en grupo. Transmitirles la pasión por el conocimiento, por el rigor científico, por mantenerse siempre al día, etc.

© narcea, s. a. de ediciones

En ello radica la profesionalidad de la docencia, en su especificidad y en el amplio espectro de exigencias intelectuales y destrezas prácticas que su ejercicio conlleva. Somos profesionales no sólo porque sabemos lo que hacemos (lo que nos diferencia de los «chapuzas») o porque cobramos un salario (lo que nos diferencia de los «amateur» o voluntarios). Somos profesionales porque:

— El trabajo que desarrollamos requiere la puesta en práctica de toda una batería de conocimientos y competencias que exigen una preparación específica.

— Se trata de una actividad de una gran relevancia social.

— Pese a ser la docencia una actividad que se desarrolla en distintos contextos, en relación a sujetos diferentes, con contenidos disciplinares dispares y con propósitos formativos diversos, mantiene una estructura y unas competencias que son comunes a todas esas modalidades de actuación.

Podemos concluir esta enumeración con las competencias fundamentales (en el fondo integran las que hemos ido viendo hasta ahora) que suelen atribuirse al profesor universitario de calidad (Moses 1985)[5]:

— Alto nivel de competencia en su materia.

— Habilidades comunicativas (una buena organización de los temas, claridad en la exposición oral o escrita de los mismos, materiales bien construidos, etc.)

— Implicación y compromiso en el aprendizaje de los estudiantes: buscar cómo facilitarlo, estimular su interés, ofrecerles posibilidades de actuaciones de éxito, motivarlos para trabajar duro, etc.

— Interés y preocupación por los estudiantes a nivel individual: accesibilidad, actitud positiva, manejo de refuerzos positivos, etc.

Ésta es la idea de la profesionalidad que se asume en este libro. No estoy seguro de conseguir convencer a quienes defienden que a «enseñar se aprende enseñando», que no son precisos conocimientos específicos, salvo los que se derivan del suficiente dominio de la disciplina que uno haya de enseñar. Espero que, si tienen la paciencia de seguir leyendo, encontrarán datos e ideas suficientes como para someter a revisión esa convicción.

---

[5] A resultados muy similares parecen haber llegado las últimas investigaciones realizadas en la Univ. de Murcia (Ato, M. y otros) a través de análisis de las evaluaciones de los profesores hechas por los estudiantes.

Me gustaría plantear una especie de analogía en este sentido. Aún a sabiendas de que, como decían los romanos *omne exemplum claudicat* (todo ejemplo cojea y tiene sus puntos débiles), el ejemplo padece muchas debilidades.

Pensemos en una magnífica cocinera, con notables conocimientos (en la doble dimensión del saber teórico sobre los alimentos y del saber práctico de cocina) en el arte culinario, a la que encargan que atienda las guarderías infantiles de una ciudad. Podemos suponer que para esta persona la naturaleza de su trabajo se altera de manera sustantiva: ya no se trata simplemente de tratar los alimentos de la manera en que cada alimento exige sino de «prepararlos para alimentar a unos niños pequeños». Por supuesto, no deja de ser cocinera pero se hace evidente que sólo el conocimiento de cocina le va a ser insuficiente para atender adecuadamente las condiciones de su nuevo compromiso laboral. Si es responsable, cosa que le suponemos, necesitará completar su formación con elementos que tengan que ver con las características y necesidades de sus nuevos clientes. Deberá además conocer los posibles problemas que se le pueden presentar (niños inapetentes, con restricciones médicas con respecto a algunos productos o formas de cocinado, tipo de dietas adecuadas según las edades, niños mimosos que no quieran comer, etc.). Es decir, ya no se trata de preparar alimentos a la carta para que cada uno seleccione lo que guste, sino de acomodar su trabajo a las condiciones que le plantea el nuevo contexto y los nuevos sujetos con los que ha de trabajar.

Algo similar sucede, en mi opinión, con los docentes. Nuestros alimentos son los contenidos disciplinares que nos son propios. Se supone (supongámoslo aquí, aunque sobre este punto volveremos más adelante) que sobre en este terreno nos movemos con facilidad: conocemos bien nuestra disciplina y hemos sido seleccionados para enseñarla justamente por eso. Nuestro problema de re-profesionalización comienza cuando nos dicen que hemos de enseñar esos contenidos a unos sujetos de unas determinadas características y con un cierto propósito. Ahí entra a contar una segunda variable de nuestra profesión: los sujetos a los que hemos de hacer aprender los contenidos de nuestra disciplina. No se trata sólo de que nosotros vayamos a cocinar los contenidos para el que quiera los coja y quien no se busque la vida. Nuestro compromiso es lograr (o cuando menos intentarlo) que esos sujetos que se convierten en nuestros alumnos aprendan lo que nosotros deseamos enseñarles. Y para ello es preciso que sepamos (es decir, que nos informemos y nos formemos) cuáles son sus características, qué saben y qué no, qué son capaces de aprender y cómo, qué contenidos son útiles para el propósito que se nos encomienda y qué mecanismos podemos utilizar para hacer posible un aprendizaje efectivo o cómo podemos hacer para comprobar si el aprendizaje se ha producido adecuadamente o no.

© narcea, s. a. de ediciones

No es suficiente dominar los contenidos. Ni es suficiente ser un buen investigador en el campo. La profesionalidad docente tiene que ver con los alumnos y con cómo podemos actuar para que aprendan efectivamente lo que pretendemos enseñarles.

Función formativa de los profesores

En un capítulo anterior hemos analizado con cierto detenimiento el sentido y las funciones formativas de la Universidad, concluyendo que su misión institucional está indefectiblemente ligada al mundo de la formación y del conocimiento. Pues bien, en ambos referentes se están produciendo cambios muy significativos que obligan a alterar la orientación del trabajo universitario. Quisiera referirme a esa misma cuestión vista desde la actuación de los profesores. A veces resulta más fácil desarrollar un concepto cuando se plantea en términos abstractos o con referencia a un colectivo o una institución, que cuando lo enfoca como el compromiso profesional que se asume a título personal.

De forma bastante similar a lo que sucede en los otros niveles educativos, la función formativa del profesor universitario resulta vaga y de difícil concreción. Esta vaguedad hace que resulte difícil evaluar su desempeño. La pregunta clave es: ¿Qué es realmente lo que se espera que haga un profesor de la Universidad?

La aureola de científicos preclaros, de expertos en la disciplina, etc. que con frecuencia orla la figura de los profesores de Universidad resulta claramente insuficiente para afrontar las funciones citadas.

Una laguna tradicional en su equipamiento profesional ha sido justamente su dimensión formativa. Con frecuencia construyen su identidad y se ven a sí mismos más como investigadores (en los campos científicos) o como profesionales (en los campos aplicados: médicos, abogados, economistas, etc.) que como profesores y, menos aún, como formadores.

> Al inicio de un curso del CAP[6], pregunté a los participantes (unos sesenta estudiantes que acababan de concluir su licenciatura en diferentes carreras tanto de ciencias como de letras) a qué profesores de los que habían tenido en sus años escolares valoraban más y cuáles habían resultado más significativos para ellos.
> Curiosamente una amplia mayoría valoraba más a sus profesores de enseñanza secundaria. Decían de ellos que sabían más de las materias que enseñaban, y que, desde luego tuvieron mucha mayor influencia en ellos que los profesores de Universidad.

---

[6] Se trata del curso que se realizan en España, una vez acabada la carrera universitaria, aquellos estudiantes que deseen dedicarse a la enseñanza en el nivel secundario. La formación de este profesorado, ahora en proceso de reforma, se basa en un curso de algunos meses de duración sobre cuestiones pedagógicas que se realiza al finalizar sus estudios universitarios.

Es difícil saber cómo se puede valorar ese tipo de cosas (dejando aparte, claro, la frustración que uno mismo, como profesor de Universidad, siente). De ahí que resulte cada vez más importante rescatar y prestar atención a ese cometido fundamental que como formadores tenemos todos los profesores de Universidad.

La cuestión en este caso es clara y matiza lo señalado en el punto anterior. La profesionalidad docente no sólo trasciende los contenidos disciplinares porque implica un tipo de competencias que tienen que ver con su conversión y manejo como contenidos de aprendizaje. A ello se añade, además, la condición de que se trata de un proceso que tiene un propósito formativo. Por otra parte, la «formación» como objetivo a conseguir en la Universidad adquiere contenidos y connotaciones muy diferentes de los que existían hasta la fecha. Las demandas y expectativas de los individuos y de la sociedad se han modificado de forma sustancial. Cada vez se plantea un tipo de formación menos vinculada a contenidos científicos específicos y especializados y se requiere más una formación polivalente, flexible y centrada en la capacidad de adaptación a situaciones diversas y en la solución de problemas. Cada vez más, también, se busca un tipo de formación que permita un desarrollo global de la persona que potencie su madurez y capacidad de compromiso social y ético.

Insistimos en que esta dimensión «educadora» de la actividad profesional docente casa mal con un mero equipamiento científico por parte de los profesores universitarios. Se requiere no solamente que sean buenos científicos o buenos gestores, sino buenos formadores. Que, junto a sus conocimientos, estén en condiciones de estimular el desarrollo y madurez de sus estudiantes, de hacerlos personas más cultas y, a su vez, más completas desde el punto de vista personal y social.

Esta dimensión formadora tiene que ver con una doble vía de actuación: una directamente orientada hacia la formación en su sentido más personal y otra indirecta sobre la formación a través del tipo de contenidos que se seleccionan y, sobre todo, de la forma en que se abordan y de las metodologías que se utilizan.

La acción directa sobre la formación contiene elementos vinculados a la relación interpersonal que mantenemos profesores y alumnos y al tipo de mensajes que intercambiamos. Se trata de procesos de influencia que ejercemos sobre sus actitudes, valores, visión del mundo, percepción de la profesión, etc. ¿Se produce realmente esa influencia? ¿Somos formadores o simplemente enseñantes cualificados? ¿Constituimos ese punto de referencia donde nuestros alumnos se miran y aprenden a pensar, a vivir, a enfocar los temas profesionales y los problemas de la actualidad, etc.? ¿Qué esperan de nosotros los estudiantes universitarios?

La masificación ha reducido y empobrecido las formas de contacto entre profesores y alumnos. También lo han hecho las nuevas tecnologías de la información y la comunicación. En ambos casos, se ha ampliado la *dis-*

tancia entre profesor y alumno. Los estudiantes pueden proveerse de información a través de medios de distinto orden que hacen prescindible su relación con el profesor (y anulan su capacidad de influencia a través de dicha relación).

Curiosamente esa relación es mucho más estrecha y, por tanto, más rica e influyente en los procesos de formación como investigadores. En ese caso, el haberse formado con tal o cual investigador suele dejar profundas huellas no sólo en lo técnico sino también en lo personal. Lo que se adquiere de pasión por el conocimiento, por el rigor, la perseverancia y la capacidad de resistencia a la frustración, etc.

También se pueden tener experiencias menos ricas y haber recibido influencias negativas. Pero quizás ésa es una de las características de la formación en el ámbito universitario: los sujetos en formación están ya en un nivel de madurez que les permite separar el trigo de la paja, aquello en lo que sus formadores resultan imitables y aquello en lo que su ejemplo ha de ser tomado como expresión de algo «no aceptable».

En todo caso, hemos de reconocer que esta dimensión formativa no es, en absoluto, una cuestión sencilla desde la perspectiva de los propios profesores y la forma en que conciben su papel en la formación. No lo es desde la perspectiva de las condiciones en que desarrollan su trabajo. Y no lo es, tampoco, en las expectativas de los propios alumnos. En unos casos porque se encuentran en plena etapa de afirmación juvenil y les parecen tonterías o cosas de viejos lo que puedan sugerir sus profesores, y en otros porque se trata de estudiantes adultos cuyos criterios y posicionamientos están ya bien asentados.

Por todo ello, quizás la influencia formativa más clara y pertinente se produce de forma indirecta, a través del trabajo sobre los contenidos. El tipo de contenidos que se seleccionan, la forma de abordarlos, la metodología empleada, las exigencias generadas para la superación del curso, etc. constituyen elementos que poseen, cuando son bien empleados, una gran capacidad de impacto formativo sobre los estudiantes. Efectivamente esta influencia no es siempre igual ni todos los contenidos se prestan lo mismo a este propósito.

Algunas Universidades incorporan contenidos humanísticos a las carreras técnicas con vistas a potenciar una visión más amplia de los problemas actuales. En otros casos se incorporan contenidos vinculados a la ética y la deontología profesional. También se han incluido, en algunos casos, momentos de inmersión social: los estudiantes deben llevar a cabo actividades orientadas a conocer y/o resolver algunos problemas sociales próximos a los ámbitos profesionales para los que se preparan. En definitiva, se pretende que no se centren exclusivamente en los contenidos científicos y en una visión fría e instrumental de la profesión sino que vayan afianzando también una serie de criterios profesionales y convicciones personales pertinentes.

© narcea, s. a. de ediciones

Vinculados a la forma de tratar los contenidos están una serie de propósitos formativos de alto valor: visión interdisciplinar de los problemas, necesidad de formarse a lo largo de la vida, sensibilidad hacia las personas afectadas y hacia los efectos de las intervenciones profesionales, importancia de no quedarse en una sóla perspectiva o fuente sino tratar siempre de diversificarlas, necesidad de mantener una cierta mentalidad escéptica e inquisitiva sobre las cosas, importancia de la investigación y la documentación, etc. Desde el punto de vista de la metodología de trabajo podríamos encontrar igualmente otros muchos aprendizajes formativos: trabajo en grupo y colaboración, tratamiento en profundidad de los temas, combinación entre teoría y práctica, manejo de las nuevas tecnologías, planificar y evaluar el propio trabajo, etc. Sean cuales sean los contenidos de nuestras disciplinas siempre constituyen un recurso importante para poder reforzar la formación y madurez personal de nuestros estudiantes.

Dilemas de la identidad profesional de los docentes universitarios

El papel del profesorado universitario posee, como hemos visto, perfiles borrosos y está sujeto a demandas no siempre convergentes. Por eso se trata de un espacio susceptible de ser analizado desde la perspectiva de los dilemas que afrontamos como profesionales.

Acudo con frecuencia al concepto de dilema como instrumento para abordar situaciones que se plantean de forma compleja, a veces en forma dicotómica (por ejemplo, la disyuntiva entre docencia o investigación), a veces en forma de desviación con respecto a un ideal (por ejemplo, la tendencia al individualismo frente al trabajo cooperativo y coordinado). Las característica de los dilemas es que ninguna de sus posiciones extremas resulta convincente. Ambos polos de la cuestión son posiciones legítimas pero, en la medida en que niegan el otro polo, resultan insuficientes y/o inapropiadas. La solución a los dilemas suele radicar en la búsqueda de un cierto equilibrio. También puede estar justificado otorgar cierto predominio a uno de los polos en función de las circunstancias o del sentido de la intervención. Pero en ambos casos, lo importante es que se trata de una toma de decisiones consciente, adoptada tomando en cuenta los otros elementos de la situación que son los que le dan sentido.

- **Individualismo/Coordinación**

El profesorado universitario padece una fuerte tendencia a construir su identidad y desarrollar su trabajo de forma individual, hasta tal punto que

© narcea, s. a. de ediciones

esa es una de las características principales de la Universidad y algo con lo que hay que contar, al menos como situación de partida, para cualquier tipo de proyecto de mejora.

Maassen y Potman (1990)[7] han definido a la Universidad como una *burocracia profesional*. Las burocracias profesionales están constituidas por expertos que trabajan de manera aislada, en una especie de casilla (*pigeonhole*) cerrada y autónoma. Eso hace difícil, o visto desde otra perspectiva, innecesaria, la coordinación.

Tanto la estructura organizativa como la «*cultura*» institucional de las Universidades, tal como acabamos de ver en el capítulo anterior, tienden a legitimar, a través de sucesivas subdivisiones e instancias internas, esta atomización y aislamiento de los recursos humanos. Por contra, esa misma condición de trabajo independiente dota a cada una de dichas instancias de mayor nivel de autonomía en la forma de afrontar las tareas. Se produce, de esta manera, una fuerte diseminación de las estructuras de poder y un claro predominio de la acción individual sobre la colectiva.

Mintzberg (1983)[8] ha señalado algunos de los problemas que surgen a partir de esta situación de aislamiento y autonomía profesional:

— *Coordinación:* «Las burocracias profesionales no son entidades integradas. Son colecciones de sujetos que se juntan para utilizar conjuntamente recursos y servicios comunes, pero aparte de eso prefieren que les dejen a solas» (p. 207).

— *Discrecionalidad* (que cada uno actúe según su mejor criterio): «El problema de la discrecionalidad no solamente hace posible que los profesionales ignoren las necesidades reales de sus clientes; llega incluso a posibilitar que muchos lleguen a ignorar las necesidades de la organización... Son leales a su profesión, no al lugar donde tienen que ejercerla» (p. 208).

— *Innovación.* Toda innovación que pretenda romper la estructura de las casillas preexistentes tendrá fuertes dificultades para afianzarse. De esta manera, cualquier nueva propuesta se ve forzada a integrarse en las viejas casillas ya establecidas.

Esas tres notas de Mintzberg definen aceptablemente la situación del profesorado y forman parte de la experiencia vivida por todos. Los profesores viven, vivimos, tan intensamente nuestra autonomía ideológica, científica, didáctica que se nos hace pesado cualquier proceso que tienda a romper ese *statu quo*. Nuestra actuación como sujetos singulares genera un marco profesional muy especial en el que no es fácil la coordinación y la conexión interna de los currícula.

---

[7] Maassen, P.M. y Potman, H.P. (1990): «Strategic decision making in higher education», en Rev. *Higher Education*, (20). Págs. 393-410.

[8] Mintzberg, H. (1983): *Structure in fives: designing effective organizations*. Prentice-Hall. Englewood Cliffs, N.J.

© narcea, s. a. de ediciones

Los profesores de Universidad somos profesionales de alto nivel, y así nos vivimos. La cultura institucional de los centros universitarios se caracteriza por un fuerte predominio de lo individual que acaba prevaleciendo en la ordenación de los *derechos* (los derechos individuales y/o de grupo acaban prevaleciendo casi siempre sobre las necesidades del servicio) y en los *formatos de intervención* (se tiende a trabajar solos bajo el paragüas protector de la iniciativa personal y la libertad científica).

Es muy complicado, desde esta perspectiva, conseguir proyectos formativos con un cierto estilo global y con una coherencia y continuidad interna aceptables.

Un efecto importante de esta falta de coordinación es la acumulación de repeticiones que se observan en las diferentes materias de una carrera. Por contra, resulta poco previsible que si, por cualquier razón, alguna parte de una materia quedó sin dar, esa parte sea recuperada por otro profesor.

Se hace difícil, en definitiva, cualquier tipo de innovación que tienda a superar los límites de la acción individual y/o a dejar en segundo plano los intereses individuales o de grupo[9]. El informe Bricall cita esta hipertrofia del individualismo docente como uno de los obstáculos que impiden mejorar la enseñanza universitaria. Trae a colación el informe Bricall la siguiente cita de otro informe del Ministerio Federal alemán de Educación y Tecnología:

«Existe la impresión generalizada de que las instituciones de educación superior podrían y deberían ser más eficaces si la libertad académica no supusiera que los profesores apenas responden de sus actuaciones y que únicamente pueden corregirse los abusos extremos de privilegios y de derechos».

Quizá por eso se presta tan escasa consideración a los enfoques y argumentos de tipo pedagógico (cuyo sentido es, precisamente, realizar consideraciones de conjunto, reforzar los componentes formativos derivados de la continuidad curricular y de la coherencia entre objetivos y programas)[10].

Así pues, uno de los aspectos a tomar en consideración, en un contexto tan individual como el universitario, es que cualquier intento de reforzar las estructuras organizativas (cambios en los programas, variaciones en la organiza-

---

[9] El reciente proceso de configuración de los nuevos Planes de Estudio ha constituído una expresión palmaria de esta prevalencia de los intereses puntuales de individuos o grupos sobre la «visión de conjunto» y el desarrollo de los propósitos curriculares declarados.

[10] Ni qué decir tiene que no se trata de plantear aquí una reivindicación de tipo corporativo (dejando caer, como quien no quiere la cosa, que *los pedagogos han de jugar un papel más significativo en la organización de los estudios universitarios y en la formación didáctica de sus profesores*). Todos los argumentos señalados, de individualidad y predominio de intereses individuales y de grupo, son igualmente aplicables a las facultades y profesorado de Pedagogía.

© narcea, s. a. de ediciones

ción de tiempos y espacios para buscar una mayor funcionalidad, introducción de programas de supervisión y control, reforzamiento de las estructuras de coordinación, etc.) puede ser leído como una agresión al actual equilibrio de la situación (tendencia a la homeostasis) o a los intereses de individuos o grupos. En ese contexto, los diversos grupos de presión constituidos (piénsese en áreas de conocimiento, facultades, grupos de profesores de disciplinas concretas) refuerzan, a través de diferentes mecanismos, la tendencia general al *statu quo*, a que las células funcionales existentes en la Universidad no se alteren, a que cualquier cambio sea susceptible de ser afrontado con el mínimo costo en lo que se refiere a la estructura de ocupaciones y rutinas preexistentes (disciplinas impartidas, dedicaciones, posiciones de poder, etc.).

- **Investigación/Docencia**

La dialéctica investigación/docencia y su diferente incidencia en el progreso personal y profesional de los docentes universitarios supone una fuerte traba para el desarrollo de una enseñanza universitaria de calidad (salvo en lo que se refiere a innovaciones relacionadas con procesos y recursos vinculados al desarrollo científico).

Como señalaba Bireaud (1990):

> «Los fundamentos de este modelo (de Universidad) pueden situarse en la prevalencia de la investigación sobre la enseñanza. Desde finales del s. XIX, la Universidad (europea), en la cual es fácil hallar fuertes resonancias germánicas, prefiere pertenecer al sistema científico más que al sistema educativo« (pág. 14).

No pocas voces se han levantado en España en los últimos años, indicando el peligro de «subsidiarización» de la enseñanza universitaria con respecto a la investigación, efecto provocado por las condiciones impuestas a la propia carrera profesional de los profesores. Parece lógico que éstos atiendan de manera preferente a aquello que van a poder rentabilizar más en provecho propio.

Es básico que los profesores de Universidad investiguen, pero resulta disfuncional al proyecto de formación, en el que participan como formadores, el que desatiendan la docencia (ese *tiempo perdido* entre sesiones de trabajo en el laboratorio).

La idea, no más cierta por extendida que esté, de que la inversión (en tiempo, recursos, esfuerzo personal, etc.) en investigación acaba rentabilizándose en la mejora de la docencia es atractiva y seductora pero no se corresponde con lo que sucede habitualmente. Los profesores solemos vivir el esfuerzo y dedicación a la investigación como algo distinto y, a veces, contrapuesto, a las exigencias de la docencia. Son como dos fuerzas que tiran en direcciones opuestas con el riesgo de acabar en posición esquizofrénica o atendiendo mal tanto la docencia como la investigación.

El profesorado universitario 121

Se puede ser buen profesor (al menos en los cursos iniciales de las carreras) sin tener una alta dedicación a la investigación. En algunas carreras hasta puede ser más interesante que los docentes mantengan un contacto intenso con la práctica profesional que con la investigación en sentido estricto. Gibbs (2001)[11] ponía de manifiesto cómo según datos de un reciente programa de evaluación, la mayor parte de los profesores de Enseñanza Superior en el Reino Unido no son investigadores activos.

Puede, también, producir efectos negativos el que los profesores limiten su enseñanza a las cuestiones que están investigando (puesto que por puro imperativo metodológico tales cuestiones constituirán sólo un segmento reducido y muy especializado del campo disciplinar en su conjunto).

Reuchlin (1989) describía la situación francesa con respecto a este punto con consideraciones muy similares:

> «Los criterios de evaluación se refieren casi exclusivamente a su actividad como investigadores (concretamente, el número de artículos que se hayan publicado en inglés). La mejor estrategia para hacer una carrera profesional rápida dentro de la Universidad consiste, de manera paradójica, en olvidarse de los alumnos lo más que se pueda y dedicarse en cuerpo y alma a las investigaciones susceptibles de ser publicadas de esa manera» (pág. 89).

El problema actual de las propuestas innovadoras referidas a la mejora cualitativa de la docencia universitaria es que resultan poco rentables para los profesores. Como ya he mencionado antes, es lo que Vandenberghe (1986)[12] denomina *ética de la practicidad*. Su idea es que uno de los factores necesarios para que las innovaciones estimulen la implicación de los profesores (y más aún si se trata de un contexto institucional que refuerza tanto la «excelencia individual») son *las recompensas que recibirán a cambio, tanto en términos de mejora económica, de reconocimiento de valía personal, de entusiasmo por parte de los estudiantes, o de ganancias en el nivel potencial de aprendizaje* (pág. 19).

- **Generalistas/Especialistas**

La tendencia general de la Universidad en los últimos años (al menos en España) ha estado claramente orientada a la especialización de los estudios y de los perfiles profesionales. Esto es coherente con la propensión al trabajo individual y autónomo de los profesores. Al ser prácti

---

[11] Gibbs, G. (2001): «La formación de profesores universitarios: un panorama de las prácticas internacionales. Resultados y tendencias», en *Boletín de la Red Estatal de Docencia Universitaria*, vol. 1 (1). Págs. 7-14.

[12] Vandenberghe, R. (1986): «Le rôle de l'enseignant dans l'innovation en éducation», en *Revue Française de Pédagogie*, nº 75 (abril-junio 1986). Págs. 17-26.

© narcea, s. a. de ediciones

camente inexistentes las conexiones horizontales y la interacción entre distintos troncos disciplinares, cada profesor especializa sus actuaciones dentro del marco profesional y de especialización que le es propio, resolviendo a su manera el compromiso formativo que se le ha encomendado. Por lo general, cualquier intento de ruptura de esta tendencia, habrá de enfrentarse a fuertes resistencias y contará con un pronóstico muy incierto.

Parte de esta tendencia hacia la especialización viene dada por la progresiva atomización de los contenidos disciplinares. El progreso exponencial de las ciencias en estos últimos años ha hecho que vayan apareciendo nuevos espacios de investigación y conocimientos. La pretensión de hacer un abordaje extensivo de los diversos ámbitos científicos conlleva que los *curricula* se saturan y los profesores pasan con facilidad de las dimensiones genéricas del conocimiento en su campo a los contenidos más especializados y actuales.

En este sentido la situación está comenzando a variar, aunque sólo en sus aspectos más formales. A duras penas y con no pocos conflictos, se están poniendo en marcha títulos más polivalentes (en los que se mezclan estudios antes separados: económicas y filologías; dirección de empresas y derecho; psicología y pedagogía, etc.), pero la estructura interna, la coherencia de estos títulos como proyectos de formación profesional con una fuerte conexión interna sigue sin aparecer. Con frecuencia se reducen a meras yuxtaposiciones de partes que continúan sin integrarse.

También ha reforzado el deslizamiento hacia la especialización la nueva orientación profesionalizadora que ha adoptado la enseñanza universitaria. Cuanto más se pretende introducir en la formación inicial conocimientos o actuaciones vinculadas a ámbitos específicos y especializados de la profesión, tanto más las disciplinas universitarias adquieren un carácter sectorial y aplicado.

Algunas carreras han hipertrofiado esta consideración atomizada de la formación. En lugar de buscar los troncos comunes que unifican la actuación profesional (en el sentido de los conocimientos y competencias básicas que los profesionales del sector han de poseer sea cual sea el ámbito en el que finalmente desarrollen su trabajo) se ha buscado diversificar cada uno de los posibles espacios donde esa profesión puede ser ejercida convirtiendo cada uno en una unidad curricular. De esta manera, las materias se multiplican (lo que obliga a achicarlas en tiempo, puesto que si no no caben todas) y, normalmente, tienden a ser muy reiterativas en cuanto a sus contenidos. Obviamente exigen un mayor nivel de especialización por parte del profesorado que las imparte.

También habría que señalar entre las causas de esa tendencia a la especialización, el sistema de selección del profesorado. Cuanto más se haga en función de los méritos de investigación (tarea que necesariamente se ha de desarrollar sobre aspectos muy concretos y con recursos sofisticados) tanto más la especialización formará parte de las cualidades de los docentes.

© narcea, s. a. de ediciones

De todas maneras, la cuestión se plantea como un dilema. El peligro radica no sólo en la excesiva especialización sino en la generalización indiferenciada. Lo importante es buscar ese equilibrio en la cualificación del profesorado: que posea el suficiente nivel de especialización como para estar en condiciones de llevar a cabo investigaciones significativas en su ramo y de aproximar a sus alumnos a los ámbitos de aplicación especializada de la profesión; y que posea, igualmente, el suficiente conocimiento general como para saber ayudar a sus alumnos a construir unas bases firmes de conocimiento general y poderse poner al nivel de sus demandas sin desesperarse.

- **Enseñanza/Aprendizaje**

¿Qué nos hace ser buenos profesores, buenos enseñantes o buenos formadores? Estamos nuevamente ante una de las preocupaciones centrales del profesorado. ¿Hasta dónde llega nuestro trabajo? ¿Hasta dónde llega nuestra responsabilidad como docentes y dónde comienza la responsabilidad de los estudiantes? ¿Cómo logramos equilibrar el eje disciplinar (explicar bien los contenidos de nuestras materias) con el eje personal (ayudar a nuestros alumnos a que aprendan lo que tratamos de enseñarles)?

No son muchos los profesores universitarios que asumen que su compromiso profesional como docentes es hacer (propiciar, facilitar, acompañar) que los alumnos aprendan. No desean asumir esa responsabilidad ni se sienten preparados para hacerlo. Por eso resuelven este dilema concentrando su energía en el polo de la enseñanza. Se asume que ser buen profesor es saber enseñar bien: dominar los contenidos de la disciplina y saber explicarlos claramente. Si los alumnos aprenden o no depende de muchas otras variables (motivación, capacidad, tiempo dedicado al estudio, estrategias de aprendizaje) que quedan fuera del control de los docentes.

Ésta es una perspectiva incompleta de la función a desarrollar por los docentes en cualquiera de las etapas de la formación (incluida la universitaria, aunque en este caso los alumnos sean ya adultos y la responsabilidad del aprendizaje dependa principalmente de ellos). Enseñar no es sólo mostrar, explicar, argumentar, etc. los contenidos. Cuando hablamos de enseñanza nos referimos también al proceso de aprendizaje: enseñar es gestionar el proceso completo de enseñanza-aprendizaje que se desarrolla en un contexto determinado, sobre unos contenidos concretos y con un grupo de alumnos con características particulares.

> Ha tenido un relativo éxito en relación a esta cuestión la comparación del enseñar con el vender. Así como no se vende si alguien no compra, cabría plantearse si los profesores realmente enseñamos si nuestros alumnos no aprenden.

Este doble sentido del enseñar se recoge muy bien en el dicho: «El profesor no sólo nos explicó el aparato digestivo sino que logró que lo aprendiéramos». Enseñar significa ahí «hacer aprender». De esta manera, aprender se convierte en un verbo cuyo sujeto es también el docente. Los profesores no explicamos en abstracto, nuestro compromiso no es sólo con los contenidos (seleccionarlos, presentarlos, explicarlos, evaluarlos) sino también con los estudiantes que han de aprenderlos.

Según la prensa italiana, algunos de sus parlamentarios proponían acomodar el salario de los docentes a su efectividad; los que tuvieron menos alumnos suspensos cobrarían más y aquellos cuyos alumnos suspendieran cobrarían menos, puesto que se suponía que no hacían bien su trabajo de enseñarles. Esta medida no llegó a implantarse ni parece probable que, de haberlo sido, resultara eficaz (probablemente al año siguiente no habría ningún suspenso en las aulas italianas).

Otra forma más completa y equilibrada de llevar a cabo la docencia (donde se integren tanto enseñanza como aprendizaje) la sintetiza Ramsden (1992)[13] cuando describe las características del profesor universitario de calidad que sintetizan las características que los propios docentes universitarios atribuyen a la enseñanza de calidad. Según los profesores y profesoras participantes en las investigaciones revisadas por Ramsden, la buena enseñanza universitaria (los buenos enseñantes) se caracteriza por:

— Deseo de compartir con los estudiantes su amor por los contenidos de la disciplina.
— Habilidad para hacer que el material que ha de ser enseñado resulte estimulante y de interés.
— Facilitar para conectar con los estudiantes y moverse en su nivel de comprensión.
— Capacidad para explicar el material de una manera clara.
— Compromiso de dejar absolutamente claro qué es lo que se ha aprendido, a qué nivel y por qué.
— Mostrar interés y respeto por los estudiantes.
— Asumir el objetivo de estimular la autonomía de los estudiantes.
— Capacidad de improvisar y adaptarse a las nuevas demandas.
— Usar métodos de enseñanza y tareas académicas que exijan a los estudiantes implicarse activamente en el aprendizaje, asumir responsabilidades y trabajar cooperativamente.
— Utilizar métodos de evaluación contrastados.

---

[13] Ramsden, P. (1992): *Learning to Teach in Higher Education*. Routledge. London. Pág. 89.

© narcea, s. a. de ediciones

— Centrarse en los conceptos clave de los temas y en los errores conceptuales de los estudiantes antes que intentar cubrir a toda costa todos los temas del programa.
— Ofrecer un *feedback* de la máxima calidad a los estudiantes sobre sus trabajos.
— Deseo de aprender de los estudiantes y de otras fuentes cómo funciona la enseñanza y qué podría hacerse para mejorarla.

En todo caso estamos, como decía, ante un importante dilema en cuanto a la forma que tiene el profesorado universitario de concebir la función que ha de desarrollar y la mejor forma de hacerlo. Escorarse en exceso hacia el eje de los contenidos (modelo academicista) puede llevarnos a desatender las auténticas necesidades de nuestros alumnos y no aportarles el apoyo suficiente para que logren un aprendizaje efectivo. Deslizarse hacia el extremo de la atención (modelo *pastoral*) puede conducirnos a un cierto paternalismo directivista que se adecúa mal con la necesidad de que los alumnos universitarios asuman su propia responsabilidad en el proceso de aprendizaje. La cuestión es saber aplicar con sentido aquella vieja máxima pedagógica de «no ofrecer nunca menos apoyo que el necesario ni más que el suficiente».

Nuevos parámetros de la profesionalidad docente

Aunque nos tengamos que mover en los terrenos pantanosos del «deber ser», parece importante destacar aquí algunos de los ejes o parámetros sobre los que se pide a los docentes universitarios que reconstruyan su identidad profesional. La figura del profesor universitario como persona dedicada a la especulación, al cultivo del saber por el saber al margen de su proyección instrumental, a la investigación sosegada sobre cuestiones de interés más científico o doctrinal que práctico, al mantenimiento de largas conversaciones o intercambios con sus alumnos sobre temáticas diversas, etc. ha acabado sucumbiendo a las prisas y presiones del momento actual.

De esta manera, los nuevos parámetros de la profesionalidad docente se sitúan a caballo entre posiciones modernistas (marcadas por ciertos valores como la colaboración, la reflexión, el sentido de pertenencia a la institución) junto a otras más posmodernistas y liberales (sensibilidad, creatividad, orientación al empleo, desarrollo personal, etc.).

Aunque sea a través de referencias muy sucintas quisiera resaltar algunos de esos ejes de una *profesionalidad renovada* en la docencia universitaria:

Reflexión sobre la propia práctica

Desde la publicación de los trabajos de Schön (1983[14], 1987[15]), la idea de un profesional reflexivo se ha convertido en uno de los postulados básicos de la nueva profesionalidad. Trata de romper con el prejuicio pernicioso de que la «práctica» genera conocimiento. No es la práctica la que incrementa la competencia sino la práctica reflexionada, que se va reajustando a medida que se va documentando su desarrollo y efectividad.

Todavía hay ámbitos del ejercicio profesional que marcan su nivel de calidad en base a la cantidad de práctica de quien lo ejerce (el piloto por las horas de vuelo; el cirujano por las operaciones realizadas, los escritores por el número de novelas, muchas por los años de experiencia etc.). La práctica puede reforzar el hábito pero si no se analiza, si no se somete a contraste y no se reajusta podemos pasarnos la vida cometiendo los mismos errores.

De todas formas, reflexionar no es dar vueltas constantemente a los mismos asuntos utilizando los mismos argumentos, sino que tiene mucho que ver con documentar la propia actuación, evaluarla (o autoevaluarla) y poner en marcha los procesos de reajuste que parezcan convenientes.

Trabajo en equipo y cooperación

Frente al individualismo, aunque con escasas posibilidades de superar la inercia en que se apoya, se plantea la necesidad de un tipo de ejercicio profesional más cohesionado e institucional.

No existe posibilidad ninguna de llevar a cabo un *proyecto formativo* de cierta prestancia en un modelo tan atomizado como el actual o en el marco de una *cultura institucional* tan marcadamente individualista. Desarrollar un proyecto implica algún eje común que potencie la continuidad y la integración de las actuaciones aisladas de cada agente formativo.

El trabajo en equipo supone pasar de «profesor de una clase o un grupo» (o varios según la carga docente que nos corresponda) a «profesor de la institución». Nuestra identidad profesional no se construye en torno al grupo al que atendemos o a la materia que impartimos sino en torno al Proyecto Formativo del que formamos parte.

Se trata, ciertamente, de un cambio básico en la «cultura profesional» del profesorado. Ya hemos visto en un apartado anterior como en las burocracias profesionales la vinculación entre el experto y la institución a la que pertenece constituye uno de los puntos débiles del sistema. La identidad profesional de los docentes suele centrase en lo «individual» y estar ligada a la materia que impartimos y/o al curso que atendemos: ser buen profe-

---

[14] Schön, D. (1983): *The Reflective Practitioner.* Basic Books. N. York.
[15] Schön, D. (1987): *Educating the Reflective Practitioner.* Jossey-Bass. London.

© narcea, s. a. de ediciones

sional suele significar saber mucho de la materia y saberla explicar a los alumnos de la clase.

Por eso, cuando hemos debido salir de nuestras clases para diseñar un Proyecto conjunto (un plan de estudios de una carrera) nos hemos perdido y cada uno ha seguido hablando de lo suyo, su materia, sus horas, sus contenidos, etc. Nos falta ser capaces de dar ese salto cualitativo de la visión individual a sentirse miembro de un grupo de formadores y de una institución que desarrolla un plan de formación. De alguna manera deberíamos ser capaces de tener «todo el plan» en la cabeza y saber cuál es el papel que nuestra disciplina y nosotros mismos jugamos en él.

Estas nuevas demandas generan nuevas necesidades formativas del profesorado universitario, vinculadas, muchas de ellas, a la propia esencia de lo que es diseñar un currículum que exprese un «proyecto formativo integrado y original» para el propio centro (Facultad, Escuela Superior, etc.): por ejemplo, cómo diseñar, llenar de contenido y poner en marcha un plan de estudios que sea más que la mera suma de asignaturas; cómo establecer estructuras de coordinación capaces de dotar de coherencia el trabajo conjunto; qué tipo de competencias generales y de especialidad se han de trabajar y en qué momento de la carrera deberían introducirse, etc. Cuestiones, una vez más, que poco tienen que ver con el dominio de la propia disciplina o con los proyectos de investigación en los que uno mismo esté participando:

Orientación al mundo del empleo

Una de las contradicciones importantes que subyacen a la identidad profesional del profesorado universitario es que se le demanda un tipo de formación orientada al empleo pero se le selecciona en función de sus competencias de investigación. El actual perfil del profesorado resultaría más adecuado si los estudiantes a los que atienden hubieran de recibir una formación orientada a la investigación o al desarrollo de una carrera académica.

Algunos expertos se preguntan, con buen sentido, si se puede pedir ese tipo de formación a profesores cuyo único conocimiento del mundo del empleo es el que posee sobre su puesto en la institución universitaria. Como señala Galinon-Melénec (1996) [16]:

> «Un enseñante que jamás ha salido del sistema educativo no puede haber incorporado aquel tipo de comportamientos que se suelen encontrar en otro tipo de organizaciones profesionales. Y no habiéndolos incorporado, tampoco pueden transmitirlos con credibilidad y eficacia» (pág. 15).

---

[16] Galinon-Melénec, B. (1996): «L'enseignant-chercheur au sein d'une situation complexe et contingente encore insuffisamment analysée», en Donnay, J. Y Romainville, M. (Edits.): *Enseigner à l'Université. Un métier qui s'apprend?*. De Boeck. Bruxelles.

© narcea, s. a. de ediciones

Aparece así, como una necesidad creciente en la identidad profesional de los docentes, la capacidad de combinar una visión académica de la actividad profesional con una visión más saturada de vida profesional real. No siempre es fácil que la misma persona posea ambas dimensiones (se mantiene, por ejemplo, en el profesorado de Medicina que combina la docencia y el trabajo profesional). Pero, con mayor frecuencia, se ha afrontado el problema combinando perfiles diversos en la plantilla docente: profesores con mayor experiencia académica junto a otros con mayor experiencia de ejercicio profesional. El sistema español introdujo con esta finalidad la figura de los profesores asociados (profesionales de reconocido prestigio que combinan su trabajo profesional con la docencia por horas en la Universidad). Otras muchas iniciativas de alternancia se han puesto en marcha en diversas Universidades ofreciendo a su profesorado la posibilidad de cumplir parte de su horario de trabajo colaborando en empresas o instituciones del sector (en ocasiones, aquellas empresas o instituciones vinculadas a la Universidad para el desarrollo del *prácticum* de sus estudiantes). Pero, sobre todo en determinados sectores docentes, sigue faltando esa integración clara entre ejercicio profesional y la docencia para el ejercicio de la profesión.

Enseñanza pensada desde el aprendizaje, desde la didáctica

Otro cambio necesario en la configuración de la identidad profesional de los docentes universitarios es el paso de ser simple «especialista de la disciplina» a ser «didacta de la disciplina». Tanto la legislación, como las orientaciones para la mejora de la calidad de la docencia, como la literatura internacional, insisten durante los últimos años en este punto: *the sift from teaching to learning*, el traslado del punto de apoyo de la actividad docente de la enseñanza (presentar la información, explicarla, proponer actividades, evaluar) al aprendizaje (organizar el proceso para que los estudiantes puedan acceder al nuevo conocimiento que les proponemos, desarrollar guías y recursos que les ayuden, tutorizar su proceso de aprendizaje).

No es un salto fácil de dar. La «didáctica de...» tiene una identidad científica propia y distinta de la que posee la disciplina en sí misma. Y sin una preparación adecuada es difícil poder liberarse de la lógica y condiciones propias de cada una (la disciplina tal como la tratan y la trabajan los especialistas) para reajustarla en función de las otras lógicas y condiciones con las que entra en contacto en el proceso docente (la lógica del alumno, la del propósito formativo, las condiciones de la situación y de los recursos disponibles, etc.).

Recuperación de la dimensión ética de nuestra profesión

Hay pocas posibilidades de mejorar la calidad de la docencia universitaria si no se produce una fuerte recuperación del compromiso ético que supone ejercer como docentes. Bastantes de las deficiencias que se producen en la docencia universitaria no están ocasionadas por falta de conocimiento de los profesores o insuficiente formación técnica, sino como consecuencia de una cierta laxitud en el compromiso y la responsabilidad de sus protagonistas.

La ética o la deontología poseen un perfil borroso y difícil de definir; son como caleidoscopios, esas cañas rellenas de cristales que adquiere distintas modulaciones de color y sonido según el movimiento que hagas con ellas o la posición desde la que la mires. Un caleidoscopio múltiple y variante. Por eso es difícil llevar los temas al terreno ético: cada uno puede hacer la lectura que le resulte más conveniente.

Un segundo inconveniente en relación a este punto tiene que ver con el traslado de la ética al ámbito de lo privado. Se diría que, en lo que se refiere a la ética de lo cotidiano, se prefiere pasar de puntillas, apartando ese tipo de consideraciones a la esfera de lo privado de manera que cada cual construya y articule su ética personal como guste y según los criterios que le resulten más convincentes. Parecería como si fuera imposible, o quizás inútil, intentar definir una base común y pública de referencia éticas que marcara los límites de lo institucionalmente aceptable en el ámbito de la docencia universitaria.

No cabe duda de que sobre la docencia se proyecta también, y con un nivel de exigencia cada vez más resaltable, la ética individual de profesores y profesoras. Cuanto más poder y/o capacidad de influencia posee una persona sobre otras más importante resulta que su actuación se vea sujeta a compromisos éticos. Por eso, las profesiones más consideradas han desarrollado sus propios códigos deontológicos. La profesión docente también precisa de su propio código ético, pero pocas veces hablamos de él.

Los códigos existentes en la actualidad se refieren sobre todo al profesorado de los otros niveles de la enseñanza. Jover (1998) hace una revisión de los códigos deontológicos existentes en la profesión docente:

— En España han establecido códigos deontológicos el Consejo Escolar de Cataluña y el Consejo General de Colegios Oficiales de Doctores y Licenciados en Filosofía y Letras y Ciencias.

— El primer código data de 1896 y fue promulgado por la Georgia Education Association. Posteriormente han ido surgiendo otras formulaciones por parte de distintas entidades estatales y federales en EE.UU. En 1924 la National Education Association estableció un comité de ética profesional que formuló un código adoptado por dicha Asociación en 1929.

— En 1966 la American Association of University establecía su Declaración de ética profesional (compromiso ya sugerido medio siglo antes por Jonh Dewey).

— Estos códigos han afectado especialmente a distintos sectores de la acción educacional: La Administración educativa; la orientación y tratamiento psicopedagógico de los alumnos (aspectos como la confidencialidad, secreto profesional, deber de prevención, protección ante terceros, etc.); la acción educativa en el terreno social (pedagogía social, trabajo social, etc.) han sido objeto de varios códigos; la investigación pedagógica (aspectos como objetividad, comunicabilidad, fraude, etc.) Otros aspectos recogidos son: consentimiento informado de los investigados, privacidad de los datos o condiciones de uso de los mismos, etc. El código más conocido es el de la American Educational Research Association (AERA) que propuso un código de normas éticas en 1992.

En todo caso, los códigos existentes suelen centrar sus consideraciones en una serie de aspectos comunes: deberes para con los estudiantes, la profesión, los otros profesores, la institución en que se trabaja, la sociedad. Por supuesto, los códigos parten y recogen las condiciones básicas exigibles a cualquier tipo de actuación social: el compromiso con los valores humanos fundamentales como la *honestidad, la integridad, el respeto a los demás, etc*. Se añaden a estos aspectos generales otros, también básicos, más relacionados con el trabajo profesional de cualquier profesional que trabaje con personas y que implique el uso de poder o de posiciones privilegiadas: *imparcialidad, uso adecuado de información privilegiada*, etc. Finalmente se hace referencia a cuestiones concretas del ejercicio profesional con respecto a las cuales los profesionales docentes deben asumir el compromiso de actuar con cuantos recursos disponga (incluido el de formarse y actualizarse para poder dar cumplida respuesta a las demandas que se les presenten).

En todos esos puntos el compromiso ético es esa particular presión del «deber» y del «compromiso institucional» que nos debería llevar a realizar lo mejor posible las cosas que como profesionales nos toca hacer.

El Consejo General de la Enseñanza de Escocia promulgó en 1998 un código de ética profesional para los docentes que resume muy bien algunas de las condiciones básicas para el ejercicio profesional. Tres rasgos fundamentales definen para dicho Consejo el buen profesional de la enseñanza: *preocupación* por los demás; *competencia* en las tareas propias del servicio que desempeña, y *compromiso* personal con el trabajo que desarrolla.

También la Harvard Bussiness School[17] incorporó el tema de la ética no sólo al marco de compromisos que asumen los docentes de esta prestigiosa institución universitaria sino, incluso, al Plan de Estudios que han de cursar sus estudiantes. *Puesto que de vuestras decisiones se pueden derivar importantes consecuencias para las personas que se vean afectadas por ellas*, les planteaba el decano a sus estudiantes, *es necesario que recibáis una fuerte formación ética y es nuestro compromiso ofrecérosla*. En este caso, la ética no refleja sólo el compromiso institucional de los docentes universitarios sino que se ha convertido incluso en contenido explícito de la formación.

---

[17] Piper, Th. R.; Gentile, M.C.; Daloz, Sh. (1993): *Can Ethics Be Taught?* MA. Harvard Business School. Boston.

En definitiva, la ética no puede quedar al margen del desarrollo profesional de los docentes y de la mejora de la calidad de sus actuaciones. Al final, nuestra propia mejora y la de nuestro trabajo no dependerá solamente del mejoramiento de las técnicas y recursos que utilizamos sino, sobre todo, del reforzamiento del compromiso profesional que seamos capaces de asumir.

Dimensión personal del docente universitario

«Los profesores enseñan tanto por lo que saben como por lo que son». Esta vieja sentencia pedagógica ha recibido poca atención en el contexto universitario. Se diría que la dimensión personal del profesorado desaparece o se hace invisible en el ejercicio profesional. Lo que uno mismo es, siente o vive, las expectativas con las que desarrolla su trabajo se desconsideran como variables que pudieran afectar la calidad de la enseñanza. Parece claro que no es así y que buena parte de nuestra capacidad de influencia en los estudiantes se deriva de lo que somos como personas, de nuestra forma de presentarnos, de nuestras modalidades de relación con ellos.

Dos aspectos de especial relevancia quisiera abordar en este apartado. En primer lugar, la *satisfacción personal y profesional*, y en segundo, la *carrera docente*. Ambos están estrechamente relacionados entre sí y con otros aspectos pertenecientes a la esfera profesional y laboral. Lo cual parece lógico pues la actividad profesional posee un sentido unitario y global.

Satisfacción personal y profesional

En la última parte de este siglo, los estudios sobre las organizaciones han coincidido en resaltar la importancia del factor personal. La particular vinculación de los individuos con la institución, con su trabajo, con los directivos o con los otros colegas ha resultado ser una importante dimensión de la efectividad de la organización. Uno de los aspectos al que se ha prestado especial atención ha sido al de la satisfacción del personal.

Por eso, me quiero referir aquí a cómo la mejora del nivel de satisfacción de los profesores hace posible la dinamización institucional de los centros universitarios y la mejora de la calidad de los procesos formativos que en ellos se producen. Siendo la Universidad una organización educativa con fuerte prevalencia de lo individual, es preciso dotar de toda su relevancia a los aspectos de la satisfacción personal, si se pretende que las cosas funcionen.

Durante mucho tiempo se ha solido argumentar que, para que la Universidad funcione mejor es preciso que se invierta más dinero, que los profeso-

© narcea, s. a. de ediciones

res ganen más, que den menos horas de clase, que tengan menos alumnos, que se ponga a su disposición mejores recursos, etc. En la base de tales argumentos (que suelen aceptarse rápidamente como ciertos) está la idea de que cuantas menos causas de insatisfacción existan en la enseñanza, mayor será la satisfacción de los profesores. Esto es, se tiende a dar por supuesto que el *continuum* satisfacción-insatisfacción forma un factor bipolar y dialéctico, de manera que si aumenta un polo disminuye el otro y viceversa.

Llevado esto a la práctica profesional significaría que para que los profesores estén satisfechos y rindan bien (polo de la satisfacción) es preciso mejorar sus condiciones de trabajo (es decir, reducir el polo de la insatisfacción). La moraleja vendría a ser que a menor insatisfacción (porque se tienen menos motivos para estar insatisfecho) mayor satisfacción y motivación por el trabajo.

Sin embargo, ya desde 1966 había advertido Herzber[18] que, según sus investigaciones, la disminución de las causas de insatisfacción no mejoraba el nivel de satisfacción ni, por tanto, la calidad del trabajo profesional. De manera que muchas de las medidas que habitualmente se destinaban a mejorar la satisfacción y moral de los profesores (reducción del número de alumnos por clase, reducción de horas de clase, mejoras económicas, mejora del clima de trabajo, mejora de los recursos, etc.) lograban disminuir la insatisfacción pero no producían mejoras en la satisfacción (e indirectamente no provocaban cambios cualitativos significativos en los procesos de enseñanza).

Parece ser, por el contrario, que con la mejora de la satisfacción en el trabajo se relacionan aquel tipo de intervenciones destinadas a hacer variar no tanto aspectos organizativos (que solo disminuirían la insatisfacción como ya se ha señalado) cuanto los modos de relación sujeto-trabajo. Es decir, la mejora de la satisfacción vendrá por la mejora en las relaciones que mantienen los sujetos con su trabajo. Suelen citarse como *actuaciones adecuadas* para esa mejora las siguientes:

— Aumentar las cotas de responsabilidad en los procesos y de autonomía personal para tomar decisiones.

— Facilitar el dominio de nuevas habilidades relacionadas con el trabajo a desarrollar.

— Tener expectativas de mejora personal a nivel profesional.

— Mayor reconocimiento de la propia labor.

— El éxito.

— Reforzar una visión profesional del trabajo a realizar.

---

[18] Citado por Ghilardi, F. (1988): *Guida del dirigente scolástico*. Roma. Riuniti. Pág. 22.

Los diferentes niveles institucionales de toma de decisiones en la Universidad deberían atender más este tipo de aspectos relacionados con el profesor como persona y con sus necesidades de reconocimiento, de expectativas de promoción, de implicación en responsabilidades, de formación, etc., que van a condicionar fuertemente su moral profesional, su capacidad de trabajo y, a la larga, su propia efectividad como miembro de la colectividad.

Eso ayudaría, además, a contrarrestar los efectos de la desmotivación y el *burn out* que las profesiones docentes suelen generar con el paso del tiempo o con la progresiva complejidad que adquieren las situaciones de enseñanza-aprendizaje. Pese a su aparente simplicidad, la actividad docente constituye un foco constante de desgaste personal y, a veces, de frustración.

> «La repercusión del síndrome de *burn out* es negativa para la propia institución por cuanto disminuye la energía y el entusiasmo, desciende el interés por el trabajo y por sus resultados; se crea una percepción de que los compañeros y estudiantes son fuente de frustración irremediable y, en fin, se cae en la rutina y en el tedio, con la reducción de las metas laborales, la disminución de la asunción de responsabilidades, el descenso de las dosis de idealismo y altruismo y la aparición de actitudes egoístas que conducen a un enfrentamiento defensivo» (Informe Bricall, pág. 183).

Pollard (1992)[19] se planteaba, refiriéndose al profesorado de primaria, cuáles eran sus focos de satisfacción (los denominó «intereses primarios»), qué aspectos de su trabajo eran los que les producían satisfacción y cuáles eran los que les causaban disgusto. Su investigación revelaba que los profesores (en este caso de escuela primaria) se sentían especialmente satisfechos de su contacto con los alumnos y, en cambio lo que les fastidiaba más eran las tareas burocráticas y de gestión.

¿Qué podríamos decir con respecto a los «intereses primarios» de los docentes universitarios? ¿Qué es lo que nos causa especial placer y satisfacción y qué es lo que nos provoca desasosiego y fastidio? No estoy muy seguro de que en nuestro caso apareciera, como en la investigación de Pollard, que «los alumnos» (estar con ellos, enseñarles, ver cómo aprenden y se desarrollan) constituyan un interés primario. Posiblemente extraigamos más satisfacción personal cuando leemos, escribimos o estamos metidos de lleno en una investigación.

Lo dramático es que en algunas ocasiones (o para algunos docentes) ese trabajo con los alumnos no solamente no funciona como un *interés primario* sino que forma parte de las actividades que causan fastidio y es-

---

[19] Pollard, A. (1992): «Teacher's responses to the reshaping of Primary Education», en Arnot, M. y Barton, L.: *Voicing Concerns: sociological perspectives on contemporary education reforms*. Triangle. Wallingford.

© narcea, s. a. de ediciones

trés, porque distraen del trabajo en investigación o producción científica, constituyen un foco de tensiones, resulta monótono repetir una y otra vez las mismas cosas, porque no logras motivar, etc.

Evans y Abbot (1998)[20] llevaron a cabo una investigación que resulta muy interesante no sólo por los resultados conseguidos (las percepciones que los profesores y alumnos tienen sobre la enseñanza) sino por los propios postulados de los que parten. Su idea es que las Universidades han de buscar sistemas de mejora de la calidad no a través de simples consideraciones de costo-beneficio, sino a través de consideraciones que tenga en cuenta el *tiempo* de los profesores y los factores que pueden tener influencia en su *satisfacción*. También han de tomarse en consideración las perspectivas de los estudiantes. La base conceptual de este trabajo reside en la asunción de que la satisfacción de las necesidades individuales de las personas es un factor determinante de sus percepciones, actitudes y conductas, incluido aquí el propio ejercicio profesional.

En este sentido, se parte de la idea de que las estrategias organizativas que los docentes aplicamos a la enseñanza son pensadas y seleccionadas con la perspectiva de satisfacer tanto las necesidades personales como las referidas al desarrollo efectivo del trabajo encomendado. Estas necesidades, por su parte, reflejan valores y pueden diferir de unas personas a otras. Pero tienen, como componentes comunes, percepciones en torno a diversos aspectos, como las necesidades de los alumnos, las exigencias de los cursos, las Facultades y Departamentos, las ambiciones profesionales, la ambigüedad y conflicto de roles.

La idea que nos hacemos de cada uno de esos puntos y la forma en que lo vivimos orientan la manera en que cada uno de nosotros nos posicionamos profesionalmente. Es difícil suponer que un profesor modifique sus patrones de actuación sólo porque una normativa se lo imponga o porque las decisiones colectivas hayan adoptado ciertos criterios de «obligado cumplimiento». La medida en que las condiciones de trabajo faciliten o dificulten la posibilidad de que los docentes (y también los estudiantes, por idénticas razones) puedan realmente satisfacer sus propias necesidades personales, incluida la de hacer el trabajo de la manera en que uno mismo considere más adecuada, se convierte en un elemento clave para la mejora.

En definitiva, parece claro que en un contexto tan peculiar como el universitario, la enseñanza de calidad sólo es aquella que es capaz de dar una respuesta efectiva tanto a las necesidades de los docentes como a las de los estudiantes.

---

[20] Evans, L. y Abbott, I. (1998): *Teaching and Learning in Higher Education*. Casell Education. London.

Carrera docente del profesorado

Otro aspecto que afecta de manera significativa la dimensión personal del profesorado, es el particular itinerario personal y profesional que los docentes siguen, condicionado por el tipo de posibilidades de formación y promoción que se les ofrecen. De esta manera, la carrera docente se presenta bajo dos perspectivas distintas: los grados formales en los que se estructura el proceso hasta alcanzar el status profesional *(carrera académica)* y las fases o momentos personales por los que un docente suele pasar hasta alcanzar su plenitud *profesional (carrera profesional)*. La primera tiene, normalmente, consecuencias en cuanto al reconocimiento institucional y el salario. La segunda en la autoestima e identidad profesional. De todas maneras, ambas son importantes para entender cómo el profesorado universitario vive su vida profesional, los problemas que ha de afrontar y el tipo de apoyos que precisa o puede proporcionar él mismo a los demás.

La *carrera académica o docente*, los escalones profesionales por los que se va pasando desde que se entra a trabajar en la Universidad, resulta un factor importante tanto desde el punto de vista psicológico como laboral. Sólo quien posee expectativas elevadas de crecimiento y mejora profesional está en condiciones de esforzarse por alcanzarlas.

> «Con la denominación de carrera académica se indica el itinerario individual de progresiva capacitación y adquisición de competencias —combinación de conocimientos, habilidades y aptitudes— que se extiende desde el nivel básico que sigue a la titulación universitaria hasta la máxima cualificación científica académica.
>
> (...) Un modelo de carrera académica ha de establecer cuáles son las figuras iniciales de formación y cuáles son las exigencias básicas o mínimas para la promoción» (Informe Bricall, págs. 178-179).

Por eso, el tema de la carrera académica se traduce en dos aspectos: la existencia de esos grados o fases de progreso con sus correspondientes incentivos, bien en forma de reconocimiento, de categoría profesional, de salario, etc., y que el paso de un grado a otro esté claramente vinculado al esfuerzo personal y a los méritos profesionales.

En primer lugar es preciso que la carrera académica no sea una carrera plana sino que existan sucesivos saltos o mejoras. Las diversas y sucesivas categorías profesionales suelen jugar ese papel: los profesores pasamos por distintos grados profesionales a medida que vamos reuniendo los requisitos exigidos. Pero el hecho de que la aplicación real de esa posibilidad dependa más de factores de tipo económico o de estrategias institucionales que de los méritos de los sujetos hace que la capacidad de impacto motivacional de la carrera docente quede reducida.

A veces puede, incluso, llegar a generar dinámicas patológicas de progreso profesional: una dependencia política excesiva de la carrera (sólo se abren posibilidades de promoción cuando interesa a quien ocupa el poder y/o para quienes lo ocupan o están próximos a él); un cierto alejamiento de los criterios de promoción de lo que son ejes básicos de la actuación docente (la tan mencionada preeminencia de la investigación sobre la docencia); una notable divergencia entre las Universidades en cuanto a los criterios y las posibilidades de promoción que ofrecen a su profesorado, etc.

En segundo lugar, resulta igualmente necesario que ese progreso esté asociado a méritos profesionales. En algunos casos, el salto de una categoría a la siguiente superior está vinculada únicamente a criterios burocráticos o al simple paso del tiempo. En esos casos, es poco probable que ese cambio de categoría posea efectos de estímulo y mejora de la autoestima. Se valora lo que exige esfuerzo.

La carrera docente no sólo tiene importancia por lo que afecta al desarrollo personal y profesional de sus protagonistas sino por lo que afecta al propio funcionamiento de la institución universitaria. En el fondo, suele constituir un buen reflejo de cómo se ve el trabajo profesional, cuáles son las dimensiones de su perfil que se priorizan y cuáles los méritos a los que se condiciona el progreso. Si hiciéramos esa lectura al revés de la carrera docente en España (y en muchos otros países de nuestro entorno) podríamos concluir, entre otras cosas lo siguiente:

— Se ha ido generalizando en los últimos años, como base de incorporación a la carrera docente, la *tesis doctoral*. Este hecho está resultando positivo en tanto que propicia una mayor madurez del profesorado (la tesis obliga a entrar en profundidad en un tema científico y a moverse en él con rigor, tomando en consideración las aportaciones más novedosas de la literatura especializada). Es pues, una especie de noviciado en el que los candidatos han de demostrar que están dispuestos a aceptar las reglas del trabajo científico y que poseen los conocimientos, habilidades y actitudes precisos para conseguirlo.

Pero, en cambio, al convertirse en criterio exclusivo, ha marginado otro tipo de potencialidades más vinculadas al mundo profesional y que serían de mucho interés, al menos en determinadas carreras universitarias más directamente profesionalizantes. Es difícil que en un profesional con un fuerte bagaje de experiencia profesional pueda hoy día enfrentarse en un proceso de selección a jóvenes posgraduados cuyo mayor mérito es haberse dedicado en cuerpo y alma a hacer su tesis doctoral.

— Los mecanismos básicos de la promoción están vinculados a la productividad científica de los profesores. Parece claro que la carrera docente utiliza como indicios de mérito personal actuaciones que tienen que ver básicamente con la investigación o la producción científica. La trayectoria docente del profesorado o sus competencias personales (conocimientos, habilidades actitudes) en dicho ámbito no se toman en consideración o aparecen en muy segundo lugar.

© narcea, s. a. de ediciones

El profesorado universitario 137

— Tanto en el acceso como en la promoción, la cuestión docente es el *missing point*, el «agujero negro» de la carrera docente. No hay informe internacional sobre docencia universitaria que no haga alusión a esta cuestión. Pero se ha avanzado poco en la búsqueda de soluciones. No es solamente que los profesores seamos valorados por criterios de productividad que dejan al margen la docencia. Otro tanto sucede con las propias Universidades en su conjunto, a quienes también se aplican critreios de productividad que tienen que ver con sus cuentas de resultados (patentes, ingresos por contratos e investigaciones, presencia en los foros científicos, etc.) La consideración de la docencia como criterio de plusvalía institucional, seguramente porque valorar su calidad resulta más complejo, queda relegada a un nivel muy marginal.

En cualquier caso, parece claro que el actual sistema de selección y promoción en la carrera académica puede garantizar, al menos hasta cierto punto, que los candidatos que se benefician de ella van alcanzando cotas progresivas de calidad en la vertiente de investigación. Pero esa mejora progresiva en el ámbito de la docencia no queda en absoluto garantizada. Llegar a ser catedrático de Universidad resulta poco expresivo con respecto a la calidad docente de quien alcanza ese máximo peldaño de la carrera docente.

Sean cuales sean los peldaños que constituyan la carrera docente y a menos que se desliguen la investigación de la docencia parece obvio que los candidatos deben demostrar progresos tanto en una vertiente como en la otra, o buscar sistemas de cruce y complementación de ambas: trabajos científicos (incluidas las tesis doctorales) sobre la enseñanza de la propia disciplina, sobre problemas específicos de aprendizaje en esa área, etc.

La *carrera profesional* tiene que ver con la construcción de la identidad profesional de los docentes desde que comenzamos el proceso como ayudantes o asistentes universitarios hasta que alcanzamos la madurez profesional. Se trata de un largo itinerario en el que se van mezclando muchos componentes de diverso tipo, desde las circunstancias personales y familiares hasta las oportunidades académicas, desde la normativa institucional a los criterios políticos y financieros de cada momento, desde las particulares condiciones sociales del momento a la forma en que nos afecte el propio juego de influencias y reparto de poder que se produzca en nuestro entorno.

Uno de los problemas importantes de la vida profesional de los docentes (de su proceso como docentes no tanto como investigadores) es justamente que se desconsidera la *dimensión diacrónica* del desarrollo profesional. Se diría que la institución universitaria (fiel trasunto del modelo de formación que se aplica en la Universidad) considera que formarse, mejorar como profesional, aprender a enseñar, es algo que depende de cada profesor. Salvo en contadas excepciones no hay un proceso de seguimiento y apoyo al profesorado que inicia su carrera docente. El profesor entra como ayudante o como asociado en la Universidad y se ve enfrentado a diversos grupos de alumnos a los que debe explicar (hacer

© narcea, s. a. de ediciones

aprender) un número indeterminado de materias como si eso fuera una cosa sencilla y en la que uno fuera un reconocido experto. Al menos en el contexto universitario español, la carrera profesional es un proceso muy desacompañado con todos los riesgos que conlleva la desorientación, frustración y fuertes riesgos de errores que se van consolidando con la práctica.

Seguramente por eso, se viene prestando desde hace algunos años mucha importancia al tema de las carreras profesionales. Con diversos enfoques de análisis, los especialistas en formación del profesorado han ido identificando una serie de fases por las que vamos pasando los docentes en nuestro desarrollo profesional. En la tabla siguiente se recogen algunas de esas aportaciones.

Autores	Fases
Unruh y Turner (1970)[21]	Período inicial (1-5 años) Período de construcción de seguridad (6-15 años) Período de madurez (más de 15 años)
Katz (1972)[22]	Supervivencia (1-2 años) Consolidación (3°) Renovación (4°) Madurez (a partir del 5° año)
Gregorc (1973)[23]	Etapa de inicio *(becoming stage)* Etapa de crecimiento *(growing stage)* Etapa de madurez *(maturing stage)* Etapa de plenitud *(fully functioning stage)*
Feinian y Floclen (1981)[24]	Supervivencia *(survival)* Consolidación *(consolidation)* Renovación *(renewal)* Madurez *(maturity)*
Burke e alii (1987)[25]	Etapa de formación *(preservice)* Etapa de iniciación *(induction)* Etapa de aprendizaje *(competency building)* Etapa de expansión *(enthusiastic and growing)*

---

[21] Unruh, A. y Turner, H. E. (1970): *Supervision for change and innovation*. Houghton Mifflin. Boston.
[22] Katz, L.G. (1972): «Development stages of preschool teachers», *Elementary School Journal*, nº 3. Págs. 50-54.
[23] Gregorc, A.F. (1973): «Developing Plans for Professional Growth», *NASSP Bulletin*, nº 57. Págs. 1-8.
[24] Feinian, S. y Floden, R.E. (1981): «A consumer guide to teacher development», Document. East Lansing. Institute for Research on Teaching. Michigan State University.
[25] Burke, P.; Christensen, J.; Fessler, R.; McDonnell, J.; Price, J. (1987): «The teacher career cycle: model development and research report». Paper presented at the annual meeting of the AERA. Washington, DC.

Autores	Fases
Vonk (1989)[26]	Etapa de frustración (*career rustration*) Etapa de recuperación y consolidación (*career stability*) Etapa de desconexión (*career wind-down*) Salida de la carrera (*career exit*)
Huberman (1995)[27]	Etapa de prácticas (*preprofessional phase*) Primer año de servicio (*threshold phase*) Etapa de aprendizajes básicos (*growing phase*) Consolidación profesional (*first professional phase*) Cuestionamiento profesional (*phase of reorientation*) Recuperación profesional (*second professional phase*) Decaimiento profesional y pre-retiro (*phase of running down*) Fase de inicio y adaptación (*career entry and socialization*) Fase de experimentación y asunción de retos (*career diversification and change*) Fase de cuestionamiento (*stock-taking and interrogations at mid-career*) Fase de serenidad y distanciamiento (*serenity*) Fase de conservadurismo y lamentaciones (*conservatism*) Fase de despego (*disengagement*)
Formosinho (2000)[28]	Novicios Iniciandos Iniciados Profesionales complejos Profesionales influyentes

Los autores (Huberman, 1995)[29] insisten en que no se trata de un proceso lineal en el que se va pasando de una fase a otra de manera consecutiva y fija. Menos aún, de algo que pueda definirse en términos temporales atribuyendo una determinada duración a cada fase. Aunque algunos autores hablan de años, ellos mismos son conscientes, y así lo expresan, de que se trata de una consideración aproximativa que depende de las particulares circunstancias ambientales en que se desarrolle el trabajo de cada cual y del apoyo que reciba.

---

[26] Vonk, J.H.C. (1989): «Becoming a teacher, brace yourself», Unpublished paper. Vrije University. Amsterdam.

[27] Huberman, M. (1995): «Professional Careers and Professional Development» en Guskey, Th.R. y Huberman, M.: *Professional Development in Education: new paradigms and practices*. Teacher College. London. Págs. 172-199.

[28] Formosinho, Julia (2000): «O desenvolvimento profissional das educadoras de infância: entre os saberes e a paixão», ponencia desarrollada en el II Congreso Paulista de Educação Infantil. Águas de Lindóia, SP. Octubre 2000.

[29] Huberman, M. (1995): «Professional Careers and Professional Development» en Guskey, Th.R. y Huberman, M.: *Professional Development in Education: new paradigms and practices*. Teacher College. London. Págs. 172-199.

Justamente porque lo externo ejerce gran influencia sobre el desarrollo profesional, resulta necesario tomar en consideración las fases por las que pasa. Cada una de ellas presenta un tipo de demandas particular para el profesional. El crecimiento profesional no es algo que dependa de cada uno, sino que se tiene que dar una confluencia de condiciones favorables (entre ellas y con una gran capacidad de influencia el apoyo de la institución y de los compañeros) para que ese crecimiento personal y profesional resulte enriquecedor y de él se derive un ejercicio profesional de la máxima calidad.

Fessler (1995)[30] presenta un modelo muy interesante para el análisis del desarrollo profesional de los docentes. Partiendo de la secuencia que él mismo, junto a Burke y otros habían hecho, señala que la forma, el ritmo y las condiciones en que ese proceso se produce está influida por dos tipos de factores ambientales: el personal y el organizativo o institucional.

El *ambiente personal* incluye aspectos como la *familia* (con un impacto mayor en las mujeres), los *momentos positivos* de la propia experiencia vital (casamiento, nacimiento hijos, eventos especiales, experiencias religiosas o humanas que le hayan impactado), las *crisis* o momentos negativos (enfermedades, muerte de algún familiar, problemas económicos, problemas matrimoniales), la *disposición personal* (prioridades que uno mismo se marca y empeño personal para conseguirlas), los *intereses personales* al margen del trabajo y los *ciclos vitales* por los que se va pasando.

La carrera profesional no se produce al margen de lo que somos o del proceso personal que seguimos en los otros contextos de vida en los que nos movemos. Particular importancia ha solido dársele a la vida familiar. Los estudios feministas suelen insistir en que el período de expansión de la familia (nacimiento de los hijos y fases sucesivas de cuidado y educación de los mismos) coincide con los períodos más importantes para el crecimiento profesional (lo que algunos autores han señalado como de construcción de competencias, de consolidación profesional, etc.), y que por esa causa las mujeres, al tener que hacerse cargo de la parte fundamental de la atención a la familia, sufren un fuerte estancamiento (cuando no un claro retroceso) en sus carreras profesionales.

Las otras condiciones personales son igualmente importantes, tanto por lo que tienen de factores externos que nos condicionan como por lo que tienen de capacidad y esfuerzo personal para dirigir el proceso. Como ha señalado Huberman (1995)[31] el progreso profesional no es algo que se

---

[30] Fessler, R. (1995): «Dymanics of Teacher Career Stages», en Guskey, Th.R. y Huberman, M.: *Professional Development in Education: new paradigms and practices.* Teacher College. London. Págs. 162-171.

[31] Huberman, M. (1995): «Professional Careers and Professional Development» en Guskey, Th.R. y Huberman, M.: *Professional Development in Education: new paradigms and practices.* Teacher College. London. Págs. 172-199.

© narcea, s. a. de ediciones

produzca «sobre nosotros». No somos marionetas que se mueven en función de un reloj social o institucional predeterminado con anterioridad. Mucho de nuestro desarrollo profesional está dirigido por nosotros mismos, esto es, «el sujeto observa la situación y planifica la secuencia a través de la que va a pasar y puede, por tanto, influir e incluso determinar la naturaleza o la sucesión de las etapas de su carrera» (pág. 173).

El *ambiente organizativo* ejerce también una fuerte influencia en el desarrollo profesional de los profesores y profesoras de Universidad. Dentro de este segundo factor de influencia sitúa Fessler los siguientes elementos: la *legislación* en todo aquello que afecta a las condiciones que regulan el trabajo profesional y las condiciones para ejercerlo; el *estilo de dirección y gestión* de la institución que condiciona la dinámica de actuación y el estilo de trabajo así como de las formas de estímulo y apoyo que se ofrezcan para la mejora; la *confianza social* (o la desconfianza en su versión negativa) que condicionará fuertemente la autoestima del profesorado y la seguridad en lo que se hace; las *expectativas sociales* que se generen con respecto a la Universidad y a los objetivos que debe cumplir, lo que afectará a la implicación de la comunidad, al esfuerzo inversor en educación y a la propia capacidad de las instituciones para plantearse (y plantear a su personal) retos cada vez más comprometidos; las *organizaciones profesionales* que constituyen importantes elementos en la definición de la identidad profesional y de los estándares de la calidad en el ejercicio profesional; los *sindicatos* que se constituyen en garantes de las contrapartidas salariales y de condiciones de trabajo que hagan posible el desarrollo profesional y la mejora de calidad de vida.

En definitiva, el ejercicio de la profesión y su dominio no se produce por un trasvase directo de sabiduría divina. No se puede suponer que un joven que ingresa como profesor en la Universidad está ya preparado (aunque sea doctor y competente en investigación) para enfrentarse a la docencia. O que, si no lo está, él mismo tomará las previsiones oportunas para estarlo.

Como ha señalado Julia Formosinho, el desarrollo profesional es ir creciendo en racionalidad (saber qué se hace y por qué se hace), en especificidad (saber por qué unas cosas son más apropiadas que otras en circunstancias dadas) y en eficacia. Y en ese proceso se ven implicados tanto los conocimientos como los sentimientos (la vida personal en general) y la experiencia sobre el terreno.

La profesora Gewerc (1998)[32], al estudiar en su tesis doctoral la vida profesional de una muestra de catedráticos de Universidad, pudo demostrar cómo para todos había sido muy importante haberse encontrado, en sus

---

[32] Gewerc, A. (1998): «Hacia una interpretación de la identidad profesional del profesorado de la Universidad de Santiago de Compostela. Catedráticos: trayectorias y prácticas». Tesis Doctoral. Dpto. de Didáctica y Organización Escolar. Univ. de Santiago de Compostela.

© narcea, s. a. de ediciones

momentos iniciales, con una especie de mentor: un catedrático a cuya sombra (en el doble sentido del término, esto es, contando con su apoyo y participando en las actividades que él o ella desarrollaba por un lado y beneficiándose de su capacidad de influencia en el otro) habían ido creciendo y consolidándose como profesionales.

Ese apoyo institucional, que debería estar generalizado para todos, es lo que no se da normalmente en las Universidades. Por eso, las carreras profesionales aparecen como batallas que cada persona ha de afrontar con sus propias fuerzas a través de procesos de autoformación y lo que las convierte en procesos costosos e inseguros. En algunos casos, acaban consolidándose vicios profesionales, malas prácticas y enfoques equivocados sobre lo que significa ejercer la docencia en la Universidad, no por maldad individual sino por falta de oportunidades para una correcta construcción de la profesionalidad. En otros casos, algunos docentes se estancan en las primeras fases de su crecimiento profesional. Incapaces, por sí mismos, de desarrollar las competencias propias del ejercicio docente acaban acomodándose a las menores exigencias de las etapas iniciales del desarrollo profesional.

Dimensión laboral del docente universitario

Metidos como estábamos en consideraciones de más alto nivel, pudiera parecer un exceso de pragmatismo plantearse aquí aspectos que tienen que ver con las condiciones laborales, de horario, de salarios, etc. de los profesores de Universidad. Pero en el fondo la cuestión laboral es algo que se refiere a los derechos y deberes del profesorado en tanto que trabajadores de una institución pública o privada.

Pensar que el profesorado universitario, como sucedía antes con el profesorado en general, es un colectivo vocacional para el que cuenta más el reconocimiento y prestigio social que el salario o las condiciones de trabajo, resulta, a todas luces, una ingenuidad. Al contrario, los últimos años han presenciado un rosario permanente de reivindicaciones (en algunos casos, acompañadas de paros y manifestaciones) de mejoras salariales, mejoras en las condiciones de trabajo, y políticas claras en la estabilización y promoción del personal docente.

Aunque habría que entrar a considerar muchas cuestiones vinculadas a esta dimensión laboral de la docencia (desde los aspectos referidos a la legislación laboral, hasta otros que tienen que ver con el estatuto de funcionarios que constituye la forma básica de contratación en las Universidades públicas, los salarios y su desglose, etc.) tres *aspectos* me parecen de especial interés en este apartado porque se trata de cuestiones que ejercen una

© narcea, s. a. de ediciones

El profesorado universitario 143

fuerte incidencia en el desarrollo de la docencia: políticas de selección y criterios que se aplican; características diferenciales de los diversos contratos y categorías de profesorado y condición de funcionario público que se atribuye a la mayor parte del profesorado.

En resumen, y haciéndonos eco de las consideraciones que plantea Davies (1998)[33], podemos concluir que las Universidades tienen que afrontar el nuevo escenario de formación para el ejercicio profesional alterando sus políticas de personal. El personal necesario para llevar a cabo esta nueva orientación requerirá nuevas competencias profesionales y los procesos de incorporación y estabilización en los puestos de trabajo habrán de acomodarse a las nuevas condiciones. Davies considera a los siguientes puntos (pág. 314):

— Nuevo perfil profesional que incorpore a las competencias tradicionales (capacidad de investigación y de enseñanza) otras nuevas como alto dominio de las tecnologías de la información y de Internet, habilidades en el desarrollo de trabajo en equipo y en la dirección de proyectos, familiaridad con un amplio espectro de métodos pedagógicos, habilidades de asesoramiento.

— La capacidad de mantener relaciones y trabajar en un contexto de transnacionalidad. Por ello son necesarias habilidades lingüísticas y competencias interculturales. Seguramente se requerirá también una ampliación de las contrataciones internacionales.

— Ese tipo de habilidades deberán ser incluidas en los cursos de graduación (incluido el doctorado) si se quiere que tales estudios preparen para un mejor ejercicio de la profesión.

— Como es difícil que los sujetos posean todas estas cualidades en el momento de su contratación, resultará preciso incorporar programas de inducción (formación de noveles) como una condición para ser contratado, como un elemento que forma parte del año de prueba o como un factor que afectará la posibilidad de obtener una mejora en el contrato.

— El desarrollo del personal, entendido como proceso permanente en la Universidad, podrá reforzarse modificando el énfasis en sus objetivos, esto es, combinando lo que son las necesidades de formación relacionadas con la institución, con las necesidades e intereses personales de formación.

— La idea del aprendizaje a lo largo de la vida resulta perfectamente aplicable a los académicos. En ese sentido, resulta de especial importancia poder contar con los instrumentos que faciliten al personal reflexionar sobre su propia práctica profesional de forma que pueda producirse una formación permanente más vinculada al puesto de trabajo.

---

[33] Davies, J.L. (1998): «The Shift from Teaching to Learning: Issues of Staffing Policy Arising for Universities in the Twenty-First Century», en *Higher Education in Europe*, vol XXIII (3). Págs. 307-316.

© narcea, s. a. de ediciones

Los profesores desarrollamos nuestra actividad profesional en este contexto cambiante. Y es justamente toda esta cadena de cambios (institucionales, científicos y profesionales) la que obliga a generar políticas de formación y actualización del profesorado. La convicción de que la formación del profesorado constituye un compromiso ineludible para las Universidades resulta, con todo, difícil de operativizar. El diseño de planes de formación y su implementación se ven enfrentados a muchas situaciones dilemáticas. Es lo que trataré de analizar en el apartado siguiente.

4
Formación del docente universitario

El ejercicio de la profesión docente requiere una sólida formación, no sólo en los contenidos científicos propios de la disciplina sino en los aspectos correspondientes a su didáctica y al manejo de las diversas variables que caracterizan la docencia. Parece evidente que la formación del profesorado universitario en el doble sentido de cualificación científica y pedagógica, es uno de los factores básicos de la calidad universitaria. Esta convicción es más evidente en la doctrina que en las políticas activas de las Universidades, pero el que subsistan incongruencias o que no se pueda hablar todavía de convicciones generalizadas en torno a la necesidad de la formación (de ese tipo de formación) no debe hacer disminuir la intensidad de su demanda.

La formación del profesorado universitario tiene mucho que ver con algunos de los aspectos analizados en capítulos anteriores:

— La idea del *profesionalismo*, esto es, la consideración de la docencia universitaria como una actividad profesional compleja que requiere de una formación específica.

— Los nuevos planteamientos en torno al *long-life learning* o formación a lo largo de la vida que plantea el desarrollo personal y profesional como un proceso que requiere actualizaciones constantes que capaciten a los sujetos para dar una respuesta adecuada al cambiante mundo de los nuevos escenarios de trabajo.

— La constante presión en torno a la *calidad de los servicios* que prestan las instituciones, sobre todo las instituciones públicas.

© narcea, s. a. de ediciones

Es seguramente esta tercera circunstancia la que más está movilizando ese gran paquidermo institucional que son nuestras Universidades. Las otras dos suelen parecer interesantes (y aparecen siempre en los informes oficiales) pero poseen escasa capacidad de impacto. La evaluación de la calidad y la constancia de que hay muchas cosas que pueden mejorar ha movido a los responsables a plantearse iniciativas de formación y de hecho, son muchas las Universidades que han situado los programas de formación en el mismo marco que los de mejora de la calidad.

Cuestiones de fondo en la formación del profesorado universitario

Situados en este nuevo escenario institucional y profesional, la formación del profesorado universitario debe afrontar, cuando menos, los siguientes grupos de cuestiones que darán pie, a su vez, a un nutrido abanico de dilemas formativos:

— Sentido y relevancia de la formación: ¿Qué tipo de formación? ¿Formación por qué?

— Contenido de la formación: ¿Formación sobre qué?

— Destinatarios de la formación: ¿Formación para quiénes?

— Agentes de la formación: ¿Quién debe impartirla?

— Organización de la formación: ¿Qué formatos y metodologías?

Quisiera analizar estos retos en términos de *dilemas*[1]: los dilemas que debe afrontar en la actualidad la formación del profesorado universitario.

Sentido y relevancia de la formación: ¿Formación por qué?

Pudiera parecer ésta una cuestión baladí ya que hoy día nadie discute la importancia y necesidad de la formación en los diversos ámbitos profesionales y el universitario no es ajeno a esa convicción. Pero tal supuesto no es cierto. Al menos no lo es en la Universidad y/o no lo es en lo que se refiere a la formación más estrictamente vinculada a las tareas docentes.

---

[1] Como ya he señalado anteriormente, también en este caso me parece adecuada la idea de *dilema* porque estamos, sin duda, ante cuestiones que no tienen una solución lineal y única. No caben recetas universales para intentar resolver el objetivo de la formación del profesorado. Y así, las diversas opciones por las que se puede optar en ese proceso, traen siempre consigo ciertas incertidumbre y efectos colaterales. Se trata pues de dilemas que deben ser resueltos buscando el equilibrio entre las alternativas disponibles y/o aquel tipo de propuesta que se acomode mejor a las características de cada institución.

© narcea, s. a. de ediciones

Siguen siendo muy numerosos, en algunos casos claramente mayoritarios, los responsables y profesores universitarios que ponen en duda (cuando no niegan decididamente) que sea preciso hablar de «formación» del profesorado universitario. Esa formación o hay que darla por supuesta (para eso están, dicen, los sistemas de selección y acceso al cargo) o hay que dejarla en las propias manos del profesor universitario (nadie como él sabe qué tipo de formación necesita y ya se las arreglará para leer o enterarse por su cuenta). Por otra parte, sigue prevaleciendo la vieja idea de que «a enseñar se aprende enseñando».

Pese a todo, también son cada vez más quienes aceptan la necesidad de la formación y se plantean qué tipo de formación es la que se precisa y qué orientación de la formación es la más adecuada en la Universidad. Y ahí es donde comienzan a aparecer las posibilidades contrapuestas, es decir, los **dilemas.**

- *Dilema entre una formación para el desarrollo personal o una formación para la resolución de las necesidades de la institución*

Tradicionalmente la formación ha sido dejada en manos de los propios profesores individuales. Por lo general, la estructura de las operaciones universitarias está pivotando casi siempre sobre el eje de lo individual (clases, investigación, publicaciones, formación, etc.). Se supone que cada sujeto adoptará las decisiones que se adapten mejor a su situación y a sus necesidades.

Con la formación ha pasado lo mismo: cada profesor universitario es responsable de su propia formación y queda en sus manos si la va a tener o no, de qué tipo, en qué momentos y con qué objetivo. La consecuencia inmediata de este planteamiento es que, cuando existe, está orientada a resolver las necesidades individuales de los profesores o sus intereses particulares. Es una formación a la que cada profesor se suma si lo desea y está centrada en lo que cada profesor desee.

En el otro polo del dilema están las necesidades institucionales. Como toda institución, la Universidad (en la que ya hemos señalado que se están produciendo cambios muy significativos) necesitaría que su personal adquiriera competencias capaces de afrontar los nuevos retos que se le van presentando. Precisaría, pues, de una política de formación centrada en las necesidades de su propio proceso de desarrollo.

Ahí aparece el primer dilema bipolar: ¿las políticas de formación deben estar orientadas hacia la resolución de las necesidades institucionales o, por contra, dejar en manos de cada sujeto que sea él quien decida qué formación desea?

Como sucederá en cada uno de los dilemas que veremos, la solución no puede estar sino en hallar un cierto equilibrio entre las necesidades individuales y las institucionales.

© narcea, s. a. de ediciones

Cuando la formación se plantea como un compromiso institucional (con planes de formación diseñados desde la propia institución y orientados a la mejor resolución de los problemas detectados en el funcionamiento de la institución: evaluaciones realizadas, informes, decisiones de las instancias institucionales, etc.), entonces los sujetos no asumen una responsabilidad personal en su propio desarrollo y a veces se implican poco en las propuestas formativas ofertadas. Cuando la tendencia es dejar en las manos de los sujetos su formación, entonces suele resultar marginal en lo que se refiere al desarrollo de la institución en su conjunto y la mejora de la calidad de los servicios que ofrece. Incluso suele suceder que la formación se refiera a aspectos de interés de los propios individuos sin una conexión clara con sus actividades docentes (otras carreras, formación lingüística, informática, etc.).

Puede buscarse una fórmula intermedia a través de más protagonismo de los Departamentos como instancias equilibradoras entre los diversos tipos de necesidades institucionales e individuales. En los Departamentos suelen visualizarse más claramente ambos tipos de necesidades y puede darse una orientación más integrada a la formación.

La *evaluación formativa* también puede ser interesante como sistema de presión institucional indirecta a la hora de equilibrar las necesidades individuales y el mejoramiento de la institución. La formación sería programada en función de las necesidades o puntos débiles detectados en la evaluación (que puede ser de sujetos, de departamentos, de programas, de centros, etc.). Pero ha de ser siempre un tipo de evaluación que se produzca en un contexto de confianza y deseo de superación. En otro caso se burocratizará (el proceso, los resultados y las repercusiones de éstos) y resultará poco útil en lo que se refiere a la formación..

En cualquier caso, parece claro que el desarrollo del personal debe estar íntimamente relacionado con las estructuras institucionales: cambios estructurales pueden hacer necesaria una formación suplementaria y ciertos cambios estructurales cooperan a eliminar desajustes y necesidades de formación.

- *Dilema entre la obligatoriedad y la voluntariedad de la formación (y de modo subsidiario, la difícil relación entre libertad de cátedra y formación)*

Como ha señalado Brew (1995, pág. 8), un aspecto importante y generalizado de la cultura académica está vinculada a la *libertad de cátedra*, esto es, libertad y autonomía académica, lo que, salvo en los momentos más álgidos de presión política e ideológica sobre los académicos que es cuando adquiere sentido, ha servido, a veces, como excusa para el *laissez-faire*. En nuestro país, y en otros que siguen sistemas similares, a la libertad de cátedra se añade el *status* de funcionario de buena parte del profesorado de las instituciones públicas. Con lo cual, el derecho a la discrecionalidad se amplía y consagra.

Esa libertad para la toma de decisiones y la organización del propio trabajo ha ido configurándose como una sólida tradición de derechos adquiridos. Su concreción habitual es que los académicos nos autoatribuimos la capacidad para determinar qué es lo mejor para nosotros mismos, para nuestros alumnos y para la institución a la que pertenecemos. Incluso se acude a dicho principio, como resalta el propio Brew, para reclamar el derecho a no participar en cualquier proceso de formación que se proponga en nuestra institución, «nadie tiene que decirnos lo que tenemos que hacer o cómo debemos hacerlo», se suele decir más o menos explícitamente.

Los niveles de autonomía individual son, en todo caso, variables y a veces están vinculados al tipo de contrato que se posea: los profesores asociados o contratados por horas pueden encontrar en su contrato cláusulas que les comprometen con programas de formación o que condicionan su permanencia en el puesto a ciertos compromisos en ese ámbito.

En todo caso, las políticas de formación deben afrontar de una manera u otra este difícil dilema. No sirve de nada asumir que, dado que las cosas son así y que el profesorado hará al final lo que le apetezca, no es posible diseñar una política de formación aceptable desde el punto de vista institucional.

Quizás convendría aplicar también aquí las tres condiciones del aprendizaje (*evitación, estimulación* y *presión*) a las que aludía hace ya muchos años el profesor Fernández Huerta y que ya he referido al hablar de la Universidad como organización que aprende. El primer compromiso del formador es *«evitar* los obstáculos que dificultan el aprendizaje». Con frecuencia estos obstáculos son numerosos (de tipo organizativo, de falta de medios u oportunidades, de presión orientada en otra dirección, etc.) y, si no se neutralizan, imposibilitan o, cuando menos, dificultan el aprendizaje. Salvada esa primera función, con frecuencia se hace preciso continuar con la segunda, la *estimulación*. Para aprender necesitamos estar motivados, conocer el interés y las aportaciones que nos traerá ese aprendizaje, los beneficios que podremos obtener con él, etc. Una tarea importante de los formadores (y/o de la institución interesada en que su personal se forme) es la de motivar e iluminar el sentido y los beneficios de los nuevos aprendizajes. Las políticas de incentivos juegan ese papel. Pero, a veces, ni la evitación ni la motivación resultan suficientes para promover la formación. Entonces es cuando entra a funcionar la *presión*. Una presión que puede ser directa o indirecta, vinculada a exigencias explícitas o a beneficios derivados de su realización.

Este modelo que combina el compromiso institucional y el personal, puede ser interesante aplicado también a la formación. Es poco pensable que la formación pueda funcionar si la propia institución no hace todo lo que está en su mano para facilitarla y para eliminar las dificultades que obstaculizan su desarrollo. Es igualmente preciso animar al profesorado a que afronte la mejora de la calidad de su trabajo a través de una formación permanente. Decía Hargreaves que las innovaciones no salían adelante si no había alguien que las defendiera, que recordara su interés y los beneficios que se derivarían de ella. Con la formación pasa un poco lo mismo, alguien tiene que creer en ella y transmitir ese sentimiento a los colegas de la institución. Y al final, no puede faltar alguna forma de presión (en su sentido positivo de reconocimiento de los esfuerzos) capaz de superar la tendencia innata a la homeostasis y a mantenerse en una especie de *stand by* que no nos complique la vida y que nos permita salvar con el mínimo esfuerzo nuestros compromisos docentes.

Actuando conjuntamente en los tres niveles, se hace posible establecer una dialéctica equilibrada entre sujeto e institución, comprometiendo a ambos en el desarrollo de una estrategia de mejora del funcionamiento y rendimiento de la institución.

- *Dilema entre la motivación intrínseca y la motivación por el reconocimiento (los efectos de la formación en la carrera docente)*

Este aspecto ha sido uno de los que más atención han recibido en los últimos años. Visto que la motivación intrínseca (implicarse en procesos formativos por el propio interés de éstos) tiene escasa capacidad de arrastre y que, a la larga, pudiera resultar, incluso, un planteamiento injusto (porque no se valora el importante esfuerzo desarrollado por el profesorado implicado en programas formativos) se han buscado formas diversas de vincular la formación a sistemas de acreditación (fórmulas de reconocimiento y valoración institucional de la formación realizada) y a la propia carrera docente (mejorar en el nivel profesional o en el salario en función del tipo de acreditaciones alcanzadas en la formación para la docencia).

Existen Universidades que condicionan la consolidación y promoción de su profesorado a la obtención de cualificaciones en docencia universitaria: la Oxford Brooks tiene en marcha desde 1982 un programa obligatorio de un año de duración; la Universidad de Birminghan condiciona la superación del período de prueba como docentes universitarios a la asistencia a cursos de formación; estrategias similares siguen las Universidades noruegas, suecas y algunas holandesas. Superar un curso (y menos aún la mera asistencia al mismo) no supone que pases a ser un mejor docente, pero sí te da armas para conseguirlo. Y curiosamente suelen ser cursos muy bien valorados por los profesores que asisten a ellos. Algunos confiesan que acudieron con muchas reticencias iniciales pero que acabaron interesándoles mucho y que les fueron muy útiles para su desempeño posterior como docentes.

También es frecuente constatar cómo el profesorado que más demanda formación es justamente aquel que más formación ha recibido. Lo cual habla mucho a favor de estos cursos: inoculan el deseo de formación, hacen

© narcea, s. a. de ediciones

al profesorado más consiente de su necesidad y de las posibilidades que ofrece para afrontar en mejores condiciones la gran complejidad de la docencia universitaria actual. Cabe constatar que a este profesorado que repite una y otra vez cursos de formación le importan poco los títulos o diplomas que le puedan otorgar como reconocimiento a su constancia. Cuanto más uno se adentra en la formación tanto más funciona por su propio valor y menos por las contraprestaciones que se le ofrezcan.

En resumen, podríamos decir que basar la formación en la motivación intrínseca (el interés de la formación en sí y de los temas que trata) descompromete a la institución y acaba agostando la capacidad de atracción de las iniciativas de formación que pudieran surgir. No es, desde luego, un buen sistema, al menos cuando funciona aisladamente sin otras modalidades que lo completen. Pero basar la formación en el reconocimiento externo (en los incentivos prometidos) de la misma suele conllevar vicios importantes (muchas de las acciones formativas acaban convirtiéndose en meras expendedoras de certificados a utilizar en la consecución de quinquenios o sexenios). Tanto uno como otro de los extremos resultan contraproducentes. Pero tanto un tipo de orientación como el otro deben estar presentes a la hora de plantear la formación docente en la Universidad.

Las Universidades deben plantearse la formación desde una perspectiva que integre ambas dimensiones: programas y actividades de formación que resulten interesantes por sí mismas y, a la vez, que tengan repercusiones beneficiosas para los profesores en lo que se refiere al reconocimiento institucional. Repercusiones que no tienen por qué reducirse a contraprestaciones materiales. El hecho de que sean cursos que nos permiten mejorar como docentes y estar en mejores condiciones para ayudar a los alumnos, son ya aportaciones importantes de la formación. Señala Nasr (1996)[2] cómo ha sido un factor importante en la consolidación de la formación en su país comprobar que los profesores mejor evaluados por sus alumnos son los que poseen un certificado de docencia.

En mi opinión, la formación no debe estar orientada sólo al desarrollo y adquisición de nuevos conocimientos y habilidades para afrontar y resolver mejor los problemas de la docencia universitaria, sino también a posibilitar que los sujetos que la realizan *crezcan* en la propia institución (mejoren su status, su nivel, su salario, etc.)

Como ha apuntado Wright (1994)[3] a partir de los datos de una investigación internacional, lo que más podría influir en la mejora de la cali-

---

[2] Nasr, R. et alii (1996): «The relationships between university lecturers' qualifications in teaching and students ratings of their performance». Paper. International Consortium for Educational Development in Higher Education Conference. VASA, Finland.
[3] Wright, A. (1994): «Successful Faculty Development: strategies to improve university teaching», en Wright, A. et alii (Edit): *Teaching Improvement Practices: international perspectives*. Auker Publis. Co. Bolton, Mass.

© narcea, s. a. de ediciones

dad de la enseñanza universitaria sería, sin duda, la promoción profesional basada en la calidad de la docencia. Ese criterio posee mayor capacidad de impacto, en opinión de los numerosos profesores consultados, que los sistemas habituales (evaluación de cursos, sistemas de evaluación de la calidad institucional, valoraciónes hechas por los estudiantes, formación en metodologías didácticas, etc.). En la actualidad no llega al 10% el porcentaje de Universidades que considera la calidad de la docencia como un criterio relevante de promoción de su profesorado (Gibbs, 1996)[4].

Pero ya hay experiencias interesantes en este sentido. El propio artículo de Gibbs describe el sistema empleado en la Universidad de Oxford basándose en la *evaluación por pares* y en sistemas de *portafolios*. Por otra parte, Anderson (1993)[5] ha tratado de analizar diversas posibilidades metodológicas destinadas a operativizar una valoración adecuada de la calidad de la docencia por parte de las instituciones.

Contenido de la formación: ¿Formación sobre qué?

Aunque acabara prevaleciendo la convicción de que es preciso impulsar y articular la formación de los profesores universitarios, seguiría abierta la cuestión sobre el tipo de formación, con qué contenidos.

Varios son los dilemas que se plantean en torno a la identificación de los contenidos:

- *Dilema entre una formación generalista (y de tipo pedagógico) o una más específica y vinculada a su propia área de conocimientos*

El debate básico en este punto ha solido plantearse entre quienes defienden una orientación hacia los procesos de enseñanza-aprendizaje en general (a la que podríamos conceptuar como «pedagógica», para entendernos) y quienes, por el contrario, entienden que la formación debe centrarse en las disciplinas o campos científicos en los que se ubican los profesores (por eso podríamos denominarla orientación «disciplinar»).

El supuesto básico de los primeros es que lo que define el papel formador de los docentes universitarios, su dimensión profesional sustantiva, no es tanto la materia específica que imparten cuanto el hecho de la misión formadora que se les ha encomendado. Los problemas básicos que han de afrontar los profesores están vinculados, según esta perspectiva, a cuestiones que

---

[4] Gibbs, G. (1996): «Promoting Excellent Teachers at Oxford Brookers University: from profiles to peer review», en Aylett, R. y Gregory, K.: *Evaluating Teacher Quality in Higher Education*. Falmer Press. London. Págs. 42-60

[5] Anderson, E. (Edit.) (1993): *Campus Use of the Teaching Portfolio*. American Ass. for Higher Education. Washington, D.C.

son comunes al conjunto de los profesores: aspectos relativos a la motivación del estudiantado, a las relaciones interpersonales con ellos, a la capacidad de transmitirles una visión de la vida y del ejercicio profesional acorde con principios éticos y de responsabilidad social, el dominio de los recursos para el desarrollo curricular de la materia y de los distintos procesos que incluye su enseñanza (conocimientos de los procesos básicos del aprendizaje y de la enseñanza, preparación de materiales, habilidad en la preparación de presentaciones fáciles de entenderse, diseño de actividades, planificación de sistemas de evaluación, etc.), dominio de los recursos genéricos que condicionan el ejercicio profesional (cuidado de la voz, habilidades relacionadas con las nuevas tecnologías, habilidades en la gestión de grupos, etc.). Todos esos procesos constituyen un territorio común de los profesionales de la docencia y no están vinculados de manera específica o exclusiva a ninguna de las áreas de conocimiento.

El argumento básico de quienes defienden una orientación más disciplinar suele basarse en la convicción de que los procesos de enseñanza-aprendizaje están condicionados por los contenidos propios de cada disciplina. En su opinión, la formación ha de estar vinculada a cada sector del conocimiento: dar buenas clases en carreras de Ingeniería, suelen decir, no tiene nada que ver con darlas en Educación Física o en Derecho.

Nuevamente, la estructura bipolar del dilema obliga a buscar un equilibrio entre ambas posiciones. Efectivamente un tipo de formación excesivamente orientada a cuestiones generales puede resultar menos motivante para personas cuya identidad profesional está muy enraizada en cuestiones próximas a la disciplina o el sector que imparten. Los ejemplos que se pongan, las consideraciones que se hagan pueden parecerles ajenas a su propia circunstancia. Pero si las cosas suceden en la dirección contraria, los efectos son aún más contraproducentes: acaban desnaturalizandose los contenidos formativos en lo que tienen de discurso común y de espacio compartido por los profesinales de la docencia.

Leitner (1998)[6] señala que «la *pedagogía académica*, especialmente la formación pedagógica permanente del profesorado, constituye una contribución esencial a la calidad de la enseñanza». Yo no sería tan optimista, pero parece de sentido común (y así lo avalan los informes internacionales y algunas de las investigaciones realizadas al respecto) que una buena formación sobre los procesos de enseñanza-aprendizaje servirá para iluminar y dar sentido a la acción docente de los profesores, contribuyendo así a su mejora.

La función docente y sus cometidos es lo que tenemos en común todos los profesores, aquel espacio que compartimos y en cuyo seno podemos

---

[6] Leitner, E. (1998): «The Pedagogical Qualification of the Academic Teaching Staff and the Quality of Teaching and Learning», en *Higher Education in Europe*, vol. XXIII (3). Págs. 339-349.

© narcea, s. a. de ediciones

intercambiar experiencias y conocimientos. Por contra, los contenidos disciplinares son estructuras poco aptas para la amalgama profesional. Más que unir desunen. Un profesor de «griego» hablando de sus contenidos no tiene nada en común con el de «resistencia de materiales» que habla de los suyos. Pero ambos tienen mucho en común si de lo que se ponen a hablar es de cómo podrían plantear una evaluación adecuada, o qué tipo de dispositivos serían necesarios para motivar más a sus alumnos, para enseñarles a trabajar mejor en grupo o para mejorar el clima de sus clases.

De ahí que la Pedagogía universitaria, tiene un importante papel en el ámbito de la formación, como estimuladora de la creación de ese espacio profesional común entre el profesorado de las diversas especialidades. Y ello, pese a que no siempre contemos los pedagogos con el favor del reconocimiento y la credibilidad por parte de nuestros colegas docentes en la Universidad[7].

- *Dilema entre formación para la docencia y formación para la investigación*

Como ya hemos visto, una de las controversias básicas en la formación del personal docente universitario se produce, al menos en nuestro país, en torno a esta doble orientación: docencia e investigación. Como entre nosotros no existen las instituciones universitarias específicamente docentes (*teaching institutions* en la denominación internacional), todas se ven abocadas a desarrollar actividades dirigidas tanto en uno como en el otro sentido. La cultura universitaria ha tendido, por otra parte, a otorgar un mayor status académico a la investigación hasta convertirla en el componente básico de la identidad y reconocimiento del personal universitario. Lo que suele valorarse en los concursos de acceso y promoción son los méritos de investigación; lo que los profesores y sus departamentos tienden a priorizar por los efectos económicos y de status son las actividades de investigación; el destino prioritario de los fondos para formación del personal académico suele orientarse sobre todo a la formación en investigación (y suele ser gestionado por los Vicerrectorados de investigación) y así sucesivamente. Y ello hace que, aunque pueda sonar como contradictorio, la *docencia* se convierte en una actividad marginal de los *docentes*. De hecho son muchos, y de mucho poder en el organigrama de las Universidades, quienes defienden que para ser un buen profesor universitario lo más im-

---

[7] Consuela pensar que Leitner describe una situación bastante parecida en las Universidades alemanas. La formación pedagógica también es poco popular allí. Él trata de explicarlo aludiendo al gran predominio de la investigación como criterio de promoción y reconocimiento profesional de los docentes. Eso provoca que la enseñanza y todo lo relacionado con ella quede relegado a una posición muy marginal.

© narcea, s. a. de ediciones

portante es ser buen investigador. Entienden de que «investigar» constituye un nivel de desarrollo intelectual superior, una capacidad para ver las cosas de forma más rigurosa y sistemática, un mayor conocimiento de los asuntos que se manejan en ese campo científico, etc.

Pero esa argumentación resulta endeble, vista desde la perspectiva de la enseñanza. Parece haber pocas dudas de que la investigación requiere competencias y cualidades profesionales netamente diferentes de las requeridas por la enseñanza (Task Force Resource Allocation, 1994[8]). Ambas pueden presentarse conjuntamente en las mismas personas, por supuesto. Pero no es infrecuente encontrarse con excelentes investigadores que sólo son mediocres profesores (porque no comunican bien o utilizan un tipo de discurso muy elevado y complejo o mantienen unas relaciones conflictivas con sus estudiantes o no tienen tiempo suficiente para preparar su docencia o están más pendientes de los contenidos que explican que de la forma en que sus estudiantes los decodifican y asimilan, etc.).

Tampoco suele haber coincidencia entre contenidos de la investigación y contenidos de la docencia. De poco le sirve a un profesor su experiencia como investigador de las «formas del subjuntivo en la Edad Media» si lo que tiene que explicar a sus alumnos es Poesía Barroca. Y a veces, cuando se trata de establecer una conexión forzada de ámbitos (hacer coincidir lo que está investigando con lo que enseña en sus clases), lo que se logra es desnaturalizar, en el propio interés, el programa que debe impartir (que normalmente ha de ser por necesidad didáctica y formativa mucho más amplio, general y básico que el contenido específico de la propia tesis doctoral o investigaciones posteriores).

La investigación puede aproximarse más a la docencia cuando se imparten clases en cursos de doctorado o en posgrados, que los contenidos pueden llegar a coincidir, y hasta resulta importante que los profesores, en esos contextos, hablemos principalmente de las cosas que estamos estudiando y en las que hemos profundizado.

En cualquier caso, ambas funciones (docencia e investigación) precisan de formación. La incorporación al mundo de la investigación suele producirse en un contexto más claro y regulado (cursos de doctorado, integración en un equipo de investigación o trabajo con un director de la tesis, realización de la tesis doctoral como iniciación, participación en proyectos que serán evaluados, etc.). En cambio, la incorporación a la enseñanza es un proceso mucho más desacompañado y desregulado. Uno se enfrenta a solas y con sus solas fuerzas a un grupo de alumnos, y, en muchas ocasiones, a poco de acabar la carrera y sin ninguna preparación específica para hacerlo.

---

[8] Task Force Resource Allocation (1994): *Undergraduate Teaching, Research and Community Service: what are the functional interactions? A literature review*. Ontario Council for University Affairs. Toronto.

© narcea, s. a. de ediciones

- *Dilema entre una formación para la enseñanza o para el aprendizaje*

Este dilema constituye uno de los debates más ricos e iluminadores de los últimos años en lo que se refiere a la formación de los docentes universitarios. Los enfoques actuales sobre formación del profesorado universitario insisten en la necesidad de modificar la «formación centrada en la enseñanza», prevalente hasta ahora, por una «formación centrada en el aprendizaje», que deberá ser la que prevalezca en el futuro.

Esta modificación básica de la «visión» de la formación responde a los profundos cambios que se han ido produciendo en el ámbito universitario tanto en lo que se refiere a las características del alumnado como a la disponibilidad de nuevos recursos tecnológicos más capaces que el profesor para almacenar, codificar y presentar contenidos. Ya hemos aludido a esos cambios en el primer apartado de este libro.

El perfil ideal de profesor universitario solía aludir a la condición de «persona con altos conocimientos en su materia y que sabe explicarlos con claridad y convicción a sus estudiantes». Es decir, la función de presentación y explicativa de los contenidos constituía un componente básico de ese perfil. Aún siendo importante esa función, lo es más la de actuar como facilitador y guía de los aprendizajes de los estudiantes. Lo importante no es lo bien que se les diga o explique las cosas, lo importante es cómo las entienden, organizan e integran en un conjunto significativo de conocimientos y habilidades nuevas.

El modelo convencional de enseñanza respondía adecuadamente a la estructura de los modelos conductistas: estímulo-respuesta (E-R). Los profesores actuamos primero como agentes del estímulo (presentamos la información y se la explicamos) y después como constatadores de sus respuestas (comprobamos a través de su producción en exámenes o ejercicios si lo han asimilado). Entre medias está el guión (–) que une el estímulo (E) con la respuesta (R). Y ésa es una «caja negra» cuyo contenido y funcionamiento nos pasa desapercibido. «Cada alumno es un mundo; en ese espacio del guión, solemos pensar, cada uno aprende a su manera y se busca la vida como puede. Ahí no podemos entrar». Sin embargo ése es justamente el centro de atención de los nuevos planteamientos de la formación: aclarar qué hay detrás de ese guión. Saber cada vez más cómo aprenden los alumnos para poder facilitar, guiar y mejorar en la medida de nuestras posibilidades ese aprendizaje.

El proceso de masificación de las Universidades de los últimos años ha traído consigo el consiguiente aumento de la heterogeneidad: clases más numerosas, estudiantes con diversos *backgrounds* académicos (procedentes de diversas carreras y con un nivel de conocimientos previos muy dispar), con diversas edades (en la medida en que se van incorporando alumnos adultos que retornan para completar su formación), con diversos conocimientos de la lengua (sobre todo en aquellos casos con estudiantes extranjeros), con diverso nivel de recursos económicos (que condiciona mucho su capacidad para compar libros, disponer de tiempo para el estudio, desarrollar programas complementarios, etc.). Añadamos a ello la necesaria reflexión sobre cómo funcionan los procesos de aprendizaje en modalidades que se apartan de los formatos convencionales de la enseñanza presencial: enseñanza a distancia, semipresencial, basada en el aprendizaje autónomo de los estudiantes, etc.

En este nuevo escenario en el que se produce la enseñanza universitaria, el tema del aprendizaje y de las condiciones para su optimización se ha convertido en el reto básico de los profesores y en el objetivo básico de su formación. Un reto mucho más profundo y prioritario que el de la misma organización y presentación de la información (que pasa a convertirse en un componente subsidiario en la enseñanza, dirigido a la obtención del aprendizaje que pasa a ser el referente principal de la acción didáctica).

- *Dilema sobre la formación para tareas de gestión, de relaciones externas, etc.*

En el puesto de trabajo del profesorado universitario, al menos en España, se integran unidades de competencia que pertenecen a rangos diversos de actividades. Suele plantearse la función docente universitaria en torno a tres ejes básicos: la docencia, la investigación y la gestión. Últimamente se ha añadido a ellos la función del *bussiness* (conseguir dinero a través de convenios, cursos, proyectos, consultorías, etc.). Los cuatro son compatibles en la teoría aunque en la práctica las interacciones resultan más problemáticas.

La carencia de formación es notable en el ámbito de la investigación (salvo en algunas áreas de conocimiento con mucha tradición en ese ámbito y donde los futuros profesores se integran desde el primer momento en equipos de investigación que los van arropando y estimulan su formación); resulta ciertamente preocupante en lo que se refiere a la docencia, tal como se va analizando en este capítulo; y es total en lo que se refiere a la gestión: en lo que se refiere al profesorado implicado en la gestión, ninguna acreditación ni ningún proceso de selección avalan una formación mínima para el desempeño de funciones de gestión (desde la gestión macro-institucional de los equipos rectorales o los servicios generales de la Universidad hasta los niveles micro de Departamentos, equipos de investigación, coordinación de programas europeos, coordinación de cursos de posgrado, masters, convenios, etc.). Nadie, al menos entre los docentes, recibe formación específica para las tareas de gestión que se le encomiendan.

Estamos, pues, ante otro ámbito sobre el que resulta cada vez más necesaria la formación, dados los nuevos retos a los que el personal docente universitario está siendo llamado en los últimos años y cada vez en mayor medida. El modelo gerencialista al que están orientándose muchas Universidades, la necesidad de buscar fuentes de financiación complementarias, el fuerte incremento de las relaciones interinstitucionales, obligan a prestar cada vez mayor atención a los problemas de la gestión y de la coordinación de la actividad de las diversas instancias implicadas.

Destinatarios de la formación: ¿Formación para quiénes?

Algunas cuestiones interesantes se han ido clarificando en los últimos años con respecto a este apartado: importancia de la formación inicial para los noveles, posibilidad de desarrollar programas de formación integrados que abarquen a todo el personal de la institución, necesidad de buscar alternativas de formación adaptadas a los diversos tipos de profesorado (ayudantes, asociados, titulares, senior...), etc. Cada uno de estos aspectos plantea los siguientes dilemas:

- *Dilema de la formación sólo para noveles o la formación para todos*

No son pocos los que señalan que tiene escasa viabilidad, dada la situación actual en la Universidad, diseñar programas de formación dirigidos a todo el profesorado. En opinión de quienes piensan así, no habría de gastarse ni tiempo ni esfuerzo en tratar de formar al profesorado ya establecido y metido en años (no por una discriminación en razón de edad sino suponiendo que están ya muy habituados a una determinada forma de actuar, muy establecidos en una cultura basada en el individualismo y la discrecionalidad personal y, por ende, poco proclives a asumir cambios). Para quienes defienden esa posición, la prioridad formativa habría de establecerse claramente en la formación de los profesores noveles con respecto a los cuales cabe plantear nuevos estímulos que motiven a la formación llegando incluso a poder exigirla como pre requisito para integrarse en la docencia o para consolidarse en el puesto.

Sin embargo, aceptando las mejores perspectivas de la formación en lo que se refiere a los noveles (planteamiento que ya han asumido muchas Universidades), parece excesivamente pesimista excluir de la formación al profesorado de experiencia ya consolidada. Aunque la tarea no resulta ciertamente fácil, parece oportuno que las Universidades sigan ofertando oportunidades de formación a todo su profesorado. Y resulta necesario que esas oportunidades de formación respondan adecuadamente (en sus contenidos y en sus formatos organizativos) a las necesidades sentidas por el profesorado consolidado que son, sin duda, diferentes de las de los profesores noveles. Más adelante me referiré a este punto: la vía básica de formación para el profesorado consolidado es la reflexión sobre su propia práctica.

© narcea, s. a. de ediciones

- *Dilema de la problemática específica del profesorado asociado y a tiempo parcial*

Las posibilidades de la formación para la docencia todavía se complican más si nos referimos al profesorado a tiempo parcial. La característica básica de este profesorado, al menos en su sentido original, es que pertenece al mundo de la práctica profesional y que actúa como docente sólo como una actividad secundaria y provisional. No suelen existir, por tanto, condiciones temporales ni de disponibilidad personal como para arbitrar dispositivos que lo abarquen.

Sin embargo, parece importante que se cuide también su cualificación docente. En muchos casos su peso en la docencia universitaria suele ser elevado (superior al 30% del total del profesorado en el promedio de las Universidades) y también lo es la importancia de su papel, pues aportan ese viento fresco de lo «práctico» y de los escenarios profesionales reales. Esa aportación importante que han de hacer a la formación de los estudiantes universitarios puede verse truncada si sus estilos docentes resultan poco apropiados o si sus aportaciones se quedan en algo puramente marginal a la formación.

Se hace preciso, en estos casos, buscar fórmulas de formación flexibles y de amplio espectro a las que se puedan tener acceso a través de sistemas semi-presenciales. Los propios dispositivos de coordinación curricular deben jugar un papel de integración de sus aportaciones y de ellos mismos en el proyecto formativo global de cada Facultad o Escuela Técnica.

- *Dilema de las distintas culturas entre el profesorado y el personal de la Universidad en general (incluyendo administrativos, personal de gerencia)*

Normalmente en las Universidades coexisten diversos cuerpos profesionales y laborales. Pero fundamentalmente podemos hablar de dos culturas básicas, la de los académicos y la del personal de administración y servicios (Brew, 1995. pag.7). En lo que se refiere a la formación, ambos colectivos reciben un tipo de formación absolutamente diversa (en sus contenidos, en sus formatos, en lo que se refiere al impacto de la misma, etc.). Por lo general, la formación de los académicos suelen basarse en la libre opción de los mismos y tiende a estar centrada en la actualización de sus conocimientos científicos. Los administrativos reciben un tipo de formación menos opcional y centrada, sobre todo, en la resolución de las necesidades de la institución.

Hay poca oferta formativa capaz de integrar a ambos colectivos (aunque no faltan las áreas de interés común para ambos: nuevas tecnologías, gestión de personal, dirección de equipos, creación de materiales, desarrollo de programas de bibliotecas, etc.). Este es uno de los grandes retos que están intentando afrontar algunas instituciones buscando un sistema formativo integrado y orientado a la mejora de la calidad de la institución en su conjunto. Es fácil entender cómo ciertos procesos, en los que ambos colectivos asumen responsabilidades compartidas o complementarias (por ejemplo la gestión y coordinación de cursos, proyectos o convenios, el manejo de fuentes de datos bibliográficos o estadísticos, el manejo de los recursos tecnológicos, etc.) exigen también un sistema conjunto de formación.

Agentes de la formación: ¿Quién debe impartirla?

La experiencia de los últimos años en el manejo de la formación ha hecho de ésta una cuestión fundamental a la hora del establecimiento de las responsabilidades y compromisos en el seno de la institución. Con frecuencia una deficiente o borrosa delimitación de las responsabilidades en los programas de formación ha supuesto el deterioro de las acciones formativas o su atomización y solapamiento al estar distribuida entre múltiples agentes descoordinados e incapaces de establecer una línea de acción significativa y con capacidad de incidencia real en la mejora de la calidad de los servicios de la institución.

Vamos a analizar varios dilemas vinculados a esta cuestión:

- *Dilema de la responsabilidad de la formación*

La responsabilidad principal de la formación reside en las propias instancias de gobierno de las Universidades, a quienes les corresponde diseñar las líneas básicas de la política de formación y las prioridades a establecer (por ejemplo, formación de noveles, formación de aquellas titulaciones con mayor número de fracasos o abandonos, titulaciones nuevas, etc.). Obviamente, les corresponde también la responsabilidad de proporcionar los recursos necesarios para que dicha política de formación pueda ser llevada a la práctica y no se quede en mero enunciado político de intenciones programáticas.

De todas maneras, la dinámica de la formación no siempre funciona bien en un sistema *top-down* y jerárquico como el mencionado. Por eso insisten algunos colegas en una perspectiva distinta de la formación que vaya de abajo-arriba, partiendo de las demandas que hagan los profesores y Departamentos.

Esta cuestión no es baladí y, justamente por eso, se plantea como un dilema. Tanto un modelo como el otro poseen sus contraindicaciones. Los modelos de formación basados en el protagonismo político de la institución (de sus instancias responsables) suele traer como consecuencia negativa una cierta desimplicación de los profesores individuales que no llegan

© narcea, s. a. de ediciones

Formación del docente universitario 161

a sentir las iniciativas de formación como algo que responda realmente a sus necesidades o intereses.

Por contra, un sistema de formación dejado en manos de los sujetos individuales o de los Departamentos suele ajustarse mejor a sus necesidades reales pero puede generar una notable dispersión de esfuerzos (con duplicidades frecuentes en las propuestas). Por otra parte, la atomización que conlleva este sistema y las diferentes orientaciones que se da a la formación dificultan el establecimiento de una línea coherente en el conjunto de la institución (que sirva para mejorar el conjunto de las prestaciones que se se ofrecen).

Una vez más, la *solución* al dilema habrá de construirse sobre una adecuada integración de ambos polos. Se precisan unas líneas matrices de política de formación que han de ser diseñadas desde la propia institución y que deben abarcarla en su conjunto, garantizando con ello el compromiso institucional y la disponibilidad de recursos para su implementación. Una de esas líneas matrices habrá de ser la atribución de un especial protagonismo en el diagnóstico de las necesidades formativas y en el diseño de las estrategias más adecuadas a los Centros y Departamentos de la Universidad.

La iniciativa de los individuos seguirá teniendo siempre un papel importante en una institución como la universitaria sobre todo si llega a cobrar carta de naturaleza la idea de «reflexionar» sobre la propia práctica como uno de las condiciones básicas para la mejora de la docencia.

Las Universidades precisan de una instancia institucional capaz de estimular y coordinar las iniciativas de formación. Ya hemos recordado antes la idea de Hargreaves de que las innovaciones no prosperan si no hay personas (en este caso habría que añadir también, oficinas o instancias de la institución) que las defiendan, las promuevan y las mantengan. La tendencia al *statu quo* es lo suficientemente fuerte como para neutralizar un tipo de propuestas que surgen episódicamente y con responsabilidades difuminadas en la institución.

• *Dilema del debate sobre las competencias de los formadores*

Otra cuestión interesante con respecto a los agentes de la formación es la que se refiere a la propia figura de los formadores y a las competencias que deben poseer para poder llevar a cabo su trabajo. Como cualquier tipo de liderazgo, en la Universidad no es tarea fácil llevar a cabo la formación. Los colegas plantean fuertes exigencias de «legitimidad» y «credibilidad» a sus posibles formadores. No otorgarán con facilidad a cualquiera el título de formador, aunque la institución se lo haya atribuido formalmente y le haya encomendado esa función.

La idea de que «nadie tiene nada que decirme en este terreno que yo no sepa» pone el listón muy alto para los posibles candidatos a forma-

© narcea, s. a. de ediciones

dores. No se han investigado lo suficiente las posibles «unidades de competencia» atribuibles a los formadores aunque la literatura suele señalar como condiciones básicas un buen conocimiento de la docencia universitaria, de la propia institución, capacidad para diseñar y gestionar programas de formación, incluidos aquellos en los que corresponde un protagonismo principal a los propios profesores participantes en los programas de formación; es decir, capacidad de diálogo, de observación, de dirección de grupos, etc.

Hill, Jennings y Magdwick (1992)[9] atribuyen como rasgos necesarios en la figura del mentor (que podríamos ampliar a la de todos aquellos que se dediquen a la formación en la docencia) las cualidades de experiencia profesional amplia[10], actitud reflexiva y habilidades específicas de la tutoría (que tienen que ver con la capacidad de empatía, de dirigir grupos, de ofrecer *feedback*, etc.). Esas tres condiciones resumen suficientemente los aspectos principales que deben reunir los formadores en la Universidad[11].

Una parte importante en este debate ha estado referida a si resultaría preferible en los formadores un *background* formativo fundamentalmente pedagógico o psicológico o, por la contra, un conocimiento fuerte en una especialidad (mejor aún si se trata en la especialidad de la que van a ser formadores). Esta cuestión tiene una difícil solución desde el momento en que cada una de dichas figuras va a poder hacer aportaciones muy diversas a la formación. Hasta donde yo conozco, las Universidades han experimentado con éxito en ambas direcciones. Pero posiblemente la posición más equilibrada y efectiva pudiera hallarse en la configuración de equipos mixtos en los que estén presentes: personas con una fuerte formación pedagógica junto a otras con una amplia experiencia como profesores de disciplinas concretas.

- *Dilema de la formación con personal propio o ajeno*

Dado que nadie es buen profeta en su tierra, las Universidades suelen preferir contar con personal de otras Universidades a la hora de llevar a ca-

---

[9] Hill, A.; Jennings, M.; Madgwick, B. (1992): «Iniciating a Mentorship Training Programme», en Wilkin, M. (edit.): *Mentoring in Schools*. Kogan Page. London.

[10] Este es uno de los aspectos más frecuentemente mencionado como característica de los formadores: un conocimiento amplio del escenario de trabajo. En bastantes instituciones universitarias esto se ha concretado en la figura institucional de los *senior teacher* a quienes se les reconoce solvencia técnica (buen conocimiento de su propia disciplina y de la forma de enseñarla) y, a la vez, experiencia suficiente en el puesto de trabajo.

[11] Un elenco más pormenorizado de características del puesto de trabajo de formador y de las condiciones para ejercerlo pueden encontrarse en Zabalza, M.A. y Cid, A. (1997): «El Tutor de Prácticas: un perfil profesional», en Zabalza, M.A. (Dir.): *Los tutores en el prácticum*. (2 Tomos) Diputación de Pontevedra. T. I. Pag. 17-64. Aunque el título hace referencia explícita a la figura de los tutores, buena parte de las consideraciones son aplicables a los formadores en general y a las condiciones para desarrollar su trabajo.

bo iniciativas puntuales de formación. Pero esta alternativa sólo es viable para ese tipo de actividades (cursos, talleres, actuaciones muy concretas y limitadas en el tiempo). Cuando se trata de poner en marcha planes más amplios (de investigación-acción, de desarrollo de materiales didácticos, de introducción de innovaciones sistemáticas y supervisadas, de modificación de pautas metodológicas, etc.) parece claro que es preciso contar con un equipo de la propia Universidad que dé estabilidad y continuidad al proyecto

Eso mismo genera nuevos compromisos a la propia institución universitaria que deberá propiciar la existencia en su seno de instancias especializadas en formación que funcionen como centros de estimulación y coordinación de las iniciativas de formación. Se ha comprobado en estudios transnacionales que la formación del personal se produce mejor en aquel tipo de instituciones y empresas que cuentan con instancias específicas responsables de esa función y con personal preparado para llevarla a cabo (departamentos de formación, responsables de formación, formadores, etc.). Dadas las cualidades profesionales de su personal, no debería ser difícil para cualquier Universidad contar con estructuras de este tipo[12].

- *Dilema de la profesionalización de los formadores*

Algunos países, casi siempre a instancias de las mismas Universidades y/o de los propios formadores, se están planteando la posibilidad de definir y dar identidad y estabilidad profesional a la figura del formador.

También en este caso estamos ante un dilema. La profesionalización del formador permite dar mayor sistematicidad, estabilidad y dedicación a su trabajo (incluyendo la posibilidad de abrir líneas de investigación específicas sobre temas de formación). Las personas dedicadas a ello se pueden especializar, ir generando su propio material y acumulando experiencia.

En otras ocasiones, la profesionalización se ha planteado como una reivindicación profesional de los formadores que entienden que de esa manera mejorarían sus condiciones de trabajo, reforzarían su identidad profesional y estarían en mejores condiciones para asociarse, intercambiar experiencias y mejorar sus prestaciones.

Por contra, la especialización y profesionalización de los formadores puede alejarlos del auténtico ejercicio profesional para el que intentan formar. Dedicados en exclusiva a la formación o la investigación dejarían de dar cla-

---

[12] Esto es lo que viene sucediendo en algunas Universidades con los ICEs: se han constituído en la instancia especializada en formación del profesorado universitario y están en condiciones de operativizar y enriquecer las políticas de formación que pongan en marcha sus Universidades. Otras Universidades han preferido, en cambio, crear estructuras nuevas que se hagan cargo de ese compromiso institucional.

© narcea, s. a. de ediciones

164 La enseñanza universitaria

se y podrían llegar a perder ese contacto directo con la docencia y con el conjunto de acciones y emociones que van ligadas a ella (lo que, a la postre, constituye el contenido básico de la formación que pretenden ofrecer).

Organización de la formación:
¿Qué formatos y metodologías resultan más eficaces?

Con frecuencia, las consideraciones generales no pasan de meras elucubraciones que no llegan a constituir procesos concretos y bien definidos de formación sobre el terreno. Hablamos de formación mucho más de lo que trabajamos sobre ella y la operativizamos. Parece que nos entrara una especie de rubor epistemológico cuando debemos transformar nuestras ideas en propuestas concretas. Trataré de huir de esa sensación y entraré a considerar posibilidades concretas de desarrollo de planes de formación en las Universidades.

- *Dilema entre la formación basada en los sujetos o la formación basada en los grupos o unidades funcionales*

Como ya he señalado en un punto anterior, pesa mucho en la Universidad la tradición de unas modalidades de formación basadas en los individuos. Las instancias encargadas de la formación (Vicerrectorados, ICEs, Servicios creados con ese fin, etc.) ofertan una serie de iniciativas a las que se incorporan los profesores que lo desean. El propio hecho del reconocimiento individual, cuando existe, de la formación no hace sino reforzar ese modelo. Pero, como ya se ha destacado en puntos anteriores, esta dinámica deja fuera la posibilidad de llevar a cabo planes de formación más sistemáticos y que abarquen a grupos o servicios completos.

Por eso se ha venido insistiendo en los últimos años en la necesidad de complementar esas modalidades basadas en los individuos con otras fórmulas dirigidas específicamente a grupos, servicios o unidades. De esta manera, se obtendría un impacto más generalizado sobre el funcionamiento de esa unidad o grupo como una *comunidad que mejora* (que aprende). De todas maneras, este tipo de estrategias se ha empleado más en el estamento administrativo que en el docente.

- *Dilema entre iniciativas de formación a corto plazo (cursos, talleres, etc.) e iniciativas a medio-largo plazo (programas, sistemas de acreditación específica, etc.)*

Si se analizan las ofertas formativas ofrecidas por las Universidades a su personal en los últimos años, se puede constatar un deslizamiento progresivo de los formatos cortos y puntuales (que en todo caso siguen siendo los mayoritarios) hacia formatos más extendidos y a medio plazo. Los propios enfoques actuales sobre la formación del personal van también en esta línea. Se desconfía mucho de las aportaciones reales que se puedan derivar de un curso, un taller o unas jornadas por lo episódico de las mismas y por su menor capacidad para vincular sus aportaciones a las prácticas y problemas profesionales reales de los asistentes.

Las actuaciones puntuales tienen la ventaja de su facilidad de desarrollo y de su escaso costo institucional y personal. Son eficaces para crear un clima de motivación y reflexión sobre las cuestiones planteadas. Pero si no obtienen una continuidad, sus efectos desaparecen pronto. Y normalmente carecen de efectos claros en la génesis de una auténtica cultura institucional favorable a la formación.

Las actuaciones a más largo plazo (procesos de innovación sostenida, cursos tipo posgrado, master o doctorado sobre enseñanza universitaria, modalidades de investigación-acción sobre la práctica docente de los profesores, participación en equipos que desarrollan y experimentan nuevas metodologías, nuevos materiales o nuevas experiencias formativas, etc.) suelen resultar menos espectaculares que los cursos o congresos (se tiene una menor posibilidad de atraer figuras y de salir en la prensa) pero mucho más eficaces en lo que se refiere a la transformación real de las prácticas docentes. Por otro lado, pueden dar la oportunidad de obtener una acreditación académica reconocida (el título de especialista o master, el doctorado, etc.) que podrá ser convenientemente valorada en concursos y sistemas de promoción.

Este interés por acciones más duraderas y vinculadas al propio progreso profesional ha llevado a plantear la posibilidad de ofrecer *cursos de doctorado basados en la práctica* que pueden ser de gran interés, sobre todo para los noveles que quisieran convertir su propia práctica docente en investigación. En este caso el doctorado no está sólo dirigido a formar jóvenes investigadores sino a la *mejora de la práctica profesional* en las organizaciones a las que el doctorando pertenece, en este caso la Universidad (pero se aplica igualmente a otro tipo de profesionales ubicados en empresas o instituciones de diverso tipo). El trabajo viene orientado, pues, al *cambio organizativo, a la potenciación de una práctica reflexiva por parte del doctorando* y, por supuesto, *a generar nuevo conocimiento*. Esta idea ha sido propuesta, a un nivel general y dirigido a todos los procesos de formación centrados en el trabajo, por el United Kingdon Council for Graduate Education, 1997[13].

---

[13] United Kingdon Council for Graduate Education (1997): *Practice Based Doctorate in the Creative and Performing Arts*. UK Council for Graduate Education. Coventry.

© narcea, s. a. de ediciones

- *Dilema de las diversas modalidades de formación y sus aportaciones*

Curiosamente, algunas de las viejas tradiciones formativas, como la del *microteaching* (aquellas simulaciones en un plató de grabación de impartición de clases y de desempeño de otras actuaciones docentes como dirigir grupos de debate, diseñar programas, etc.) que fueron abandonadas con el decaimiento de los modelos conductistas, siguen siendo añoradas por algunos profesores que señalan que todavían se acuerdan de aquellas experiencias de formación y de lo mucho que aprendieron en ellas.

Hoy día están más en boga otros sistemas basados en las doctrinas cognitivas del aprendizaje que priorizan la reflexión sobre la práctica y la revisión colectiva de las actuaciones docentes. La idea clave es que los profesionales aprenden más a través del «análisis estructurado de su propia práctica» (Padfield, 1977[14]). Los profesionales precisan ordenar las lecciones de su experiencia en torno a patrones generales de análisis que les ayuden a construir un marco conceptual capaz de generalizaciones útiles.

Pese al tópico clásico de que a enseñar se aprende con la práctica y de que «la experiencia es un grado», se sabe bien que la práctica, por sí misma, no produce aprendizajes claros. La mucha experiencia en el ejercicio profesional no suele redundar, al menos no de manera unívoca y directa, en una mayor cualidad de esa práctica. Existen datos al respecto y no sólo en relación a la docencia sino también en relación a otras profesiones (la medicina, la ingeniería, etc.).

Así pues, las nuevas modalidades de formación se han ido moviendo en torno a dos ejes básicos: la idea de la *reflexión sobre la práctica,* o lo que es lo mismo, la revisión sistemática del propio ejercicio profesional a través de diversos sistemas de observación y evaluación del mismo, y la *vinculación entre teoría y práctica profesional real* o conexión entre el mundo de la teoría propio de la formación universitaria y los escenarios reales de trabajo (la formación a través del trabajo, diversas fórmulas de prácticas en empresas o *prácticum*, etc.).

Uno de los aspectos básicos de ambas orientaciones es que la incorporación de formatos basados en la reflexión o revisión de la propia práctica ha apostado, en primer lugar, por iniciativas que tienen mucho que ver con estrategias de *documentación* y de *análisis de los registros* obtenidos. Sistemas de grabación de clases, de recogida de información a través de diversos tipos de escalas, de observación por parte de los colegas, de autoinformes y diarios de clase, de preparación de *portafolios profesionales,* etc. se han desarrollado mucho en los últimos años.

Se parte de la idea, no siempre evidente, de que cuanto más conscientes seamos los profesores de lo que hacemos, en mejores condiciones estaremos para mejorarlo.

---

[14] Padfield, C.J. (1997): «The role of Research and Reflection in Learning from Experience», *Industry and Higher Education* 11, 2.

© narcea, s. a. de ediciones

Otro punto importante en esta renovación de las prácticas formativas es la mayor insistencia en las cualidades formativas del trabajo, y la necesidad de conectar las instituciones formativas con los escenarios reales de trabajo. Esta asunción se ha plasmado en la nueva concepción de los Planes de Estudio y sistemas de acreditación[15] para los estudiantes. Si la preparación por el trabajo es importante para los estudiantes, los profesores han de estar preparados para ofrecerla o, cuando menos, gestionarla.

Obviamente buena parte de este trabajo sucede fuera del espacio del campus, lo cual exige modificaciones importantes en la organización de los estudios y un esquema flexible de horarios profesionales (que a veces no se ajustan a los módulos diarios, semanales o anuales de los cursos académicos).

Davies (1998)[16] señala acertadamente cómo este nuevo sistema formativo conlleva importantes modificaciones en la política de personal de las Universidades, como un sistema de incentivos concretos que estimule a los miembros del staff (docentes y administrativos) a asumir compromisos fuera de sus horarios ordinarios; un sistema de contratos flexibles que posibilite la viabilidad de este tipo de formación, lo que entra en contradicción con el sistema de funcionariado vigente en algunos países. Por el contrario, parece más coherente con la presencia de contratos de distinta duración, de dedicaciones parciales o compartidas que atraigan a profesionales de la industria; y un fortalecimiento de los mecanismos de defensa de la propiedad intelectual, sobre todo cuando los profesores investigan en temas cercanos a la producción industrial o al desarrollo del mercado.

- *Dilema de la ventaja de los modelos democráticos y participativos sobre los gerencialistas en los procesos de formación del profesorado universitario*

El profesorado universitario suele resistirse mucho a los modelos gerencialistas (basados en el protagonismo decisional de las instancias de gobierno de las instituciones que son las que determinan el qué y cómo de la formación como un componente más de la gestión de la institución o empresa). La condición de funcionarios de muchos de ellos, el tratarse de personas con una alta cualificación y una orientación muy individualista de

---

[15] Numerosos enfoques se han producido dentro de este ámbito de la formación para el trabajo y en el trabajo (formación basada en el puesto de trabajo) que afectan igualmente a estudiantes y formadores: aprendizaje basado en el trabajo; formación basada en competencias, formación centrada en habilidades transferibles; formación dual (con componentes académicos y componentes laborales), etc.

[16] Davies, J.L. (1998): «The Shift from Teaching to Learning: Issues of Staffing Policy Arising for Universities in the Twenty-First Century», en *Higher Education in Europe*, vol XXIII (3). Págs. 307-316.

© narcea, s. a. de ediciones

su trabajo, condiciona fuertemente la capacidad de influencia que se puede ejercer desde las instancias de gobierno.

A estas consideraciones, no son pocos los que añaden otras de tipo político (la democratización del funcionamiento de la Universidad) y ético (el reconocimiento de la capacidad personal para el compromiso y la toma de decisiones sin verse convertido en simple ejecutor de las decisiones adoptadas por otros).

Estas consideraciones vuelven a retrotraernos al dilema de lo institucional versus lo personal en los procesos de formación. Parece claro que las cosas no funcionan cuando los procesos se polarizan en exceso en uno u otro de los polos: ni los modelos muy basados en los individuos, prevalentes hasta ahora, han funcionado bien; ni tendrían mucha posibilidad de hacerlo sistemas formativos obligatorios e impuestos desde las instancias de gobierno de las Universidades. Resulta evidente que se precisa del concurso de ambos niveles, el institucional y el personal.

Berendt (1998: pag. 324)[17] presenta un modelo de «talleres basados en los participantes» que integra ambas condiciones y que, según su propia experiencia, funciona razonablemente bien. Esta formadora, que ha actuado en numerosas Universidades europeas, africanas y, últimamente de Filipinas, en el marco de programas asumidos por la Unesco y por las respectivas Universidades (ahí radica la parte del compromiso institucional) organiza sus talleres en seis fases con la siguiente estructura:

I. Puesta en común de las diversas funciones que realizan los participantes, sus conocimientos previos y sus experiencias. Se lleva a cabo también un análisis de las necesidades que incluye los principales problemas e intereses de los participantes que servirán de base a la selección de los tópicos que se abordarán en el taller.
II. Durante las sesiones de trabajo, cada tópico se abre con un plenario en el que el organizador expone los puntos claves de ese tópico seguido por una discusión abierta.
III. Se organizan pequeños grupos de trabajo con la propuesta de que los participantes resuelvan problemas vinculados a su práctica real utilizando la información suministrada en la fase anterior.
IV. Se presentan los informes sobre los trabajos realizados en grupo.
V. Los diferentes informes presentados por los grupos son discutidos y revisados. La discusión se orienta a la transferencia y aplicabilidad de los resultados y propuestas: en qué manera podrían aplicarse a la mejora de las prácticas reales de los participantes.
VI. Cuando los talleres forman parte de un programa más amplio de formación permanente, los participantes ponen en práctica las propuestas emanadas del taller y preparan un nuevo informe sobre sus resultados que será analizado y servirá de *feedback* en las sesiones sucesivas.

---

[17] Berendt, B. (1998): «How to support and to bring about the shift from teaching to learning through academic staff development programmes: examples and perspectives», en *Higher Education in Europe*, vol. XXIII (3). Págs. 317-329.

El modelo de Brigitte Berendt, como puede comprobarse, no resulta excesivamente novedoso ni se aparta en exceso de los formatos habituales. Pero resulta útil para «visionar» cómo se pueden integrar esas dos fuentes de demandas: la institucional y la personal. Resulta también una propuesta sensible a lo que deseaba destacar es este apartado: la importancia de respetar el protagonismo de los participantes en la formación y de buscar sistemas participativos en su desarrollo.

Grandes retos de la formación del profesorado universitario

Tratando de espigar las ideas y reflexiones desarrolladas en los puntos anteriores, me gustaría destacar, a modo de conclusión, las cinco líneas básicas de desarrollo de programas de formación del profesorado universitario en los próximos años.

Paso de una docencia basada en la enseñanza a otra basada en el aprendizaje

Ésta es, en síntesis, la principal moraleja de todas las reflexiones desgranadas en los apartados anteriores. El reto principal de la formación del profesorado universitario (y, en general, del profesorado sea cual sea su nivel) es dar una orientación distinta a su función, convertirlo en el profesional del «aprendizaje», en lugar del especialista que conoce bien un tema y sabe explicarlo, dejando la tarea de aprender como función exclusiva del alumno que será quien deba «buscarse la vida» hasta lograr asimilar efectivamente lo que el profesor explicó.

El compromiso fundamental del docente son sus alumnos, incluso por encima de su disciplina. Y su trabajo profesional debe radicar fundamentalmente en hacer todo lo que esté en su mano para facilitar el acceso intelectual de sus alumnos a los contenidos y prácticas profesionales de la disciplina que les explica. Por eso se está hablando tanto en la actualidad de la «doble competencia» de los buenos profesores: su *competencia científica*, como conocedores fidedignos del ámbito científico que enseñan, y su *competencia pedagógica*, como personas comprometidas con la formación y el aprendizaje de sus estudiantes.

Seguramente, el principal desastre didáctico ocurrido en la enseñanza (y no solamente en la universitaria) ha sido el independizar el proceso de enseñar y el de aprender. De ello se ha derivado la nefasta distribución de funciones: al profesor le corresponde la enseñanza y al alumno el aprendizaje. Situados en esa dicotomía no es posible que las cosas funcionen bien. Los profesores se desentienden de cómo los alumnos aprenden y achacan sus fracasos a falta de capacidad, interés o conocimientos. Los alumnos se ven

© narcea, s. a. de ediciones

abocados a llevar a cabo un proceso de aprendizaje desacompañados y dejados a sus propias fuerzas y estilos de trabajo. Algunos lo logran, desde luego, pero muchos, pese a su interés y esfuerzo, fracasan en el intento o rutinizan su aprendizaje (aprenden las cosas por los pelos y muy orientados a superar el tipo de preguntas que les harán en la evaluación).

¿Qué significa esa «orientación al aprendizaje» de la docencia universitaria? Los siguientes aspectos podrían servir como marcos de referencia para la formación del profesorado universitario:

— Convertir el «aprender» (su sentido, las estrategias adecuadas para lograrlo, etc.) y sobre todo el «aprender a lo largo de la vida» en contenido y propósito de la propia enseñanza y aportación formativa que hacemos los profesores. De nada sirve insistir en que la nuestra será la «sociedad del aprendizaje» si orientamos los aprendizajes a repetir las cosas, a centrarse en unos pocos documentos o a dedicarse a superar los exámenes para olvidarse después de lo que se aprendió (la «teoría vacunatoria» de la que hablaba Postman y que nuestros alumnos han interpretado como «exámenes eliminatorios»).

— Pensar nuestra materia no desde ella misma (como si se tratara de traducir un manual en el programa de la asignatura) sino desde la perspectiva de los estudiantes: cómo la podrían abordar mejor, con qué tipo de dificultades pueden encontrarse, qué tipo de clarificaciones o apoyos complementarios podrían serles útiles, etc. Tomar en cuenta nuestra experiencia en cursos anteriores resulta muy clarificador en este sentido (en lugar de empeñarnos en repetir una y otra vez contenidos y modos de explicación pese a ser conscientes de que no han funcionado). Una de las experiencias más interesantes que se han llevado a cabo en la formación de los profesores universitarios durante los últimos años ha sido, precisamente, la elaboración de «guías didácticas» para los estudiantes. Al confeccionar dichas, guías los profesores se veían abocados a pensar sus materias en función de los estudiantes, a imaginar cuál sería el proceso que ellos podrían seguir para afrontar cada uno de los temas o experiencias incluidas en su materia. Y así, estaban en condiciones de prever aquel tipo de ayuda que pudiera resultar interesante para comprender mejor los aspectos fundamentales de los temas (o para saberlos relacionar con otros o para sugerirles como completar esas ideas, etc.).

— Mejorar los conocimientos que los profesores poseemos sobre el aprendizaje y sobre cómo aprenden los alumnos. Parece de sentido común pensar que cuanto más sepamos sobre el aprendizaje, en mejores condiciones estaremos para facilitarlo. Y también lo es, el hecho de que a falta de conocimientos suficientes sobre esa materia tendemos a concebir el aprendizaje de los demás en función de los parámetros en los que nosotros mismos funcionamos: nuestro estilo de aprender es el que atribuimos a los demás.

© narcea, s. a. de ediciones

Formación del docente universitario

Este conocimiento no tiene por qué ser de gran profundidad y extensión, pero sí nos tiene que ofrecer los parámetros básicos de los estilos y estrategias más habituales de aprendizaje para proyectarlos sobre el desarrollo de nuestras clases.

Davies (1998:pag. 107)[18], coordinador de varios estudios sobre enseñanza universitaria desarrollados por la Unesco en colaboración con la CES (Asociación de las Universidades Europeas), se ha atrevido a concretar ese cambio entre una docencia orientada a la enseñanza con las nuevas propuestas de orientación al aprendizaje. En síntesis su propuesta es la siguiente:

En esta propuesta está más claro lo que se desea evitar que lo que se pretende potenciar. Los parámetros de una enseñanza basada en el aprendizaje quedan aún un tanto difusos, pero se comienza a destacar, como contraposición a las prácticas convencionales, la importancia de las metodologías (que deben estar especialmente atentas a cómo los alumnos «entienden» lo que se les ofrece), la necesidad de ajustar la amplitud de las materias a las condiciones reales de tiempo disponible, la atención necesaria al número de alumnos como condición que nos permitirá ajustar mejor los procesos de enseñanza a las características y condiciones de los sujetos que formamos.

Docencia orientada a la enseñanza	Docencia orientada al aprendizaje
Predominio metodológico de actuaciones en relación a grandes grupos, tanto en lo que se refiere a clases, seminarios, laboratorios y trabajo en la biblioteca, etc. Cursos del currículo fijados de antemano en su mayor parte (aunque algunas veces pueden incorporar diversas opciones, también predeterminadas). Horarios basados en grupos-clase, con tiempos comunes de inicio y fin de las actividades. Supremacía de una estructura de disciplinas individuales en el currículo (lo que podría denominarse la tiranía de las disciplinas individuales y su estructura horaria particular).	Énfasis en los métodos de diseminación y comunicación Tamaño medio de las clases Cantidad del currículum que debe ser enseñado Productividad en el empleo de profesorado Características de las personas implicadas en el proceso.

---

[18] Davies, J.L. (1998): «The Shift from Teaching to Learning: Issues of Staffing Policy for Universities in the Twenty-first Century», en *Higher Education in Europe*, vol. XXIII, nº 3. Págs. 307-315

También Bourner and Flowers (1998)[19] se han planteado cómo se puede responder desde la docencia universitaria a los retos de la masificación. Ellos aluden a dos opciones contrarias:

— A través de un «proceso de ajustes progresivos»: asumir los mayores costos ajustando la oferta, es decir, ampliar los grupos, restar papel a las actuaciones tutoriales de grupo o individuo, centrar el trabajo en aquellas actividades docentes y de investigación que ofrezcan mayor posibilidad económica y reducción de aquellas otras con menor rentabilidad económica, reducción general de los inputs educativos para centrarse en otro tipo de actuaciones más rentables.

— Buscando el desarrollo de «estrategias de aprendizaje autodirigido» basadas en los principios derivados del autoaprendizaje (explicitación y chequeo de las teorías y constructos personales, reflexión y aprendizaje cooperativo). Los autores desarrollan en su trabajo una taxonomía de este tipo de metodologías.

Parece claro, que la primera opción ha sido más asumida que la segunda en nuestras Universidades públicas. La tendencia a priorizar aquel tipo de actividades más rentables ha sido una constante común a todas las instituciones de Educación Superior. Los crecimientos «a coste cero» han sido habituales entre nosotros. Pero en el fondo, ese tipo de respuestas para salir del paso sigue dejando los problemas donde estaban.

Más interesantes, desde el punto de vista didáctico, son las opciones que introducen modalidades de enseñanza más personalizadas y autónomas. La incorporación de las nuevas tecnologías permite asumir cotas mayores de autoaprendizaje, dejando al profesor un mayor espacio para actuar como «guía» y «facilitador» de los aprendizajes de sus estudiantes. En mi opinión, ahí va a estar el reto básico de esta transformación de la docencia universitaria.

Incorporación de las nuevas tecnologías

No existe un sólo análisis prospectivo sobre la enseñanza universitaria o sobre la actuación docente que no haga mención al nuevo escenario tecnológico en que se moverá la formación en los próximos años, caracterizado por la presencia de nuevos recursos técnicos que facilitarán el almacenamiento y gestión de la información.

Sin embargo, la presencia de nuevas tecnologías no será el principal cambio a observar. Más importante, sin duda, va a ser el hecho de que al socaire de los nuevos recursos aparecerán y se generalizarán nuevas (la no-

---

[19] Bourner, T. y Flowers, S. (1998): *«Teaching and Learning Methods in Higher Education: a Glimpse of the Future»*. Society for Research into Higher Education. London.

vedad es sólo relativa pues algunas Universidades ya llevan años metidas en ellas) modalidades de formación que llevan implícitas otras condiciones para la enseñanza y el aprendizaje: semipresencial, enseñanza a distancia, diversos formatos de autoaprendizaje basado en paquetes instructivos en diversos soportes, formación a través de la red, etc.

Estos nuevos formatos didácticos generan enfoques diferentes en lo que se refiere a cómo organizar la información, cómo transportarla, cómo facilitar el aprendizaje, cómo potenciar experiencias formativas ricas, cómo evaluar los aprendizajes, etc. Existe ya software contrastado para desarrollar estrategias de resolución de problemas (Abi-Raad, 1997)[20], para consolidar estrategias de trabajo en grupo (Chang y Chen, 1997[21] y Evans y Honour, 1997[22]), para establecer debates en las clases normales o a través de Internet (Light y Light, 1997[23]; Marttinen, 1997[24]).

Por eso se precisan programas paralelos de formación del profesorado: para el diseño y desarrollo de medios didácticos; para tutorizar los aprendizajes que se realicen por dichos medios, y, en general, para todos aquellos que aún no estando vinculados a programas formativos basados en las nuevas tecnologías, podrán complementar y enriquecer su enseñanza presencial con dichos medios.

Muchos de los cursos que se anuncian en la actualidad como cursos a distancia, a través de Internet, de autoaprendizaje basado en soportes multimedia, etc. permanecen anclados aún en las mismas estrategias que los sistemas convencionales. Colgar un texto en la red no es difícil, convertirlo en una propuesta de autoaprendizaje guiado sí lo es. Ofrecer a los alumnos la posibilidad de llamar por teléfono cuando tengan dudas es bastante diferente a tener montada una buena tutoría y seguimiento de sus aprendizajes.

Este es el reto de las nuevas tecnologías en la formación del profesorado. Hay que insistir una vez más en que no se trata sólo de una formación en el conocimiento y manejo de los recursos (formación en informática, uso de la red, etc.) sino en las posibilidades didácticas y formativas de las nuevas tecnologías. De lo que se trata es de enriquecer los procesos de aprendizaje en un nuevo contexto tecnológico no en hacer lo mismo que se hacía antes pero con medios más sofisticados.

---

[20] Abi-Raad, M. (1997): «Rethinking Approaches to Teaching with Telecommunication Technologies», en *Journal of Information Technology for Teaching Education*, vol. VI (2).

[21] Chang, C.K. y Chen, G.D. (1997): «Constructing Collaborative Learning Activities for Distance CAL», *Journal of Computer Assisted Learning*, vol. XIII (1).

[22] Evans, B. y Honour, L. (1997): «Getting Inside Knowledge: the application of Entwistle's model of surface/deep processing in producing open learning materials», *Educational Psychology*, vol. XVII (1-2).

[23] Light, P. y Light,V. (1997): «Computer mediated Support for Conventional University Courses», *Journal of Computer Assisted Learning*, XIII (4).

[24] Martinnen, M. (1997): «Argumentative Course by Electronic Mail», *Scandinavian Journal of Educational Research*, vol. XLI, (1).

El *prácticum*

La incorporación de nuevas modalidades de aprendizaje basado en el trabajo, con una mayor presencia de empresas e instituciones en los programas de formación (*prácticum* y fórmulas diversas de partenariado formativo) es otro gran reto de la formación.

El partenariado entre instituciones de formación y centros de trabajo ha presentado un incremento progresivo en los últimos diez años a medida de que se iba reforzando la idea de que la formación universitaria tenía que estar más vinculada a la profesionalización. Pocas carreras universitarias se conciben hoy como experiencias puramente académicas. Casi todas ellas integran fórmulas formativas mixtas a través del *prácticum*, de prácticas en empresas, de modalidades de formación compartida o cooperada, de realización de proyectos, etc.

En muchos casos, esta nueva dinámica no ha conseguido alterar la estructura formativa convencional (dado que cada profesor sigue desarrollando su materia del mismo modo que lo hacía y sin vincular sus contenidos o sus metodologías a las experiencias prácticas integradas en la carrera). Pero, justamente por eso, se hace precisa la formación; para poder reajustar los programas convencionales a las nuevas oportunidades que ofrece un currículum *formativo* más vinculado al mundo del trabajo real.

Desde hace años vengo defendiendo que el *prácticum* no es un componente más de las carreras (como si se añadiera una nueva materia al Plan de Estudios) sino un componente transversal de la formación que debe afectar y verse afectado por todas las materias del Plan de Estudios. La naturaleza formativa del *prácticum* o de las *prácticas en empresas* se desnaturaliza y pierde sentido si aparece desligado de los contenidos, metodologías y referencias que se hacen en el resto de las materias.

Dos tipos de necesidades formativas se desprenden de estos nuevos planteamientos:

— La necesidad de formar a las personas que se vayan a hacer cargo del *prácticum* o *prácticas en empresas*. La falta de formación de las personas encargadas de planificar, supervisar y evaluar la formación tanto en el centro de formación como en el centro de trabajo (los llamados tutores de prácticas) ha hecho que en muchas instituciones esta parte de los Planes de Estudios resulte marginal y de escasa significación.

— La necesidad de formarse todo el colectivo de profesores que atiende a una carrera o especialidad para poder sacar el máximo partido a este nuevo segmento curricular incluído en los Planes de Estudios: enterarse bien qué puede aportar el *prácticum* a la formación de nuestro alumnado, de qué manera se puede enriquecer el programa de la propia asignatura con las experiencias obtenidas durante el periodo de prácticas, qué podemos hacer desde nuestra materia para optimizar el desarrollo de las prácticas (para que los alumnos entiendan mejor lo que sucede allí y los procesos productivos o de actuación en los que van a estar implicados, etc.).

© narcea, s. a. de ediciones

Flexibilización del currículo universitario

Un aspecto interesante en los modernos movimientos de reestructuración curricular en la Universidad tiene que ver con esa tendencia a la flexibilización de los formatos curriculares a través de los módulos. De esta forma los alumnos pueden seguir distintos itinerarios formativos y completar su perfil añadiendo complementos de formación a sus carreras originarias. Resulta más fácil ser Licenciado en Arte y en Historia si ambas carreras tienen módulos comunes y módulos de especialidad, pues para obtener ambas acreditaciones se puede cursar primero los de una de ellas y luego completar con los módulos propios de la otra. De esta manera se abren más posibilidades de formación y de empleo.

La estructura curricular por módulos supone, por otra parte, una mentalidad diferente por parte de los profesores a la hora de planificar sus actividades docentes (Allen y Layer, 1995)[25]. La jerarquía en los estudios que ha sido nuestra estructura convencional (en los mejores casos nuestras materias estaban pensadas como un proceso de avance progresivo en los conocimientos y unas materias se convertían en prerrequisito de las siguientes) desaparece o disminuye mucho. Los módulos deben ser pensados como estructuras casi autónomas e intercambiables. Salvo restricciones excepcionales, los estudiantes podrán elegirlas cuando lo consideren oportuno y eso supone que dentro de cada módulo se han de prever momentos de identificación de los conocimientos previos disponibles y, si fuera necesario, de indicación de fórmulas para la recuperación de las principales carencias detectadas. Justamente por eso, los formatos modulares exigen un ágil sistema de tutorización de los estudiantes que les oriente sobre la conveniencia de enfrentarse a ciertos módulos o sobre la mejor forma de secuenciarlos y combinarlos en su caso y según sus finalidades. Pero, efectivamente, permiten una mayor libertad de opción y les ofrecen la posibilidad de comprometerse con perfiles profesionales más acordes a sus intereses (Jenkins y Walker, 1994)[26].

Otro aspecto importante en estas innovaciones curriculares tiene que ver con una concepción más interdisciplinar y polivalente de las carreras y los estudios universitarios. En unos casos esa interdisciplinaridad queda reflejada en la propia estructura concéntrica de los Planes de Estudio organizados en torno a problemas o unidades de competencia de esa profesión (en un punto posterior me referiré a la experiencia de la Universidad Autónoma Metropolitana de México-Xochimilco[27] en su carrera de Veterina-

---

[25] Allen, R. y Layer, G. (1995): *Credit Based Sistems: as vehicles for change in universities and colleges*. Kogan Page. London.

[26] Jenkins, A. y Walker, L. (1994): *Developing Student Capability Through Modular Courses*. Kogan Page. London.

[27] Lo han denominado «Sistema Modular por Objetos de Transformación» y lo están aplicando a diversas carreras. Vide: Outon, M. e Ysunza, M. (1995): «Diseño Curricular en la UAM-Xochimilco», Documento mimeografiado. UAM. México DF.

ria y también en otras; de la misma manera podríamos mencionar el Imperial College de Londres en sus carreras de Medicina e Ingenierías[28]). Este tipo de estructuras curriculares no se ha experimentado entre nosotros y eso justamente es lo que justifica nuestra necesidad de mayor formación en otras fórmulas curriculares para atender a las nuevas demandas formativas de nuestros estudiantes.

Se ha avanzado más, sin embargo, en la configuración de carreras mixtas (Derecho + Empresariales; Economía + Idiomas extranjeros; Sociología + Derecho, Arquitectura + Bellas Artes, INEF + Educación, etc.) lo que genera, igualmente, nuevas condiciones en el desarrollo de las disciplinas y en su orientación hacia unos modelos de perfil profesional más polivalente.

En cualquier caso, estas innovaciones en los formatos curriculares implican nuevos retos para los profesores y para sus prácticas educativas. Y ahí aparece nuevamente la formación.

Búsqueda de la calidad a través de la revisión de las prácticas docentes

La calidad ha venido vinculada a los problemas de la masificación de la Universidad causante de un declive notable en la capacidad de las instituciones para atender de manera digna a las expectativas y demandas de los alumnos (que al ser más, son necesariamente más heterogeneos y presentan condiciones más carenciales en relación a los conocimientos previos, a la motivación por los estudios y a los recursos disponibles). La necesidad de atender a una población cada año más numerosa obligó a descuidar algunos de los parámetros determinantes de la calidad de la enseñanza universitaria (preparación de los profesores, ratio profesor-alumnos, supervisión individual, existencia de prácticas, nivel de exigencia de los programas, recursos y equipamiento disponible para los estudiantes, etc.).

La masificación ha coincidido, por otra parte, con un periodo de recesión, al menos en términos relativos, en cuanto a los recursos financieros a disposición de las Universidades, sobre todo en lo que se refiere a los fondos públicos destinados por los gobiernos a la Educación Superior. También han aumentado los controles sobre la gestión de los gastos obligando a mantener una actitud mucho más empresarial y basada en la rentabilidad.

La presión por la calidad ha ido aumentando también al socaire de un nuevo clima social cada vez más exigente con los gestores de los servicios públicos. La ciudadanía es cada vez más consciente de sus derechos y no se

---

[28] Vide: Goodlad, S. (1995): *The Quest for Quality: sixteen forms of heresy in Higher Education*. SRHE and Open University. Buckingham. Págs. 31-34.

conforma fácilmente con una provisión degradada de los servicios a los que considera tiene derecho.

En definitiva, los profesores, instalados hasta ahora en un contexto de actuación profesional notablemente discrecional y en el que nadie pedía cuentas, nos vemos enfrentados a un nuevo marco de exigencias y controles: nos controlan la producción científica, nos evalúan los estudiantes, debemos dar cuenta de nuestra actividad docente, hemos de presentar y consensuar nuestros programas, se hacen recuentos de los suspensos y aprobados, etc. Es decir, se han producido cambios notables en el estilo de trabajo. Desde luego, no siempre coinciden la cultura del control con la de la calidad (a veces el control se acaba en sí mismo y no genera un proceso de mejora) pero es cierto que la demanda de calidad se está convirtiendo en el *slogan* básico de quienes se refieren a la Universidad y a los retos que ésta deberá afrontar en los próximos años.

Que la calidad tiene que ver con la formación, es una cuestión que no ofrece ninguna duda. La formación es, seguramente, la principal condición para que se progrese en la calidad. Parece poco previsible cualquier mejora de la calidad que no pase por un mayor esfuerzo inversor y organizativo (la «calidad de diseño») y, a la vez, por un más atinado desarrollo de las prácticas docentes (la calidad de «procesos») que, a la postre, constituyen la auténtica *misión institucional* de la Universidad.

El tema de la calidad se resume finalmente en tres compromisos:

— *Hacer bien lo que se está haciendo mal*, lo que significa introducir sistemas de diagnóstico del funcionamiento de los diversos sectores e instancias universitarias para identificar sus puntos fuertes y débiles.

— *Hacer mejor lo que ya se está haciendo bien*, lo que implica un plan estratégico de mejora y desarrollo institucional capaz de ir afianzando y consolidando los logros que se van obteniendo.

— *Hacer cosas que no se está haciendo y hacerlas bien*, esto es, incorporar dispositivos que faciliten y hagan posibles innovaciones y procesos de mejora sistemáticos.

En resumen, uno de los aspectos que más me ha interesado destacar en esta reflexión sobre la formación del profesorado universitario es la importancia de una combinación de esfuerzos y compromisos entre la institución y las personas. Sin que esa integración funcione, es poco probable que las iniciativas de formación prosperen.

Suele ocurrir cuando se plantean estos temas que los responsables de la institución tienden a dar una «visión» de los problemas de calidad en la que están especialmente implicados, como causantes o como condicionantes de la solución, los profesores. Lo contrario de cuando son los profesores quienes dan su «versión» de los problemas: casi siempre puede hallarse la causa en la desidia de los responsables políticos e institucionales que restringen los recursos o son incapaces de poner las condiciones necesarias para que todo funcione bien.

La cuestión básica radica, por tanto, en buscar puntos de confluencia entre ambas instancias capaces de suscitar la sinergia institucional.

Conclusión

En un encuentro organizado por el Centro Buendía de la Universidad de Valladolid (1999) sobre «Desarrollo Profesional del Profesor Universitario», el profesor Malapiera, entonces Vicerrector de Profesorado de la Universidad de Barcelona, planteaba, con acierto, una pregunta clave con respecto al compromiso institucional: *¿En qué se habría de concretar o cómo se habría de operativizar ese compromiso institucional que reclamáis?* Los diversos miembros de la mesa que debatía este punto expusieron sus opiniones. Quisiera volver a repetir aquí lo que a mí me parece que constituyen los elementos básicos e insustituibles de ese compromiso institucional. Lo que nuestras Universidades deben hacer como expresión de su voluntad decidida por potenciar la formación de su profesorado se concretaría, en mi opinión, en los siguientes puntos:

— Diseñar planes de formación para la docencia que especifiquen las prioridades, los responsables y los recursos para su desarrollo.
  Estos planes deberían estar planteados como propuestas básicas que se irían ramificando en las instancias intermedias (Facultades, Departamentos, Áreas de conocimiento, etc.) como iniciativas concretas de formación.

— Crear y apoyar una estructura institucional encargada de dinamizar ese plan de formación y de supervisar y evaluar su desarrollo. Tal estructura debería integrar tanto pedagogos o especialistas en formación como personal de prestigio de los diversos ámbitos científicos que pudieran estimular la formación y dar credibilidad a la oferta formativa en sus respectivas Facultades y Centros.

— Establecer mecanismos de *feedback* sobre el funcionamiento de la enseñanza y del sistema universitario en su conjunto. A ello pueden contribuir las diversas modalidades de evaluación de la calidad, evaluación por los estudiantes, memorias docentes de los Departamentos, etc.

— Reconocer la acreditación en docencia y los méritos docentes como criterio de promoción profesional. Este reconocimiento puede ser planteado como una exigencia de acreditación en docencia universitaria para acceder al cuerpo de profesores. También se puede valorar la docencia como criterio para la promoción y/o mejora del status profesional (salario, nivel, asunción de responsabilidades, etc.).

Una batería de medidas como las mencionadas crearían una «cultura» de la formación para la docencia de la que carecen en la actualidad nuestras Universidades.

5

El alumnado universitario

Al igual que sucedía al hablar de los profesores de Universidad, también los alumnos poseen unas características especiales y su itinerario formativo se ve sujeto a un conjunto de condiciones particulares. El desarrollo de este capítulo sobre el alumnado nos va a dar la oportunidad de considerar el conjunto de factores que afectan tanto a la forma en que los alumnos se integran en la Universidad como institución como a la manera en que se forman y aprenden en ella. Dos puntos vamos a desarrollar en este capítulo: Los alumnos y alumnas como miembros de la comunidad académica, y como aprendices.

Cada uno de esos puntos se aproxima a la situación del alumnado universitario desde una perspectiva distinta. Obviamente, posee mayor importancia en nuestro caso considerar a los estudiantes como aprendices puesto que esa condición constituye el eje central de la actuación formativa de las Universidades. Pero, en todo caso, los dos puntos se complementan y permiten hacerse una idea de la posición y dinámicas institucionales que se establecen en torno a los alumnos y alumnas de la Educación Superior. A través de la convergencia de consideraciones sobre esas cuestiones podremos analizar también algunos de los cambios más importantes acaecidos en los últimos años y que afectan a este colectivo universitario.

> Aún cabría incorporar un apartado más en el que se analizara el colectivo de alumnos universitarios como grupo social con características propias: clase social de proveniencia, características sociológicas generales, expectativas e intereses personales, convicciones políticas y religiosas, *background* escolar, etc. Eso nos daría una imagen más completa de las características de los sujetos que acceden a la Universidad.

© narcea, s. a. de ediciones

Los estudiantes como miembros de la comunidad universitaria

Si analizamos a nuestro alumnado universitario en tanto que colectivo que demanda y/o accede a la serie de servicios que las instituciones de Educación Superior ofrecen, habremos de pararnos a considerar algunas de las características que dicho grupo presenta en la actualidad y la forma en que esas características afectan a la docencia.

Proceso de masificación

Un doble proceso se ha ido produciendo en los últimos años: la progresiva masificación de los centros universitarios y la progresiva concentración de los estudiantes en ciertas carreras.

Seguramente como efecto de una progresiva valoración de los estudios universitarios como recurso de movilidad social, la expectativa de acceder a la Universidad se ha ampliado enormemente. Se trata de un proceso que obliga a variar la antigua concepción elitista de la Universidad y las condiciones de funcionamiento que se le atribuían. Hoy en día, la Universidad ya no es un servicio social reservado a unos pocos sujetos (normalmente provenientes de clases sociales medias-altas) sino que, no sin excepciones, se convierte en aspiración plausible para capas cada vez más extensas de población. Esa ampliación se produce no solamente en sentido horizontal (más jóvenes de distintas clases sociales y distintas ubicaciones geográficas) sino también vertical (sujetos de todo el espectro de edades comienzan o continúan sus estudios universitarios).

Al mencionar la masificación no nos referimos tan sólo a que aumenta el número de estudiantes. Muchas otras variables se ven afectadas de manera directa o indirecta por la «cantidad» de alumnos a los que hay que atender. Pensemos por ejemplo en:

— La necesidad de trabajar con grupos muy grandes.

— Mayor heterogeneidad de los grupos.

— Menor motivación personal con que acceden a los estudios.

— La necesidad de reclutar precipitadamente nuevo profesorado o bien de ponerlo a trabajar antes de hallarse en condiciones idóneas para hacerlo (becarios, ayudantes, personal sin experiencia docente ni preparación pedagógica)

— El retorno a los modelos clásicos de la lección para grupos amplios ante la imposibilidad de desarrollar otro tipo de procedimientos más individualizados.

— Menor posibilidad de responder a las necesidades particulares de cada alumno.

— Menor posibilidad de organizar (planificar y hacer el seguimiento) en buenas condiciones los periodos de prácticas en escenarios profesionales reales.

En cualquier caso, la masificación constituye un importante foco de dificultades a la hora de introducir innovaciones. En ciertos contextos universitarios muy masificados (primeros cursos de algunas carreras, cursos puente, etc.) se asume una cierta renuncia implícita por parte de profesores e institución a hacer una enseñanza de calidad. Se busca simplemente «sobrevivir» y capear el temporal esperando que sólo los alumnos más capacitados o más motivados superen la criba de los primeros cursos y se haga así más soportable la situación en los cursos altos de las carreras.

Aunque pueda parecer paradójico en el contexto español (donde todas las carreras se llenan de estudiantes al margen de cualquier criterio selectivo), la masificación de ciertas carreras ha corrido paralela a la necesidad de poner en marcha estrategias de reclutamiento de alumnos (se sobreentiende que de lo que se trata es de reclutar «buenos alumnos»). Esta situación, sobrevenida en los últimos años, parece estar causada por dos fenómenos que convergen en sus efectos: el descenso de la natalidad a partir de los 80. Aunque aumenta el porcentaje de sujetos que acceden a la Universidad (en relación a la población juvenil en disposición de hacerlo) al haber descendido mucho dicha población, los números absolutos de ingresos se ven reducidos. Además, el hecho de que a falta de políticas claras de orientación profesional o, a veces, pese a ellas, los estudiantes se orientan profesionalmente a un reducido espectro de estudios y profesiones generalmente vinculadas a un mayor prestigio social, una mejor perspectiva de salario o una mayor novedad en el mercado profesional.

En ese marco, ciertas carreras (obviamente aquellas en las que ni el prestigio social, ni los salarios, ni la novedad del trabajo colaboran a mejorar su imagen) se ven obligadas a realizar fuertes esfuerzos de reclutamiento de candidatos (proceso en el que se incluiría tanto la publicitación de la profesión como los sistemas de selección de los solicitantes) con un doble propósito: que haya estudiantes matriculados y que los estudiantes que acudan no sean los de menor capacidad (los que se quedan sin puestos en los estudios prestigiosos) o los que presentan menor claridad en su proyecto personal (en su vocación, en lo que quieren realmente llegar a ser).

Este ha sido el caso, por ejemplo, de las carreras tendentes a la formación de profesores[1] y también algunas otras de corte humanístico.

---

[1] En su estancia en nuestro Departamento como profesor visitante, John Wilson, de la Universidad de Edimburgo y ahora de la de Melbourne en Australia, nos ha señalado como las estrategias de reclutamiento de futuros profesores están teniendo un notable auge en algunos países europeos y también en Australia acuciados por la falta de candidatos y la necesidad de cubrir esa función social. Se utilizan diversos reclamos publicitarios, incluyendo vídeos que describen la función de los profesores y las posibilidades que ofrece la profesión.

La calidad de los futuros profesores no depende sólo de la calidad de los programas. Parece obvio que la existencia de candidatos de calidad es la condición básica para que puedan obtenerse buenos resultados en la formación.

© narcea, s. a. de ediciones

Proceso de feminización

El progreso y un clima social más propicio a la igualdad de derechos y expectativas entre hombres y mujeres ha traído consigo, al menos en nuestro país, una mayor presencia femenina entre la población universitaria. No solamente han igualado su presencia a la de los estudiantes varones sino que la han superado ampliamente. Esta presencia mayoritaria no se da por igual en todas las carreras y especialidades, pero comienza a ser un rasgo común de la mayor parte de las Facultades, sobre todo en las relacionadas con las humanidades, las ciencias sociales, el derecho o la sanidad.

Es difícil saber el impacto que este fenómeno vaya a tener en la organización de la docencia y en la distribución del personal docente. Obviamente, la mayor presencia femenina en las aulas no es algo que vaya a alterar los propósitos ni los contenidos de la formación, pero, como tendré oportunidad de plantear más adelante, es posible que condicione los modos de relación entre profesores y alumnos de distintos sexos y, con seguridad, se establezcan nuevos niveles de sensibilidad en los intercambios. Los discursos feministas están haciendo especial hincapié en la necesidad de revisar muchos de los componentes de la enseñanza universitaria con la perspectiva del género: desde la particular organización de los programas de formación hasta la distribución y manejo del poder por parte del profesorado. De hecho, en los últimos años han ido creciendo de forma alarmante las acusaciones de sexismo, acoso sexual o desigualdad en las condiciones de estudio no sólo hechas por alumnas sino también por colegas en la docencia. Las nuevas condiciones del escenario universitario están obligando a muchos varones (tanto alumnos como profesores) a reajustar sus «estilos» de trabajo y convivencia. Reajustes que, en ocasiones, no bastan con que se produzcan a título personal sino que afectan al conjunto de la institución que habrá ella misma de ponerse al día en sus estructuras, equipamientos, dinámicas de funcionamiento y distribución de responsabilidades de gobierno y de gestión para responder a las exigencias de la nueva mayoría femenina.

Proceso de selección

La selección de los estudiantes ha supuesto un auténtico campo de contradicciones y quebraderos de cabeza tanto para las instituciones universitarias como para los propios estudiantes y sus familias que lo han sufrido estoicamente. La llegada masiva de candidatos a las puertas de la Universidad (aún más acusada, si cabe, en aquellos países en los que, como en España, se ha producido una imagen de desprestigio de los estudios conducentes a la formación profesional) las ha obligado a poner en marcha mecanismos de selección y distribución de estudiantes entre las diversas Facultades y Escuelas Técnicas. Para ello se pusieron en marcha las pruebas de *selectividad*. Con el objeto de *homogeneizar* la consideración de los méritos de acceso al sistema universitario y de *distribuir* a los alumnos, mediante criterios iguales para todos (la nota obtenida en la selectividad) entre las diversas carreras.

Se supone que al provenir de diversas instituciones de Educación Secundaria, los méritos de los alumnos responden a diversas políticas de evaluación. Algunas instituciones suelen ser más rígidas en sus sistemas de evaluación y eso deja a esos alumnos en desventaja con respecto a aquellos otros provenientes de instituciones más «blandas».

Esa es la «doctrina política» de la selectividad. Pero esta actuación no ha logrado resolver los problemas y ha generado una cadena de efectos negativos. Aunque no fuera ése su propósito principal, hemos de entender que la *selectividad* se ha quedado en una medida en defensa del sistema (sirve para que la Universidad pueda resolver alguno de los problemas que le genera la llegada masiva de estudiantes) y a costa de los alumnos.

Seguramente por eso han sido tantas las críticas que ha recibido; no debe estar tampoco ausente un cierto sentimiento de culpabilidad por parte de los políticos si tomamos en cuenta la cantidad de modificaciones que se han ido introduciendo casi cada año.

Como ya he tenido oportunidad de razonarlo en otras ocasiones[2], mi opinión con respecto a la selectividad es francamente negativa. En el trabajo citado yo analizaba algunas de las disfunciones de la *selectividad*, tal como está planteada en la actualidad:

— Vacía de sentido el *proyecto de futuro* (¿la vocación?) de los jóvenes. No serán lo que han soñado ser (peor aún, ni siquiera se atreverán a soñar en ser algo) sino aquello que le permita ser (estudiar) su nota de selectividad. Pocas cosas son tan deprimentes para mí, como formador, como preguntar a un joven qué quiere ser de mayor, qué carrera le gustaría hacer y que conteste que dependerá de cómo salga en la selectividad.

— Convierte la vida escolar, desde la Secundaria, en una escalada competitiva. La necesidad de sacar buenas notas (algo que podría verse como positivo en tanto que estímulo al rendimiento) cuando se instaura desde el sistema (hay que sacar buenas notas en la Secundaria porque cuentan en la selectividad y de ellas depende que accedas a una carrera) acaba ejerciendo una presión agobiante y poco compatible con una buena formación. De ahí la fuerte carga de estrés y *ansiedad* con que muchos jóvenes (justamente aquellos más preocupados por su futuro o más presionados por sus familias) afrontan sus estudios.

— Exige una calidad generalizada y sin matices ya que lo que cuenta es la media de las diversas pruebas. Parecen más lógicos los sistemas, como el inglés, en el que se exige a los candidatos que demuestren que son buenos en dos o tres disciplinas próximas al ámbito de estudios al que se desea in-

---

[2] Véase Zabalza, M.A. (1996): «Reflexiones en torno a la selectividad», en *Enseñanza Universitaria*, nº. 1.

© narcea, s. a. de ediciones

gresar. Se parte de la idea de que si uno ha sido bueno (si ha alcanzado nivel A) en tres disciplinas importantes de su área de conocimientos podrá ser igualmente bueno en las demás.

— Comercialización de los resultados. Lo importante es tener buenos resultados aunque no se correspondan con el nivel de formación que expresan. Eso genera estrategias diversas (legales e ilegales) para mejorar los expedientes. Han sido numerosas las denuncias en este sentido.

— Falta de consideración sobre la calidad técnica de los exámenes y sobre su capacidad real como sistema de predicción de la futura actuación de los alumnos una vez integrados en la respectiva Facultad. Los estudios existentes niegan que los alumnos mejor situados en la selectividad escojan mejor sus carreras y lo que es aún más grave, que funcionen mejor en ellas. Las notas de la selectividad no se correlacionan significativamente con las notas obtenidas en la carrera.

— Convierte en algo inútil la *orientación profesional* que se pueda realizar durante la Secundaria. De poco sirve tratar de orientar al alumno hacia aquellos estudios que mejor responden a sus intereses o capacidades si después su capacidad de elección depende de los resultados que obtenga en la selectividad.

— Pese a la sofisticación del proceso selectivo, los alumnos no eligen bien sus carreras. En algunos casos, el hecho de haber obtenido notas elevadas en la selectividad les lleva a algunos (seguramente como consecuencia de las presiones familiares) a escoger aquellas carreras que presentan un elevado nivel de exigencia de entrada (una nota de corte alta). Obrando así no desperdician la calificación obtenida aunque ello traiga como consecuencia que escogen carreras que no responden a sus intereses y capacidades. Los cambios de carrera son muy elevados entre este tipo de estudiantes.

En mi opinión, habría que buscar medidas más equilibradas entre las necesidades del sistema y los derechos individuales de los estudiantes. Algunas de esas medidas se van sugiriendo tímidamente en los últimos años: favorecer la movilidad de los alumnos, ofrecerles mejor información sobre los estudios universitarios durante la Secundaria, establecer unos primeros cursos más genéricos que permitan un conocimiento mejor del perfil profesional antes de optar por una u otra de las titulaciones.

De todas maneras, sigue prevaleciendo la idea (así lo recoge por ejemplo el Informe Universidad 2000) de que el acceso a los estudios universitarios forma parte del derecho de las Universidades y se trata, por tanto, de algo que hay que dejar en sus manos para que lo regulen. Personalmente, no estoy en absoluto de acuerdo con esa postura. El acceso a la enseñanza superior es, ante todo, el derecho de los individuos a ir creciendo y desarrollándose cultural y profesionalmente. El Estado y sus instituciones deben velar para que ese derecho se cumpla, aunque entre los derechos fundamentales reconocidos no entra el de los estudios superiores. Tener estudios superiores o no, hacer la carrera que uno desea o no, no puede

© narcea, s. a. de ediciones

depender de las necesidades del mercado de trabajo o de las limitaciones que las instituciones de educación superior deseen introducir.

En ese sentido, el objetivo no es mejorar técnicamente la selección de los estudiantes sino hacer innecesaria la selectividad para que todos puedan seguir el itinerario formativo que vaya mejor con sus condiciones personales y sus expectativas. Sólo mientras ese objetivo no sea posible tiene sentido hablar de selectividad, pero sin dejar de considerarla como un mal menor que hemos de luchar por hacer innecesario.

Los estudiantes universitarios como sujetos adultos

En el lenguaje coloquial, cuando se habla de adultos, normalmente se está pensando en personas mayores. Esa acepción también vale para los universitarios pues cada vez hay más personas mayores que inician o continúan sus estudios universitarios. Pero, en todo caso, hemos de considerar adultos a los alumnos que acceden a la Universidad como continuación de sus estudios. Sus 17 ó 18 años son suficientes para dotarles de ese status. Por eso, podemos decir, con justeza, que una característica fundamental de los estudiantes universitarios es que se trata de sujetos adultos, al menos legalmente, en total posesión de su capacidad de decisión. De esa condición general, se derivan otras varias que tienen notable relevancia a la hora de desarrollar el trabajo en la Universidad.

La actual normativa les reconoce el derecho a participar en los diferentes Organos Institucionales (Claustro, Juntas, Departamentos, etc.) y a intervenir en la toma de decisiones.

Una de las características importantes de la «nueva Universidad», al menos en el caso de las Universidades públicas, es la de la *democratización*. Los diferentes sectores participan de manera proporcional en la toma de decisiones que afectan a la institución o a alguna de sus instancias intermedias. En algunos casos, notablemente frecuentes en los últimos años, de los votos de los alumnos ha dependido quién era elegido Rector, Decano o Director de Departamento.

Los alumnos acceden a la Universidad con unos intereses profesionales específicos. Es decir, en tanto que clientes, hacen a la institución unas demandas concretas. Eso supone que la Universidad ha de tender a ampliar y diversificar la oferta educativa de manera que se adapte mejor a las expectativas más diferenciadas de los alumnos.

Una de prerrogativas de los adultos es que «saben lo que quieren» y se les reconoce el derecho a orientar su vida, a hacerse un proyecto de vida. Eso no siempre sucede así en las Universidades.

El hecho de ser estudiantes del máximo nivel académico significa que poseen un amplio *background* cultural y experiencial previo. Eso implica que la Universidad ha de plantear su oferta a un alto nivel, tomando en consideración los aprendizajes previos pertinentes.

© narcea, s. a. de ediciones

Los alumnos tienen que responder, en muchos casos, a demandas ajenas a lo estrictamente universitario (su sistema de pertenencia al status de estudiante es incompleto): en unos casos se trata de personas casadas o con obligaciones familiares, otros tienen un puesto de trabajo que deben atender, a veces viven alejadas de los centros universitarios, etc. Con frecuencia, esto les impide asistir regularmente a clase lo que genera la necesidad de sistemas docentes alternativos.

Tomar en consideración la condición de adultos de los estudiantes ha servido como punto de partida importante para innovaciones significativas en el trabajo universitario, referidas tanto a aspectos estructurales (sistemas de participación en los diversos niveles decisionales; distribución de espacios y tiempos; estructuras de opcionalidad y autoconfiguración de los currícula formativos; etc.) como metodológicos (sistemas de tutoría; sistemas de enseñanza asistida por ordenador; reconocimiento de conocimientos y experiencias adquiridos fuera de la institución universitaria, etc.).

Los alumnos como aprendices

Una de las características y condiciones básicas de identidad del estudiante universitario es, justamente, la de persona que se halla en un periodo de formación, esto es, de aprendizaje.

Para los profesores universitarios, considerar este aspecto resulta fundamental y, pese a lo que pudiera parecer, notablemente novedoso. Dado que nuestra formación e identidad como profesionales se ha construido en torno a los contenidos científicos de nuestra asignatura eso es lo que, en el mejor de los casos, sabemos. Pero esta dimensión personal de cómo los alumnos aprenden, cómo transitan por su cabeza y por su corazón los contenidos que les explicamos, resulta algo «ajeno» y fuera de nuestro espacio de preocupaciones y saberes.

Ésta suele ser la primera reacción de muchos docentes respecto a los procesos del aprendizaje de los estudiantes: considerarlo como algo «ajeno» algo que no les compete directamente. Sobre esta consideración, notablemente defensiva, se ha generado una visión del aprendizaje como algo que depende del alumno, no del profesor. Los profesores simplemente enseñamos. El aprendizaje depende de la inteligencia, motivación, esfuerzo, etc. que el alumno esté en condiciones de aplicar a su formación. La posibilidad de aprender depende de los alumnos. Esta idea plantea la cuestión del aprendizaje en términos casi platónicos: los profesores poco podemos aportar a lo que el alumno posea ya de por sí (en motivación, conocimientos previos, expectativas personales, capacidad de trabajo y esfuerzo, etc.).

La perspectiva desde la que se aborda aquí el aprendizaje está bastante alejada de ese enfoque. No porque vaya a defender que el papel de los alumnos y sus capacidades y motivación sea una cuestión secundaria. Se trata, desde luego, de un factor básico para que el aprendizaje se produzca, una especie de *conditio sine qua non*. Pero, además, se precisa también de una intervención precisa y bien orientada por parte de los profesores. El aprendizaje surge como la confluencia de ambas actuaciones, la del profesor y la del alumno, en el marco de una institución (un programa, unos recursos, un sentido de la formación, un ambiente, etc.) que constituye el tercer factor de influencia.

La idea básica a este respecto es concebir la Universidad como «institución de aprendizaje» frente a la idea más general de verla como institución de enseñanza. Esa ha sido la gran revolución, aún sin consolidar efectivamente (por la gran cantidad de cambios culturales, didácticos y organizativos que comporta), de transformar unas instituciones de Educación Superior concebidas como «centros de enseñanza» (*teaching institutions*) en organizaciones o comunidades de aprendizaje (*learning organizations*).

La Copenhagen Bussiness School, a la que ya me he referido en puntos anteriores, lo señala en su marco de definición institucional:

> «La CBS quiere desarrollar un ambiente formativo centrado en el aprendizaje más que en la enseñanza y en el desarrollo de talentos individuales más que en una educación de masas. La puesta en marcha de esta estrategia requerirá de una implicación activa por parte de los estudiantes en el proceso de aprendizaje así como el desarrollo de nuevos métodos de enseñanza basada en proyectos» (página WEB de la CBS).

Una preocupación básica para quienes hemos de desarrollar nuestro trabajo formativo en la Universidad es la reconsideración constante de los procesos y estrategias a través de los cuales los estudiantes llegan al aprendizaje. Sólo desde un claro conocimiento de esos procesos estaremos en condiciones de poder mejorarlo, reajustando para ello nuestros métodos de enseñanza. Sin embargo, los métodos de enseñanza y los procesos que los estudiantes ponen en marcha para realizar sus aprendizajes pertenecen, las más de las veces, a la esfera de las intuiciones y/o de los aprendizajes prácticos (eso que uno acaba aprendiendo a fuerza de años como profesor). Por eso avanzamos tan poco en estos temas.

Estamos ante un tema clave para la docencia universitaria. Las estrategias que los estudiantes ponen en marcha para aprender, los problemas que han de afrontar en ese proceso, la forma en que se ve afectado el aprendizaje por la incorporación de las nuevas tecnologías o por las nuevas situaciones de aprendizaje (a distancia, en redes, etc.), constituyen elementos que permanecen todavía en una zona relativamente borrosa del conocimiento profesional. Sin embargo, como ya hemos visto, los profesores nos vemos abocados a movernos en un contexto cada vez más heretogéneo de estudiantes que acuden con diversos intereses, motivaciones, capacidades, expectativas, etc.

Los cambios acaecidos en la Universidad en estos últimos años obligan a revisar nuestras prácticas docentes a la luz de las nuevas condiciones en que se produce la docencia. Algunas de esas transformaciones institucionales ejercen un notable impacto en la planificación y el desarrollo de la docencia.

Hemos aludido repetidamente al fenómeno de la masificación y a su corolario de incremento de la heterogeneidad de los sujetos que acceden a la enseñanza superior. Esa situación genera importantes demandas a las estrategias formativas. Sobre todo en los países en los que no estaban habituados a trabajar con grupos tan amplios y diversos internamente, la nueva situación ha constituído una quiebra importante de la dinámica institucional y de la calidad del sistema.

Pero existen igualmente otros cambios que afectan de manera sustantiva a la organización de la formación. Por ejemplo, la incorporación de las nuevas tecnologías, la nueva orientación de la formación hacia el mundo del empleo, el acortamiento de los periodos de formación, etc.

Están, por otra parte, las propias disfunciones del sistema universitario que impacta en la forma en que los estudiantes van progresando en sus estudios. El informe Bricall (2000) se hace eco de alguna de esas condiciones negativas que afectan a los alumnos: las grandes bolsas de repetidores en algunas carreras, el notable desajuste entre duración prevista de una carrera y tiempo real invertido por los estudiantes en acabarla, el alto índice de abandonos, etc. (pág. 16).

En definitiva, el objetivo de la docencia es mejorar los resultados del aprendizaje de los alumnos y optimizar su formación. Ello implica, sin duda, notables esfuerzos didácticos para adaptar la organización de los cursos y los métodos de enseñanza utilizados a los diferentes modos y estilos de aprendizaje de los alumnos y a sus diversos intereses y/u orientaciones profesionales, puesto que se trata de sujetos adultos.

Pues bien, ¿qué aspectos o variables del aprendizaje pueden servir de referentes para el desarrollo de una mejor docencia? De manera muy sucinta (y por tanto incompleta pues este tema podría dar lugar a mucho más amplias y matizadas consideraciones) es importante tomar en consideración al menos tres tipos de factores que afectan al aprendizaje: de tipo cognitivo, de tipo social y de tipo institucional (incluidas las propias estrategias didácticas que analizaremos en el capítulo siguiente).

Aprender en la Universidad

Al hablar de la profesionalidad docente en la Universidad me he ido refiriendo reiteradamente a la necesidad de tomar en consideración no solamente los procesos vinculados al enseñar, sino también los vinculados al aprender. El especialista en una materia, si además es buen comunicador, puede llevar a cabo una buena presentación de los contenidos de su disciplina. Pero para ser buen docente le falta aún adecuar dicha presentación y las actividades vinculadas a ella al proceso de aprendizaje de los estudiantes. Algo debemos saber de cómo aprenden los estudiantes y bajo qué condiciones el aprendizaje mejora.

La primera cuestión que convendría señalar es que, de una forma u otra, los profesores universitarios hemos construido una determinada imagen sobre qué es aprender y cómo se aprende. Quizás nos hemos basado en nuestra propia experiencia como aprendices, quizás, a medida que íbamos acumulando experiencia como docentes, hayamos tenido que modificar algunas de esas ideas anteriores. Está claro que la experiencia como docente es muy diversa de la experiencia como aprendiz. Ahora estamos al otro lado de la barrera, podemos observar cómo nuestros estudiantes van construyendo sus conocimientos, cómo los procesos que siguen unos son muy diversos de los que siguen los otros.

Puesto que el tema del «aprendizaje» es extremadamente complejo, no quisiera entrar aquí en disquisiciones académicas sobre conceptos y modelos del aprendizaje. Prefiero utilizar algunas *metáforas* que nos sitúen ante las diversas formas de ver el proceso a través del cual los alumnos y nosotros mismos aprendemos.

Metáfora del «puzzle»

Desde esta perspectiva aprender significa que vamos uniendo pequeñas piezas de conocimientos y habilidades hasta llegar a construir un aprendizaje más complejo. Es un aprendizaje que se va produciendo por aproximaciones sucesivas, cada vez de mayor nivel de profundidad y complejidad, a los asuntos a aprender o los objetivos a alcanzar. Esta visión del aprendizaje es bastante habitual y sirve de base a buena parte de los modelos de enseñanza. Se parte de la idea de que cualquier aprendizaje o habilidad compleja está formada por estructuras simples que uno debe ir asimilando progresivamente hasta alcanzar el dominio de todo el conjunto.

> Acabo de estar viendo una cinta de vídeo en la que se enseña a bailar la rumba cubana. Está constituida por un conjunto de lecciones en las que uno va avanzando progresivamente en los diversos movimientos que forman parte de la danza. Los alumnos deben ir ejercitándose, lección a lección, en los diversos movimientos en los que se ha dividido la rumba. Cada nuevo aprendizaje parcial se va integrando en los anteriores y en cada lección hay ejercicios para llevar a cabo, de una forma integrada, todos los movimientos trabajados hasta ese momento. Se supone que, una vez en posesión de todos los movimientos simples, los aprendices estarán en condiciones de seguir el ritmo completo de la rumba cubana.

© narcea, s. a. de ediciones

Cuenta la literatura psicológica que así fue como Skinner enseñó a jugar al ping-pong a unas palomas en su laboratorio. Primero identificó las unidades conductuales que forman parte del juego: ponerse en un lado de la mesa, mirar hacia el lado opuesto, coger la pala, empujar la pelota con la pala en la dirección contraria, devolver la pelota que te envía el contrincante, etc. Progresivamente, a través de mecanismos de refuerzo (premiando las conductas pertinentes) fue fijando una a una aquellas conductas que formaban parte del catálogo de conductas a aprender. Al final, cuentan, las palomas del experimento fueron capaces de «jugar al ping-pong».

Como puede constatarse se trata de un proceso de aprendizaje muy regulado desde fuera. El aprendiz sigue una especie de partitura en la que están protocolizados los diversos pasos que deberá dar en su camino hacia el aprendizaje. Exige un fuerte esfuerzo de planificación (puesto que se ha de partir de los conocimientos o destrezas más simples o básicas para ir progresando hacia las más complejas sin que se produzcan saltos en el vacío) y el establecimiento de un contexto de aprendizaje muy controlado.

Muchos aprendizajes desarrollados por ordenador o a través de simuladores funcionan de esta manera. Esta estrategia acumulativa de dominios e informaciones ha sido propiciada desde los planteamientos conductistas de la psicología.

Metáfora del «lego»

Toma su nombre del «lego», ese juego de piezas que nos permite ir desarrollando construcciones de diverso tipo. Las construcciones iniciales dan pie a otras más sofisticadas y complejas.

Aprender, ha dicho Develay (1991)[3], es pasar de una representación a otra. A medida que vamos aprendiendo abandonamos unas representaciones de la realidad o unas competencias para acceder a otras más complejas. Es decir, vamos construyendo y reconstruyendo nuestras estructuras conceptuales y competenciales previas a medida que asimilamos nuevos elementos. Pero no es el hecho de recibir nuevos *inputs* lo que produce el aprendizaje sino esa reestructuración que se produce en nuestra capacidad. No es lo que los profesores nos digan lo que produce aprendizaje sino el hecho de que nosotros, con esos nuevos elementos, reestructuremos las ideas que ya teníamos o las cosas que ya sabíamos hacer. Así cada nueva fase en el proceso implica una doble adquisición. Por un lado poseemos más información o un nivel superior de competencia. Por otro lado, esa nueva adquisición nos pone en situación de poder aprender cosas más complejas y ascender, así, al nivel superior.

---

[3] Develay, M. (1991): *De l'apprentissage à l'enseignement.* ESF. París.

Podemos relacionar este mismo proceso con nuestro «estado físico». Seguramente, sin preparación, no podremos hacer un ejercicio físico muy exigente. Nuestro estado físico inicial nos marca unos límites. Los menos ejercitados, al correr los cincuenta primeros metros estarán que no pueden con su alma. Pero si repetimos el ejercicio, poco a poco veremos que nuestro estado físico va mejorando. Los cincueta metros son ya una tontería. El nuevo estado físico alcanzado nos permite afrontar tareas más complejas: ya no serán cincuenta sino que pueden ser ochenta y podremos hacerlo en mucho menos tiempo y con menor cansancio. Es decir, alcanzar una meta significa encontrarse en mejores condiciones para afrontar metas cada vez más complejas y exigentes.

Salvatis salvandis, así se produce también el aprendizaje. Cada nueva adquisición, si se aprovecha, nos sirve para poder reestructurar nuestro equipamiento anterior y por tanto mejorarlo. Esa mejora nos pone en situación de poder ir avanzando en los aprendizajes (sabemos más y cuanto más sabemos en mejores condiciones estamos para saber todavía más).

Lo importante en el proceso de aprendizaje, dicen los constructivistas, es justamente esa actividad mental que lleva al aprendiz a reestructurar constantemente sus conocimientos y destrezas. Por eso destacan el importante protagonismo que juega el propio aprendiz en su aprendizaje. Nuestro papel como docentes consiste en apoyar el proceso, dar pistas, estimularlo, ofrecer situaciones en las que cada nueva estructura conceptual pueda ser puesta a prueba y desequilibrada de manera tal que el aprendiz se vea en situación de tener que introducir nuevos reajustes en sus conocimientos previos.

«Vuestros errores nos interesan» (Astolfi, 1997)[4], se señala desde esta visión del aprendizaje. Los errores no son pérdidas de tiempo o fracasos en el proceso, sino oportunidades para replantearse el punto de partida. Dado que de lo que se trata es de ir recomponiendo las estructuras previas, los errores forman parte importante de la estrategia didáctica (De la Torre, 1993[5], 2000[6]).

Metáfora de la «conversación» o del «coro»

El aprendizaje aparece aquí como un juego social en el que son fundamentales los *partenaires*. Aunque aprender es siempre algo que sucede dentro de uno mismo (es una experiencia subjetiva de adquisición y cambio), se trata también de algo que no tiene lugar en el vacío social sino en un

---

[4] Astolfi, J.P. (1997): *L'erreur, un outil pour enseigner*. ESF. París.
[5] De la Torre, S. (1993): *Aprender de los errores*. Escuela Española. Madrid.
[6] De la Torre, S. (2000): «El error como estrategia didáctica», en De la Torre, S. y Barrios, O. (Coords.): *Estrategias didácticas innovadoras*. Octaedro. Barcelona. Págs. 211-228.

© narcea, s. a. de ediciones

contexto de intercambio con los otros. Aprendemos en un marco cultural, en el seno de instituciones (en este caso la Universidad), en relación a los intercambios que se producen con los otros (profesores y compañeros).

Decía un opositor a una plaza universitaria en su ejercicio que él investigaba mucho. Que se encerraba en una habitación y pensaba y pensaba... Nos quedamos bastante perplejos ante esta idea suya del investigar al margen de enfrentarse a hechos, contrastar resultados, debatir procedimientos y conclusiones. De ahí, la metáfora de la conversación.

Aprender es como conversar: uno va generando su propio discurso en relación al discurso de los otros. Lo que los otros dicen o hacen afecta a lo que yo mismo digo o hago. En otro caso se trataría de un diálogo donde cada uno interviene sin tomar en consideración lo que dice el otro ni lo que uno mismo ha dicho en fases anteriores de la conversación, o de una «conducta loca» por la que actúo al margen de las condiciones que el propio contexto marca o de las conductas de los otros con los que interacciono.

El aprendizaje, desde esta perspectiva, es un proceso mediado por nuestra interacción con el entorno y con las personas que forman parte de él, especialmente profesores y compañeros. Por eso, las escuelas y Universidades constituyen escenarios privilegiados de aprendizaje, porque se especializan en esos procesos de mediación y crean las condiciones adecuadas para que los diversos momentos de la «conversación» resulten efectivos.

Frente al sentido más personalista y subjetivo de los procesos de aprendizaje defendida por Piaget, ha ido destacándose en los últimos años el componente social del aprendizaje remarcado por Vigotsky. Podríamos decir que, en último término, es el sujeto individual el que aprende y asimila cada nueva adquisición. Pero eso no nos debe hacer olvidar que para que esa adquisición individual se produzca, el sujeto obtiene e intercambia información en el marco de sus relaciones con los demás. Suele acontecer que cuanto más rica sea dicha interacción, cuanto más se convierta en espacio de intercambios (de experiencias, de ideas previas, de hipótesis, de creencias, de dudas, etc.) más y mejor se habilita a cada sujeto a que vaya elaborando su propio aprendizaje a partir del cotejo de sus ideas y experiencia (sus conocimientos previos) con las de los demás. Vigotsky lo ha llamado «aprendizaje coral».

Situaciones de este tipo suelen ser muy «visibles» entre los niños. Cuando se les ofrece la oportunidad de iniciar la conversación sobre algún tema, inmediatamente comienzan a producir ideas que expresan sus propios conocimientos sobre la materia (por qué sale el sol, cómo vuelan los aviones, por qué el perro de Félix tuvo cachorros...). Las ideas de los niños van fluyendo con facilidad y ellos mismos no tienen empacho ninguno en retomar y repetir lo que ha dicho el que habló antes o en aportar una idea nueva. En el proceso de ese jugoso intercambio cada uno va matizando sus propias ideas y al final es probable que haya incorporado nuevos matices a lo que pensaba sobre esa cuestión. Matices derivados de lo que los otros han dicho (afirmando o negando posibilidades). Así, el conocimiento aunque se mantiene como una adquisición personal va surgiendo de las aportaciones de los demás y del contraste entre las propias ideas (cuando ya se tienen) y las de los demás. Así, la metáfora de la «conversación» se funde con la del «lego».

También entre los adultos universitarios se produce el aprendizaje de un modo similar, aunque las ideas pueden venirnos a través del intercambio directo y presencial o de otros soportes (libros, documentos, medios audiovisuales, etc.). Vamos construyendo nuestras propias ideas y dando sentido a nuestras experiencias a partir del contraste con las de los demás. De esta manera, lo que acaba consolidándose como un aprendizaje individual precisa de esa fase previa del aprendizaje coral. El grupo, y la interacción entre quienes lo componen, actúa como catalizador de ideas y experiencias que, al hacerse públicas, nos permiten reaccionar ante ellas y tomar lo que nos parezca conveniente.

La consecuencia fundamental de esta condición del aprendizaje es la necesidad de crear espacios y tiempos donde la interacción y el intercambio de ideas y experiencias de los aprendices sea posible. Con frecuencia, los modelos de aprendizaje «en soledad» resultan deficitarios de oportunidades de interacción, lo que acaba empobreciendo las propias oportunidades de aprendizaje. Los sujetos acaban dependiendo de su propio bagaje experiencial y corren el riesgo de ir desarrollando un sistema de aprendizaje excesivamente endogámico (sin la posibilidad de contrastar las propias ideas premilimares y las propias hipótesis con las de los demás).

> La experiencia que he tenido con alumnos de la UNED (Universidad Nacional de Educación a Distancia) me reafirma en esta sensación. Como no han tenido la oportunidad de contrastar sus ideas con la explicación de un profesor ni con las aportaciones de otros compañeros tienen un fuerte sentimiento de inseguridad y una mayor tendencia a la repetición y dependencia de los textos manejados.
> No estoy seguro de que en el futuro, algunas de las experiencias de aprendizaje virtual no vayan a sufrir (sobre todo aquellos sistemas que hayan prescindido de modalidades de interacción frecuentes y efectivas) parte de estos mismos problemas.

En definitiva, los alumnos aprenden a través de un proceso que va enriqueciendo progresivamente sus recursos previos. No se parte de la nada. En la Universidad menos aún. Recibimos sujetos con un bagaje de conocimientos y experiencias previas muy nutrido. No en vano han superado todos los niveles anteriores del proceso escolar. Eso no quita que sigan presentando puntos fuertes y débiles en cuanto a sus recursos. Y ahí empieza su proceso de aprendizaje universitario, retomando lo que poseen y afrontando aquello de lo que carecen. No se abre, en ese sentido, una etapa nueva y separada de las anteriores. Continúan su formación en un nuevo contexto y con un nuevo marco de exigencias y expectativas.

© narcea, s. a. de ediciones

Sobre esta idea se han construido los sistemas más innovadores del aprendizaje. Resaltando el papel protagonista del alumno en la construcción de su propio aprendizaje y redefiniendo el papel del docente como un sistema básico de apoyo y facilitación del proceso en su conjunto.

En resumen, el aprendizaje es un proceso complejo y mediado. Entre las diferentes estructuras de mediación, el propio estudiante es, con seguridad, la más importante por cuanto filtra los estímulos, los organiza, los procesa, construye con ellos los contenidos del aprendizaje y, al final, opera a partir de los contenidos, habilidades, etc. asimilados. Por otro lado, la mediación no sólo es cognitiva. También se interpone entre enseñanza y resultados del aprendizaje una mediación afectiva (que depende del propio estado de ánimo del aprendiz y de sus relaciones interpersonales con los otros).

Para la mejora del aprendizaje es fundamental destacar este papel protagonista del alumno en su propio aprender no solo porque al sentirse protagonista mejora su rendimiento (teorías del *locus of control*) sino porque, en cualquier caso, interviene como «causa próxima» de su propio aprendizaje, algo que resulta imposible de sustituir por las estrategias de enseñanza por elevado que sea su nivel de eficacia.

Esta orientación se ve, además, especialmente reforzada, por los planteamientos cognitivistas en los que se basan buena parte de las actuales propuestas didácticas. Como señalan Weinstein y Mayer (1986)[7] el modelo cognitivo trae consigo tres cambios importantes en la concepción del proceso de enseñanza-aprendizaje, a saber:

— En lugar de ver al alumno como alguien que graba pasivamente los estímulos que el profesor le presenta, se ve el aprender como un proceso activo que ocurre dentro del alumno y que es influido por el aprendiz.

— En lugar de ver los resultados del aprendizaje como algo que depende principalmente de lo que el profesor presenta o hace, se ve como algo que depende tanto de la información que el profesor presenta como del proceso seguido por el aprendiz para procesar tal información.

— Por tanto, se configuran dos tipos de actividades que condicionan el proceso de aprender: las estrategias de enseñanza (cómo se presenta el material en un tiempo y en una forma determinada) y las estrategias de aprendizaje (cómo el aprendiz a través de su propia actividad organiza, elabora y reproduce dicho material).

El aprendizaje es pues, en sentido estricto, una actividad de quien aprende y sólo de él. Pero siendo eso cierto no lo es menos el hecho de que, en un contexto didáctico, el aprendizaje es efecto de un proceso vinculado a la enseñanza y, por tanto, al profesor que la desempeña. Por eso las modernas tendencias didácticas insisten en la necesidad de orientar el

---

[7] *Op. cit.*

proceso de aprendizaje hacia la «autonomía del sujeto». En el *aprender a aprender* radica ese equilibrio entre enseñanza y aprendizaje al que he venido refiriéndome repetidamente. Esa es también la dirección que deberán ir adoptando las futuras innovaciones en la enseñanza.

Referentes cognitivos del aprendizaje

Como el aprendizaje tiene un fuerte componente de *interacción* (para algunos autores éste es el aspecto básico a tomar en consideración cuando hablamos del aprendizaje humano) lo cognitivo no se circunscribe únicamente a lo subjetivo y personal sino que abarca también el marco de las interacciones en las que el aprendizaje se produce.

A continuación reflexionaremos sobre algunas *dimensiones básicas* del aprendizaje:

- En primer lugar, el aprendizaje viene condicionado por todo el conjunto de **capacidades** y **habilidades** que poseen los alumnos como equipamiento personal y que utilizan adecuadamente como estrategia de uso.

Posiblemente no sea del todo correcto comenzar esta revisión de los factores por un aspecto que se refiere a las condiciones de los aprendices. Podría pensarse que, al fin y a la postre, el que un alumno aprenda o no depende de sus capacidades para hacerlo. Sin embargo, que los alumnos aprendan depende no sólo de ellos (de lo listos que sean, de las capacidades que posean, del esfuerzo que estén dispuestos a hacer, de la preparación académica con que accedan a la Universidad, etc.) sino también de las condiciones en que se plantee el proceso de aprendizaje y de la capacidad de sus profesores para ayudarles. De esta manera, no sólo los sujetos que aprenden sino las instituciones y los profesionales somos protagonistas, causa y condición de la eficacia de los procesos de aprendizaje. Las otras dimensiones que se irán analizando son buena muestra de esta idea de partida.

Por otra parte, la variable *habilidad* o *competencia* tiene de positivo el hecho de que mira al proceso más que al resultado. Se refiere a cómo los sujetos afrontan la tarea de aprender algo, qué capacidades ponen en juego y cómo las manejan.

Diversas habilidades se han ido identificando desde antiguo en la literatura sobre el aprendizaje:

— White (1965)[8] distinguió entre *habilidades de asociación* (recogida inicial de los datos y primer agrupamiento) y *habilidades cognitivas* (procesamiento posterior y transformación de la información).

---

[8] White, S. (1965): «Evidence for a hierarchical arrangement of learning processes», en Pipssit, L.P. y Spiker, C. (Edits.): *Advances in Child Development and Behavior*. Vol. 2. Academic Press. N. York.

— Cook y Mayer (1983)[9] identificaron cuatro momentos del proceso de aprendizaje que se corresponden con otras tantas capacidades de los sujetos: *selección* (el aprendiz presta atención a algunos de los elementos de la información y los traslada a su memoria de trabajo), *adquisición* (el aprendiz traslada la información a su memoria a largo plazo para su conservación), *construcción* (el aprendiz contruye nexos de conexión entre las unidades de información que mantienen en su memoria de trabajo: ahí aparecen los esquemas) e *integración* (el aprendiz toma conocimientos previos y los traslada a su memoria de trabajo; después establece conexiones entre la nueva información y la que ya poseía).

— Winne y Marx (1983)[10] estudiaron la forma en que los estudiantes operan con tres estrategias cognitivas: *orientarse* que se refiere al manejo de la atención, *operar mentalmente* que se refiere a los procesos de comparación, generación de estructuras y metacognición, y *consolidar* que se refiere al almacenamiento y recuperación de la información.

En el conjunto de las referencias señaladas pueden distinguirse diversos niveles de habilidad: de tipo *estructural* básico (percepción, memoria, atención, etc.) que constituyen el equipamiento en parte genético, en parte adquirido a través de diversas prácticas de ejercitación, con que los sujetos cuentan y habilidades de tipo *operacional cognitivo* («esquemas» tipo Piaget; «metacognición» en la línea de análisis de Vigotsky; «conexión nuevo-viejo» como en los planteamientos de Ausubel). Es decir, cómo los sujetos son capaces de operar con sus recursos cognitivos y sacar partido a sus capacidades naturales.

Esta doble categoría de habilidades estaría en la base de lo que se ha denominado «capacidad de absorción», esto es, la aptitud de los individuos (podría aplicarse también a las organizaciones y a los sistemas) para «reconocer el valor de un nuevo conocimiento, para asimilarlo y para aplicarlo a las finalidades deseadas» (Informe Bricall, pág. 73). Esa capacidad depende de las experiencias previas de aprendizaje y de las habilidades y conocimientos que se han ido alcanzando en ellas. Cada nueva experiencia formativa genera nuevos conocimientos que se integran en los anteriores y generan plataformas aptitudinales cada vez más potentes (capaces de afrontar aprendizajes cada vez más complejos).

Al margen de las diversas disquisiciones técnicas que se pueden hacer con relación a esta enumeración de habilidades hay que destacar que el desarrollo de las habilidades de aprendizaje de los sujetos está muy condi-

---

[9] Cook, T.D. y Mayer, R.E. (1983): «Reading strategy training for meaningful learning from prose», en Pressley, M. y Levin, J. (Edits.): *Cognitive Strategy Training*. Apringer-Verlag. New York.

[10] Winne, P.H. y Marx, R.W. (1982): «Student's and Teacher's views of thinking processes for classroom learning», en *Elementary School Journal*, 82. Págs. 493-518.

© narcea, s. a. de ediciones

cionado por las *oportunidades de aprendizaje* que se les hayan ofrecido, y que tales habilidades *pueden enseñarse*.

Las habilidades se aprenden y perfeccionan a través de estrategias fácilmente conducibles en clase. Se trata de un proceso que resulta más efectivo cuanto más tempranamente se inicie, debido a la particular flexibilidad neurológica y la disposición positiva al aprendizaje que caracteriza la infancia. Pero nunca es tarde para reforzar la dotación natural y enriquecer nuestra capacidad de utilizarla efectivamente. Se pueden diseñar estrategias didácticas que favorezcan ambas dimensiones. A través de tales estrategias se mejora el proceso de codificación y decodificación de la información que los sujetos realizan y a través de él a los resultados que alcanzan en el aprendizaje.

> En mis tiempos de estudiante de Psicología, una de nuestras profesoras, afamada psiquiatra, nos contaba que en su consulta utilizaba los tests (sobre todo los de inteligencia y aptitudinales) como instrumentos para el desarrollo intelectual (no sólo para su evaluación). Así, decía, al familiarizarse con el tipo de actividades y lógicas que los tests manejaban, los sujetos acababan logrando destrezas nuevas que los situaban en mejores condiciones cuando tenían que realizar actividades que requerían ese tipo de habilidad (incluido cualquier otro tipo de exploración psicológica a través de tests).

En algunos casos, a pesar de que los sujetos están dotados de la capacidad mental requerida para llevar a cabo procesos de aprendizaje, no lo hacen porque no saben cómo hacerlo. Es decir, no les falta la habilidad básica ni el conocimiento necesario sino la estrategia para saber hacer uso de ambos. Flavell (1970)[11] habla, en esos casos, de «deficiencia en la producción». Basta con un pequeño entrenamiento para que los sujetos incorporen la estrategia a su equipamiento. De ahí que tenga tanta importancia la acción escolar en el establecimiento y la consolidación de las habilidades y estrategias de aprendizaje.

Esta situación es bastante frecuente, según cuentan los estudiantes, en los exámenes. No es que no sepan lo que se les está preguntando, lo que no saben es cómo elaborar la respuesta o incluso qué tipo de respuesta es la que se les está pidiendo. A veces, éste aspecto forma parte sustantiva de la cuestión que se les ha planteado. Pero otras no. Normalmente, dar una respuesta significa demostrar un cierto conocimiento (que es lo que se pretende comprobar) a través de algún tipo de respuesta codificada (un texto, un esquema, un dibujo, un producto). La deficiencia en la producción se produce cuando el problema está en la elaboración de esa respuesta no en el conocimiento que ha de ser codificado.

---

[11] Flavell, J.H. et alii (1970): «Developmental Changes in Memorization Processes», en *Cognitive Psychology*, 1. Págs. 887-897.

© narcea, s. a. de ediciones

Así pues, ambas dimensiones (construcción del conocimiento y construcción de la competencia para expresarlo y manejarlo) constituyen factores fundamentales en el proceso de aprendizaje. En ambas direcciones puede y debe actuar el docente para fortalecer y enriquecer el equipamiento personal de los estudiantes. Es importante tomar en consideración este aspecto pues, con frecuencia, estamos mucho más pendientes del trabajo sobre los conocimientos que de la actuación sobre las capacidades vinculadas a su manejo.

No es infrecuente que los profesores de Universidad solicitemos a nuestros alumnos que lleven a cabo trabajos o prácticas de diverso tipo que exigen operar conjuntamente con los dos tipos de dimensiones recién mencionadas (la capacidad o conocimiento y la habilidad para codificarlo o construir la respuesta). Pero habitualmente nosotros hemos trabajado solamente la primera. Queremos que sepan hacer buenos resúmenes o buenos esquemas pero nunca se trabaja cómo hacerlo; queremos que sepan representar gráficamente datos o diagramas pero apenas nos hemos parado a desarrollar esas habilidades. De ahí que las dificultades de producción sean importantes. Porque, en realidad, trabajamos el conocimiento pero no su producción.

- El aprendizaje es también producto de la **práctica** del aprendiz, del tipo de trabajo que se le solicite realizar y las condiciones en las que haya de realizarlo.

El sentido e incidencia de la práctica en el aprendizaje ha sido un asunto que ha recibido mucha atención en los estudios didácticos. Se ha estudiado desde distintos enfoques y con diferentes denominaciones: en el sentido de *repetición* (Thorndike,1932[12]), en el de *actividades iniciales y de repaso* sobre el contenido a aprender (Fz. Huerta,1974[13], distingue entre recitación, práctica con preguntas abiertas o cerradas, práctica orientada o autónoma, con tareas homogéneas o heterogéneas), en el de *tiempo dedicado a la tarea* (Carrol,1963[14]; Berliner,1979[15]).

En todo caso, la práctica y cómo se maneja por los profesores constituye un recurso fundamental en el proceso de aprendizaje. Pensando en nuestra actividad como docentes, me parece importante destacar tres aspectos relacionados con la práctica: la *consigna*, la *guía* y el *reposo*.

El desarrollo de actividades de aprendizaje suele ir precedido de una *consigna* que tiene como función aclarar qué es lo que se pretende a través

---

[12] Thorndike, E.L. (1932): *The Fundamental of Learning*. Teachers College Press. Columbia Univ.

[13] Fernández Huerta, J. (1974): *Didáctica*. UNED. Madrid.

[14] Carrol, J.B. (1963): «A Model for School Learning», en *Teachers College Record*, 64(8). Págs. 723-733.

[15] Berliner, D.C. (1979): «Tempus Educare», en Peterson, P.L. y Walberg, H.J. (Edits.): *Research on Teaching*. McCutchan. Berkeley.

de dicha actividad (que puede ser la explicación, el desarrollo de un problema, de una práctica, etc.).

Con frecuencia los profesores somos poco explícitos en relación a dicha consigna y eso convierte la práctica subsiguiente en una «práctica ciega» o cuando menos «oscura» para nuestros estudiantes.

La explicitación del objetivo de las actividades ha acabado convirtiéndose en una pieza importante para el desarrollo efectivo del proceso de aprendizaje. Podría suponerse que cuanto más claro tenga un alumno qué se debe hacer y por qué (para qué), en mejores condiciones estará para desarrollar la actividad planteada.

> Esta situación es muy frecuente en las aulas universitarias. Explicada la actividad a desarrollar, se diría que todo el mundo ha entendido de qué se trata. Sin embargo a medida que va pasando el tiempo hay que repetir y explicar la consigna una y otra vez porque algunos sujetos o grupos están perdidos y sin saber qué es lo que deben hacer.. Y pese a todo, casi siempre acontece que, al final, aún quedan algunos que entregan su trabajo equivocado («es que no sabíamos que se trataba de eso...»).

Sucede con frecuencia que las cosas se hacen mal o deficientemente no porque no se posea la capacidad (en el punto anterior me he referido a la «deficiencia en la producción» de la que hablaba Flavell) sino porque no se ha entendido de qué iba la tarea. Más adelante volveremos sobre este mismo punto al referirnos a la percepción de la tarea.

Algunas metodologías didácticas han comenzado a dar una especial importancia al tema de las *consignas*. Sobre todo en el sentido de preocuparse por que todo el mundo (no sólo los que inmediatamente dicen siempre que sí, que ya lo han captado) las haya comprendido bien.

Existen algunas técnicas específicas para hacer más explícitas y claras las consignas:

— *Repetición* hasta que se haga lo suficientemente redundante como para que haya quedado clara a todos.

— Técnica «del espejo»: pedir a alguno de los participantes que diga con sus propias palabras qué es lo que se pretende hacer (y corregir su explicación si fuera preciso).

— Técnica de la «ejemplificación»: los propios profesores pueden hacer la actividad (en una versión resumida) o bien mostrar un ejemplo de esa misma actividad realizada anteriormente (si se trata de un trabajo, un producto, etc.).

Un segundo aspecto importante con respecto a la práctica, se refiere al tema del *apoyo* prestado por el propio profesor.

En este sentido, como ya he escrito en otro lugar, existe una regla de oro: «No ofrecer nunca menos ayuda de la necesaria ni más ayuda de la suficiente»[16]. No debemos nunca perder de vista que el objetivo básico de cualquier actividad de aprendizaje es que el alumno pueda desarrollarla, autónomamente. Pero eso no debe significar que hagamos del aprendizaje una actividad «des-acompañada».

Es bastante habitual que los profesores pongamos en marcha actividades de aprendizaje sin apenas guía alguna que oriente el trabajo de nuestros estudiantes. Esta situación es bastante perturbadora para los estudiantes sobre todo si nunca antes han hecho un trabajo de ese tipo o no saben cómo podrían afrontarlo con una cierta sensación de seguridad.

Luego nos enfadamos porque copian literalmente de los libros o, los más espabilados, los bajan de Internet. Pero el problema reside en que la parte del proceso de aprendizaje que tiene que ver con las estrategias y técnicas para llevar a cabo la actividad requerida no se han aprendido antes.

En mi opinión, este aspecto de la *guía* y/o la *ayuda* que debemos prestar a nuestros estudiantes constituye un aspecto crucial de la enseñanza y una condición básica para que se produzca el aprendizaje[17].

Resulta problemático suponer que la práctica ciega o sin un dominio previo de los prerrequisitos para realizarla sirva realmente para algo, que se pueda aprender algo de ella. Por eso, se quejan tanto los estudiantes de que los trabajos que deben hacer en buena parte de sus disciplinas universitarias les sirven para bien poco.

---

[16] Zabalza, M.A. (1999, 8ª edic.): *Diseño y desarrollo curricular.* Madrid. Narcea. Pág. 191.

[17] Aunque se trata de un diseño instructivo dirigido a otro nivel escolar, quizás pueda resultar útil el sistema utilizado por mi equipo de trabajo en una reciente experiencia de elaboración de materiales didácticos. Decidimos establecer tres niveles de guía en las diversas habilidades y procedimientos introducidos en la propuesta formativa, jerarquizados en función de la mayor o menor presencia e intervención directa del propio profesor:

— Nivel A: máxima ayuda. El profesor realiza la actividad con la presencia activa del alumno, o bien la realiza el alumno con una presencia activa y constante del profesor que es quien va guiando sus pasos.

— Nivel B: nivel medio de ayuda. La actividad la realiza el propio alumno (individualmente o en grupo) bajo la vigilancia y asesoramiento del profesor que apenas interviene salvo para resolver los problemas que le planteen, sugerir nuevas posibilidades o corregir errores.

— Nivel C: nivel mínimo de ayuda. La actividad la realiza autónomamente el alumno o grupo de trabajo (a quienes se les supone ya preparados para hacerlo con soltura y seguridad) en su totalidad. Dependiendo del tipo de actividad de que se trate y, también, del tipo de competencia logrado por los alumnos, su autonomía operativa puede incluir, incluso, la planificación y evaluación de la actividad y la selección de los recursos precisos para desarrollarla.

La idea de partida era que cualquier actividad que se planteara debería llevar explícito el nivel de guía al que se le adscribe, dando por sentado que ninguna actividad o proceso podría plantearse en un nivel B de ayuda si previamente no había sido realizada en un nivel A. La principal aportación de este modelo es que los sujetos van avanzando sin sobresaltos y sintiéndose seguros a cada nuevo reto que deben asumir.

© narcea, s. a. de ediciones

El tercer aspecto o condición de la práctica es el denominado función *reposo*. El factor fundamental en este apartado es el *tiempo*. Quizás habría que mencionar también el *disfrute* de los nuevos aprendizajes. Ambos constituyen, sin duda, unas importantes condiciones del aprendizaje. No es posible un buen aprendizaje si no se dispone del tiempo suficiente para conseguirlo y afirmarlo. Ni es fácil mantener la tensión intelectual y la buena disposición afectiva si no nos permitimos disfrutar de los logros alcanzados. Ambos aspectos merecen especial atención en relación al «tiempo» del aprendizaje: la posibilidad de *sedimentación* del aprendizaje y la posibilidad de *disfrute* del mismo. Todo aprendizaje precisa de un proceso demorado de *sedimentación*.

> Un compañero de Universidad se siente orgulloso porque ha ajustado perfectamente su programa al tiempo disponible: 75 temas para 75 clases. Aparte de que esto le obliga a ir siempre corriendo para poder completar el programa, resulta claro que no podrá disponer de posibilidad alguna para repasar, volver atrás, detenerse en aquellas cuestiones que hayan despertado mayor interés, etc.

Muchas veces confundimos «entender» una explicación con «aprender» el contenido explicado. Si somos buenos comunicadores, podremos hacer que nuestros alumnos entiendan rápidamente los contenidos que les explicamos, pero eso no supone que lo hayan aprendido, esto es, que hayan integrado esos nuevos conceptos, informaciones o prácticas en su repertorio de conocimientos. Eso exige tiempo y vueltas sucesivas sobre los asuntos.

Con seguridad una buena parte de la información recibida (y entendida, desde luego) perderá con rapidez elementos y nitidez. Por eso es preciso volver para recuperar la información perdida, matizar y mejorar su calidad.

Suelo comentar a mis alumnos que el proceso de aprender se parece a los antiguos rodillos que se utilizaban para imprimir sobre gelatina. El primer pase del rodillo sólo dejaba huellas poco claras. Cuando se pasaba una segunda vez las huellas mejoraban en nitidez y aparecían otras nuevas que no se habían grabado en la primera presión. Eran precisos tres o cuatro pases para que la impresión resultara aceptable.

En el aprendizaje pasa lo mismo. La primera pasada deja huellas, sin duda. Se captan las ideas principales y algunos matices. Pero son precisos pases sucesivos para ir mejorando los matices, para que las cosas se vayan entendiendo del todo, para que se vayan relacionando las nuevas informaciones con otras ya asimiladas y para que, al final, todo acabe con constituir un nuevo conocimiento firme y bien asimilado.

Por eso la enseñanza, la buena enseñanza, no es un proceso lineal, sino que se va desarrollando en círculos progresivos. Como si fuera un eterno ritornelo en el que se avanza y se retrocede para seguir avanzando. Algu-

204 La enseñanza universitaria

nos prefieren decir que es como un baile: dos pasos adelante y un paso para atrás.

Tampoco se debe desconsiderar que la práctica, en tanto que tarea-trabajo repetido, trae consigo algunos problemas. Por ejemplo, la *redundancia* y la *pérdida de interés*, los procesos de fatiga y saturación por parte del alumno (las caídas de la atención o la productividad que suelen aparecer en las curvas del aprendizaje), y a la larga, el decaimiento de la implicación en la tarea y de la atención. Por eso lo importante es buscar un nivel adecuado de redundancia: repetir las cosas lo suficiente como para que los aprendizajes vayan asentándose pero tratando de evitar que tales vueltas sobre lo conocido acaben haciendo rutinario o aburrido el proceso de aprendizaje.

El tiempo disponible está también relacionado con la posibilidad de *disfrutar* de los aprendizajes ya realizados.

La presión por concluir los programas y por extender cuanto sea posible los aprendizajes (cultura de la extensión frente a la intensidad) hace que cualquier demora en el proceso nos parezca una pérdida de tiempo y optemos por eliminarla. Por eso vamos pasando de unos temas a otros, de unos aprendizajes a los siguientes sin dejarnos tiempo para saborear lo que acabamos de aprender y ejercitarnos en ello con la satisfacción de quien ya se lo sabe.

Los apresuramientos consiguen convertir los aprendizajes en procesos de esfuerzo constante con escasos momentos de reposo y de disfrute. Seguramente los alumnos, al menos si han puesto un alto nivel de empeño en el proceso de dominio de la habilidad o el conocimiento propuesto, habrán sufrido para conseguir esa nueva competencia, y, una vez conseguida, en lugar de poder disfrutar del logro, pasamos de inmediato a otra actividad que nos supondrá otra vez toda una serie de días de esfuerzo para conquistar algo que no poseemos. Y así vamos de esfuerzo en esfuerzo sin tiempo para disfrutar de los logros que a través de cada uno de esos esfuerzos vamos alcanzando.

El disfrute de los logros intermedios conlleva disponer de tiempo, que después se rentabiliza en el aprendizaje pues tiene sus aspectos positivos como el disfrute de lo aprendido, la posibilidad de experimentar la sensación de éxito y de buenos resultados, reponer energías y reforzar la motivación y la autoestima.

En definitiva pues, la práctica resulta uno de los componentes importantes en el desarrollo de las actividades de enseñanza-aprendizaje. El diseño de las metodologías didácticas y de las condiciones del proceso de aprendizaje debe estar pensado desde la perspectiva de los efectos que la práctica ejerce sobre ellas.

- En tercer lugar, el aprendizaje tiene mucho que ver con la **percepción de la tarea** y de los **procesos instructivos** que posean los estudiantes.

Varios aspectos en este ámbito se han ido revelando como importantes condiciones del aprendizaje. El primero se refiere a la forma en que los alumnos «entienden» (en el doble sentido de «cómo entienden» y «cómo perciben que deben entender») el trabajo a realizar. Nuevamente volvemos al tema de las consignas y/o explicaciones previas sobre el sentido de las tareas de aprendizaje que se les proponen.

Un famoso trabajo de Anderson (1984)[18] aporta hallazgos interesantes en este sentido. La autora observó, recogió sus comentarios y entrevistó a alumnos de escuela primaria mientras trabajaban en sus pupitres. Según sus datos, los alumnos daban más importancia al hecho de «acabar la tarea» (llenar o completar la página) que a hacerlo bien. El objetivo esencial, en el pensamiento de los alumnos, parecía ser el de «completar» lo que el profesor les había puesto más que el de «comprenderlo». Los alumnos que Anderson observó eran de escuela primaria, pero ¿qué podríamos decir si la observación se lleva a cabo en alumnos universitarios? Ésta es, sin duda, una observación bastante común en la mayor parte de las clases. Basta ver las preguntas que hacen los alumnos, lo que les preocupa de la actividad a realizar: ¿Esto entra en el examen?, ¿qué extensión ha de tener el trabajo?, ¿cuándo hay que entregarlo?

Es importante en este trabajo de Anderson la constatación de que existen claras diferencias en cuanto a la «concepción» de la tarea instructiva entre los alumnos mejores y los peores (a nivel de rendimiento). Para los alumnos de bajo nivel de rendimiento hacer una tarea es, con frecuencia, poner en marcha indiscriminadamente una estrategia para completarla tanto si eso hacía que la tarea se resolviera adecuadamente (tuviera «sentido») como si no. Los alumnos con bajo nivel de rendimiento parecían carecer de *estrategias metacognitivas* (habilidad y conocimientos necesarios para adecuar el trabajo a las características de la tarea y para evaluar la propia tarea). Pueden avanzar con los «faroles apagados» por largos trechos de la actividad (como si hubieran asumido cognitiva y afectivamente que la «no claridad operativa» fuera su inevitable compañero de viaje). Incluso son los alumnos que menos ayuda piden para resolver las dificultades que les pudieran surgir. Por contra, una de las características de los alumnos de alto rendimiento es que preguntan más, son más capaces de identificar una situación como problemática y de afrontarla pidiendo ayuda.

Esto nos lleva inmediatamente a considerar que la percepción de los alumnos sobre el trabajo a realizar influye en su forma de resolverlo; si ello es así, parece evidente que los profesores habremos de prestar una especial atención a la forma en que tal «percepción» se construye. Esta cuestión ha de ser referida al principio general de la «optimización de las condiciones de aprendizaje».

---

[18] Anderson, L.W. (1984): *Time and School Learning*. Croom Helm. Londres.

© narcea, s. a. de ediciones

La forma en que los estudiantes conciben el trabajo y su sentido no depende sólo de ellos sino que es, más bien, el resultado de la acción combinada de la intervención del profesor y de las capacidades y experiencias previas de aprendizaje de los alumnos. Por eso resulta tan importante insistir en el importante papel que los profesores desempeñamos en la definición del proceso de aprendizaje. No sólo estamos comprometidos con la enseñanza (explicar nuestra materia de forma que los alumnos la entiendan y practiquen) sino con en el aprendizaje (guiar el proceso personal de adquisición y asimilación de los nuevos significados y habilidades por parte de los alumnos).

Uno de los aspectos básicos de esta condición del aprendizaje, es la forma en que los estudiantes manejan las estrategias cognitivas en el proceso de aprender: cómo las manejan y hasta qué punto son conscientes de ello (eso es, cuando las estrategias cognitivas se convierten en metacognitivas). Ambas cosas son fundamentales.

La investigación sobre los procesos de aprendizaje tiende a confirmar que, en general, los propios aprendices no sólo son conscientes de su particular proceso de aprendizaje (es algo que pueden relatar: cómo manejan la atención, qué tipo de estrategia han utilizado para resolver un problema, qué han hecho en cada caso y por qué, etc.) sino que son igualmente conscientes de que tales habilidades influyen en su rendimiento.

Esta capacidad metacognitiva está presente desde la Educación Infantil. Una de las rutinas ordinarias en esas clases es que los niños explican a sus maestras qué es lo que van a hacer y cómo piensan hacerlo. Una vez finalizada la actuación, vuelven otra vez con su trabajo y cuentan qué es aquello, cómo lo han hecho y qué cosas les han gustado más hacerlas. En definitiva, es el comienzo de este esfuerzo metacognitivo. En esta etapa no se suele pasar, obviamente, del nivel descriptivo (aunque con frecuencia los niños son capaces de explicar también qué cosas han hecho mal y cómo deberían haberlo hecho para que el resultado mejorara), pero a medida que se va ganando en experiencia y en capacidad analítica los alumnos son capaces de introducir referentes más normativos y entrar a juzgar la pertinencia o no de las estrategias empleadas.

Esta capacidad es (o podría ser) muy superior en la Universidad, pero a veces no sucede así, seguramente porque se ha trabajado poco en los otros niveles del sistema educativo y se sigue trabajando poco en la Universidad. Y sin embargo es, probablemente, el principal aprendizaje y el más duradero que los alumnos pueden hacer en su formación: tener claro antes de iniciar una actividad qué es lo que se va a hacer y por qué; ser consciente mientras se realiza los pasos que se están dando y por qué; ser capaces al finalizar la actividad de describir las decisiones adoptadas, las acciones realizadas y evaluar la pertinencia de unas y otras.

Por último, apuntaríamos el grado de percepción que los estudiantes tienen y su capacidad para relatar sus estrategias (esto es, el nivel de consciencia respecto al tipo de estrategias que ponen en marcha) correlaciona positivamente con el nivel de rendimiento obtenido (Peterson y Swing,1982[19]; Peterson, Swing, Stark y Wass,1983[20]). Y que la forma en que los estudiantes perciben las estrategias a utilizar no siempre coincide con la intención de los profesores al organizar la estrategia de aprendizaje: variaciones introducidas por el profesor de cara a diversificar las operaciones mentales de los alumnos pueden ser percibidas por éstos como pertenecientes a un tipo de demanda único y, a la inversa, ejercicios pretendidamente similares por parte del profesor pueden ser vistos por los alumnos como tareas que implican distintos tipos de estrategias (Winne y Marx,1982, 1983[21]).

No cabe duda de que nuestros estudiantes universitarios tienen una idea bastante clara sobre qué tipo de estrategias utilizan para aprender, aunque no suelen pensar mucho en ello, lo que dificulta la posibilidad de mejorarlas. Säljö (1979)[22] llevó a cabo un estudio para identificar las concepciones que los estudiantes universitarios tenían sobre el aprendizaje. Identificó varios tipos de concepciones, a las que en un estudio posterior Marton, dall'Alba y Beaty (1993)[23] anadieron una más. Así pues, para los estudiantes universitarios el aprendizaje aparece como:

— Un proceso de *acumulación* de conocimientos. Aprender es adquirir información (saber mucho o saber más). Se produce mediante la asimilación y almacenamiento de las informaciones suministradas por profesores, libros u otros soportes.

— Un proceso de *memorizar y reproducir*. Aprender es memorizar informaciones (a través de repeticiones) y ser capaz de recordarlas y reproducirlas (en un examen, una actividad, etc.).

— La capacidad de *aplicación* de conocimientos. Aprender es adquirir habilidades y formas de actuación que pueden ser conservadas y aplicadas posteriormente cuando sea necesario.

— *Dar sentido y significado* a las cosas. Aprender es saber relacionar unas partes de las disciplinas con otras o con el mundo real.

---

[19] Peterson, P.L. y Swing, S.R. (1982): «Beyond time on task: students' reports of their cognitive processes and affective thoughts during classroom instruction». Paper. Annual Meeting of AERA. Montreal.

[20] Peterson, P.L. et alii (1983): «Students' reports of their thought processes during direct instruction», en *Elementary School Journal*, 82. Págs. 481-491

[21] Winne, P.H. y Marx, R.W. (1983): *Students cognitive processes while learning from teaching*. Simon Frases Univ. Burnaby, British Columbia.

[22] Säljö, R. (1979): «Learning in the Learner´s Perspective: some commonsense conceptions», *Reports of the Institute of Education*, nº 76. University of Gotenbörg.

[23] Marton, F.; dall'Alba, G. y Beaty, E. (1993): «Concepcions of Learning», *International Journal of Educational Research*, 19. Págs. 277-300.

© narcea, s. a. de ediciones

— *Interpretar y entender* la realidad. Aprender es cambiar los significados o la comprensión que tenemos de las cosas, reelaborando nuestros conocimientos previos.

— Un proceso de *desarrollo personal*. Aprender es desarrollarse como persona, comprender el mundo de otra manera y como consecuencia, cambiar uno mismo (haciéndose responsable del propio conocimiento y conducta).

Chalmers y Fuller (1996)[24] recogen estas seis concepciones otorgándoles una estructura jerárquica. Estos autores las plantean como una especie de taxonomía del aprendizaje. Situarse en un cierto nivel implica que se conocen y han superado los niveles anteriores del aprendizaje, y que uno está en condiciones de desarrollar una perspectiva más elevada de lo que supone aprender.

Pero más importante aún que las concepciones del aprendizaje que poseen nuestros estudiantes son las *estrategias* que emplean para aprender. La literatura especializada ha prestado notable atención al tema de los *estilos de aprendizaje*. Entwistle y Ramsden (1983)[25], Marton y Saljo (1984)[26], Biggs (1987)[27], Entwistle (1992)[28] por ejemplo, hablan de tres: superficial, profundo y estratégico.

— *Superficial (surface approache)*: la intención es externa y extrínseca al propósito real de la tarea. El estudiante afronta el aprendizaje no con la intención de entenderlo o trabajarlo en profundidad (no se reflexiona sobre el objetivo a alcanzar o sobre la mejor estrategia a utilizar) sino con la idea de aparentar que lo hace (superar la prueba o completar la tarea con el menor esfuerzo posible). Se aprende o desarrolla el trabajo sin especial intensidad, sin ampliaciones, sin relacionarlo con otras cosas. Es un tipo de aprendizaje muy reproductivo, de ahí que su capacidad de transferencia a otros contextos sea baja.

— *Profundo (deep approache)*: la intención es afrontar en profundidad el material o tarea a aprender. Se trabaja con el material utilizando capacidades cognitivas de alto nivel (síntesis, análisis, comparaciones y

---

[24] Chalmers, D. Y Fuller, R. (1996): *Teaching for Learning at University. Theory and Practice.* Kogan Page. London.
[25] Entwistle, N. y Ramsden, P. (1983'): *Understanding Student Learning.* Croom Helm. London.
[26] Marton, F. Y Säljö, R. (1984): «Approaches to Learning», en F. Marton, D.J. Hounsell y N. Entwistle (Eds.): *The Experience of Learning.* Edinburgh. Scottish Academic Press.
[27] Biggs, J.B. (1987): *Student Approaches to Learning and Studying.* Australian Council for Educational Research. Melbourne.
[28] Entwistle, N. (1992): *The impact of Teaching on Learning Outcomes in Higher Education.* Centre for Research on Learning and Instruction. University of Edinburgh.

contrastes, etc.) y tratando de identificar los puntos clave y los principios subyacentes a las cuestiones planteadas que sirven para integrar las ideas. Se aprovechan los conocimientos y experiencias que ya se poseen sobre esa cuestión. Al final, los estudiantes son capaces de dotar de una cierta lógica personal a lo que aprenden por lo que son capaces de superar un aprendizaje meramente reproductivo para alcanzar un nivel más transformador y creativo.

— Estratégico o basado en el *logro* (*strategic approach*): la intención es obtener el máximo rendimiento, las calificaciones académicas más altas, no por el hecho de que indiquen un alto nivel de aprendizaje sino por el valor en sí de dichas calificaciones. De ahí que el estudiante se adaptará a cuantas condiciones se le pongan: memorización, aplicación, ampliación de contenidos, etc. Hará todo aquello que sus profesores le pidan, lo que traslada a éstos una buena parte de la responsabilidad de si al final el aprendizaje logrado es sólo superficial o si es profundo (porque dependerá del tipo de planteamiento y exigencias que los profesores planteemos). En general, se trata de buenos estudiantes, capaces de poner en marcha estrategias muy variadas para conseguir su objetivo: toman nota de todo lo que se dice (sus apuntes suelen ser muy buenos), organizan su estudio centrándose en las cuestiones que van a ser evaluadas, cumplen con las condiciones de trabajos a realizar y plazos de entrega, etc. Si la presión por el objetivo es excesiva (cuando se sienten muy presionados para obtener buenas calificaciones) la tensión puede hacerse excesiva y dar lugar a comportamientos patológicos: competitividad con los compañeros, estrategias de engaño al profesor, fuertes niveles de estrés y ansiedad personal, etc.

A estos modelos más generales y normalizados cabría añadir otras modalidades que Entwistle (1992b)[29] se ha atrevido a denominar *patológicas* por estar saturadas de sentimientos y actitudes negativas, por una fuerte desorganización en el manejo de la información y en la comprensión, por bloqueos intelectuales, por hábitos dilatorios, etc.

En conclusión, la importancia de este factor perceptivo y la forma en que condiciona el estilo de aprendizaje que cada estudiante pone en marcha para aprender, deja sentada la necesidad de *clarificación* de las tareas de aprendizaje y la importancia de la *actuación orientadora* por parte del profesor con respecto al proceso cognitivo y metacognitivo que los estudiantes realizan (Trillo,1986[30]).

---

[29] Entwistle, N. (1992b): «Student learning and Study Strategies», en B.R. Clark y G. Neave (Eds.): *The Encyclopedia of Higher Education*. Pergamon Press. Oxford.
[30] Trillo, F. (1986): «Análisis del fracaso escolar: autoestima, atribución y desamparo aprendido». Tesis doctoral. Dpto. de Didáctica y Organización Escolar. Univ. de Santiago de Compostela.

© narcea, s. a. de ediciones

Estamos nuevamente ante la moraleja central de esta historia: lo importante es un «nuevo» concepto de enseñanza que no reduzca su sentido a la mera exposición-explicación de la materia.

- En cuarto lugar, el aprendizaje de los sujetos se ve condicionado por la particular «**negociación de expectativas**» que se produce entre profesores y alumnos.

La obra de Roshental y Jacobson (1968)[31] con su *mito de Pygmalion* supuso un importante desafío para teóricos y prácticos de la enseñanza. Pensar que la idea que uno se haga de sus alumnos va a actuar como una especie de «profecía» que es bastante probable que se cumpla (porque condiciona la forma en que nos relacionamos con ellos) no deja, ciertamente, de ser perturbador para cualquier profesional.

La tendencia a la *tipificación prematura* y a *catalogar* a nuestros estudiantes según criterios borrosos, está bastante arraigada en nuestra cultura profesional. No en vano señala Doyle (1977)[32] que la tendencia a *agrupar* (*chunking*) es uno de los mecanismos a través de los que los profesores intentamos neutralizar la complejidad y diversidad presentes en el aula. En ese agrupamiento, inmediatamente diferenciamos a los alumnos brillantes de los torpes, a los atentos de los distraídos, a los «buenos» y obedientes de los «malos» e indisciplinados. Y todo ello no puede dejar de traslucirse en los mensajes que les transmitimos.

Un importante cuerpo de la literatura sobre el aprendizaje se ha referido al nivel de expectativas de los propios estudiantes y a la percepción que tienen de las expectativas que sobre ellos poseen sus profesores (la enseñanza desde el *interaccionismo simbólico*).

Los alumnos perciben, por ejemplo, diferencias en la forma que tienen los profesores de tratarles en función de sus resultados escolares (véase Weinstein, 1983[33] para una revisión de trabajos sobre esta cuestión): esa diferencia se muestra en que, según los estudiantes, los profesores esperan más y exigen más a los alumnos de mejores resultados académicos a los que también otorgan un tratamiento especial (les conceden ciertos privilegios).

Niños de la escuela primaria valoran más en sí mismos los aspectos que más valoran sus profesores; el autoconcepto sobre la propia habilidad y ca-

---

[31] Rosenthal, R. y Jacobson, L. (1980): *Pygmalion en la escuela. Expectativas del maestro y desarrollo intelectual del alumno*. Marova. Madrid.
[32] Doyle, W. (1977): «Learning the Classroom Environment: an ecological analysis», en *Journal of Teacher Education*, 28 (6). Págs. 51-55.
[33] Weinstein, R.S. (1983): «Student Perception of Schooling», en *Elementary School Journal*, 83 (4). Págs. 287-312.

pacidad de rendimiento se construye a partir de la información explícita e implícita que los profesores les suministramos. Es difícil saber si esta capacidad de transferencia de la «percepción» del profesor a la autopercepción de los alumnos perdura durante los años siguientes, pero parece claro que los estudiantes de todas las edades valoran más en ellos mismos aquellas competencias relacionadas con las disciplinas en las que van teniendo más éxito académico. No me cabe duda, de que el *feedback* que los profesores universitarios trasladamos a nuestros estudiantes acaban haciendo mella en su propia autoimagen.

La transmisión de las expectativas no siempre se apoya en mensajes positivos o negativos explícitos sobre la habilidad de cada estudiante. Aunque solemos felicitar en público a los alumnos que lo hacen bien, afortunadamente pocos profesores son tan poco sensibles como para poner en ridículo públicamente a sus alumnos. Pero también a través de ciertas formas de trato se transmiten las expectativas y valoraciones que mantenemos. Se producen, por ejemplo, claras diferencias en la dimensión confirmación-desconfirmación personal (consciente e inconsciente) en los mensajes que los profesores transmitimos a los alumnos «preferidos» y a aquellos otros catalogados como «problemáticos» (Quintín Alvarez, 1998[34]).

Los efectos de este juego de expectativas son más débiles en la Universidad que en otros niveles más bajos de la escolaridad. Nuestros estudiantes son adultos y desarrollan un tipo de manejo de su proceso de aprendizaje mucho menos dependiente del contexto (y por tanto, menos dependiente de la particular forma de interacción que mantenga con sus profesores). Pero el serlo en menor grado, no impide que también en su caso, las expectativas de los profesores constituyan condicionantes sustantivas de su aprendizaje.

> Es preocupante la progresiva generalización en la Universidad de una imagen negativa con respecto a los actuales alumnos: no vienen preparados, se esfuerzan poco, sus inquietudes culturales son escasas y superficiales, etc. Si es eso lo que pensamos de ellos necesariamente se nos ha de notar en el trato y en el tipo de planteamientos que hagamos en las clases. Con lo cual entramos en un círculo vicioso en el juego de expectativas: esperamos poco porque los consideramos poco capaces y así ellos se sienten menos comprometidos y rinden menos porque sienten que esperamos poco de ellos.

En todo caso, las expectativas de los profesores han sido destacadas como uno de los elementos que ejercen una influencia muy especial en el rendi-

---

[34] Alvarez Nuñez, Quintin (1998): «A pragmatica da comunicacion e a interaccion profesor-alumno na aula: análise e evolución do control relacional». Tesis Doctoral. Dpto. de Didáctica y Organización Escolar. Univ. de Santiago de Compostela.

miento de los alumnos. Tal influencia se ejerce a través de la mediación o interferencia que ejerce sobre el proceso de aprendizaje la forma en que los alumnos viven tales expectativas. Cooper (1979[35]) ha planteado esa influencia a través de dos fenómenos que se producen en la relación entre profesores y alumnos: la derivación de las expectativas en refuerzos de un signo u otro y la contingencia de las expectativas-refuerzos con el propio comportamiento.

Según el modelo de Cooper los estudiantes sobre los que los profesores mantienen alto nivel de expectativas reciben refuerzos positivos que son contingentes (esto es, coherentes, proporcionados, pertinentes) con el trabajo o el comportamiento del alumno. Es decir, la reacción del profesor a las acciones de los alumnos sobre los que se mantienen expectativas altas parecen adecuadas y de tono positivo. Los estudiantes sobre los que los profesores mantienen bajos niveles de expectativas reciben menos refuerzos positivos y más negativos o pueden no recibir refuerzo alguno o refuerzos no contingentes con su esfuerzo en las tareas. Para con ellos, los refuerzos están centrados sobre todo en el mantenimiento de los requisitos y exigencias de la clase o disciplina. Veremos más detenidamente este tipo de efectos al hablar de la *atribución* en el punto siguiente.

Es todo caso, ésta es una cuestión interesante de la que pocas veces somos conscientes. Por unas razones u otras, en un tiempo más largo o más corto, vamos haciéndonos una idea de nuestros alumnos, les vamos poniendo o quitando cualidades (inteligente, creativo, vago, ambicioso, buen compañero, estudioso, responsable, aprovechado, capaz o incapaz en las cuestiones propias de nuestra disciplina). Cuando los grupos son muy numerosos, muchos alumnos quedan en la penumbra de la colectividad y sólo unos pocos son los que aparecen en nuestro campo de visión. Sobre ellos creamos un marco de expectativas. Esas expectativas son las que «connotan» nuestra relación y pueden llegar a afectar su aprendizaje.

Una constatación importante con respecto a este intercambio de expectativas entre profesores y alumnos es que sus efectos sobre el aprendizaje de los alumnos tiene un fuerte *sentido individual*. Esto es, afectan más a individuos concretos (y por tanto en función de relaciones didácticas profesor-alumno) que al conjunto de una clase o un grupo (Wittrock,1986)[36]. Dentro de un mismo grupo los estudiantes responden de manera muy diversas a las expectativas del profesor, a su modo de guiar el aprendizaje, a los refuerzos, etc. Esto quiere decir que los alumnos procesan de manera autónoma y generalmente autorreferida (en función de la propia experiencia anterior) las intervenciónes técnicas y las transacciones de todo ti-

---

[35] Cooper, H. (1979): «Pygmalion grows up: a model for teacher expectation communication and performance influence», en *Review of Educational Reserach*, 49. Págs. 389-410.
[36] Wittrock, M.C. (1986): «Students' Tought Processes», en M.C. Wittrock (Dir.): *Handbook of Research on Teaching*. 3rd. Edition. MacMillan. N. York.

po que en el proceso de enseñanza se generan (demandas mutuas, intercambios verbales y no verbales, procesos de simpatía o de antipatía, de apoyo o de exigencia, etc.). Los mismos recursos puestos en marcha por el profesor generan distinto tipo de procesos. De esta manera, los procesos de enseñanza-aprendizaje se convierten paralelamente en procesos de aprendizaje mutuo (profesores y alumnos se estudian y definen unas modalidades de relación a base a aproximaciones sucesivas).

Este sentido individual de la influencia no anula, de todas maneras, las abundantes evidencias empíricas sobre el diferente trato que los profesores dan a ciertos tipos de estudiantes (de alto y bajo rendimiento, de conducta adaptada o desadaptada, en función de su *background* social, de su grupo étnico, de su sexo, etc.).

Uno de los aspectos importantes es el que se refiere al «conocimiento del alumno», condición que se plantea de forma muy variada en la Universidad. Para muchos profesores no es imprescindible conocer a sus alumnos, al menos, no conocerlos personalmente. En otros casos, esa posibilidad ni siquiera existe al tratarse de grupos muy numerosos. Los alumnos se convierten así en «sujetos invisibles». En este caso el problema no es ya cuál es la expectativa que te creas en torno a ellos sino el hecho mismo de que no existe expectativa alguna puesto que no existe relación.

En estas condiciones, desaparece la capacidad del profesor para «guiar» a sus alumnos, al menos de forma personal. Los profesores podemos salvar la situación de diversas maneras, pero todas ellas deficitarias; por ejemplo, generando una especie de «imagen tipo» sobre nuestros estudiantes. Ésta ha solido ser la tendencia habitual de los profesores: mantenerse en el ejercicio de la docencia como una actividad «neutra» (despersonalizada, no dirigida a nadie en concreto sino a un colectivo cuyas características se presumen como más o menos homogéneas).

Esa «imagen tipo» se construye a partir de condiciones externas a los propios sujetos: el curso, la disciplina, las características mayoritarias, etc. Es decir, no es que no haya expectativas sino que no se corresponden con cada sujeto sino con las condiciones que «formalmente» deberían caracterizar al grupo en su conjunto.

Otra posible forma de intentar «guiar» al alumno es convirtiendo al grupo de estudiantes en una especie de «destinatario difuso» cuya relevancia resulta marginal en el proceso. Esto sucede con notable frecuencia en la enseñanza media y superior. La consideración del contenido disciplinar y de su lógica interna desplaza a la consideración de los destinatarios. El aspecto sustantivo de la docencia pasa a residir en los contenidos. El hecho de que los destinatarios sean unos u otros se considera como una cuestión secundaria.

Éste es un riesgo especialmente fuerte en los procesos de enseñanza a distancia. La propia lejanía e indefinición de los sujetos a los que va destinado el mensaje didáctico hace que no sea fácil identificar sus posibles características y así acabe predominando la lógica interna de los contenidos sobre cualquier otra consideración.

También resulta difícil atender la dimensión personal de los sujetos en muchos de los procesos de enseñanza presencial cuando los grupos son muy heterogéneos (a causa de las diferencias en edad, formación, motivación, orientación de los estudios o perfiles profesionales, etc.). Algunos docentes tienden a resolver ese problema desconsiderando al grupo y sus condiciones y actuando como si no hubiera destinatarios (o creando un «destinatario virtual» al que se pueden atribuir aquellas características que uno mismo considere oportunas).

La cuestión básica para el profesor estriba en saber adoptar una distancia crítica respecto a sus propios patrones de relación con los alumnos de su clase y a la vez en tratar de diseñar (en la corta medida en que una relación es diseñable) modos de relación personalizados con los alumnos como sujetos individuales (procesadores singulares de sus intentos de influencia en el aprendizaje). Las relaciones pocas veces se planifican: suceden de una cierta manera y uno las puede ir analizando para adaptarlas a las características que desea imprimirles.

En resumidas cuentas, el aprendizaje, desde la perspectiva del alumno, constituye una «negociación de expectativas» (Mead,1972[37]) que con frecuencia suelen cortocircuitarse («como esperan menos de mí, rindo menos y al rendir menos confirmo que no se puede esperar mucho de mí»).

- Otro factor importante por su incidencia en el aprendizaje de los alumnos es el que se refiere a los **procesos de atribución.**

La dinámica atribucional del proceso de enseñanza-aprendizaje condiciona el desarrollo de dicho proceso en la medida en que la propia motivación para la participación y el rendimiento adquiere «sentido» en función de a qué se atribuya la causa del propio éxito o fracaso.

Así pues, y simplificando mucho los aspectos básicos de este modelo, los procesos de atribución se asientan sobre tres conceptos básicos: *habilidad, esfuerzo y éxito.*

Durante los primeros años de su escolaridad, los niños no diferencian entre los tres aspectos ni establecen relaciones de causa-efecto entre ellos. Pero a medida que se van desarrollando van siendo capaces de discriminar y establecer relaciones de conexión. En la Universidad debería estar claro cuál es la particular relación entre esos tres vectores en su caso concreto. Esas relaciones percibidas actúan como un importante mediador cognitivo del rendimiento escolar.

La experiencia cotidiana nos coloca ante situaciones en las que la atribución está jugando un papel fundamental como elemento de explicación

---

[37] Mead, G.H. (1972): *Espíritu, Persona, Sociedad.* Paidós. Buenos Aires.

de lo sucedido. Es el caso del chico o chica que no ha superado una prueba y que está convencido de que ha sido por culpa del tipo de prueba que le han puesto (muy difícil o poco apropiada a lo que había trabajado) o de su profesor (que le tiene una manía inmisericorde desde hace bastante tiempo). Hay otros que asumen resignados su fracaso porque entienden que no valen para eso y que no serían capaces de hacerlo bien por mucho que se esforzaran (lo viven más como una cuestión de capacidad que de esfuerzo o de estrategia de estudio). Otros, por el contrario, lo plantean, simplemente, como una cuestión de buena o mala suerte (en todo caso, el éxito o fracaso se deja fuera de su vinculación a las dimensiones de habilidad o esfuerzo).

Así, los éxitos pueden ser atribuidos a la propia capacidad natural (uno asume que no le cuesta un gran esfuerzo aprender porque es muy inteligente), o al esfuerzo realizado (se lo ha merecido y por eso ha tenido éxito), o a la condescendencia de sus profesores (da lo mismo lo que haga, al final me aprueban). Con la vivencia del fracaso acontece otro tanto. También en este caso lo puedo atribuir a mi incapacidad natural (frente a lo que nada puedo hacer), a que no me he esforzado lo suficiente (lo cual sí tiene remedio) o a las injusticias cometidas por los demás (frente a lo cual tampoco tengo nada que hacer salvo protestar y autojustificarme).

Desde la perspectiva de la *teoría de la atribución* se ha arrojado nueva luz sobre diversos componentes de las estrategias didácticas como son los refuerzos, las alabanzas, la motivación y participación de los alumnos, etc. El alumno necesita percibir las relaciones de contingencia entre habilidad y éxito y entre esfuerzo y éxito para sentirse implicado en las tareas. Ni los refuerzos, ni las alabanzas, ni los éxitos ejercen por sí mismos efectos destacables en el aprendizaje sino efectos mediados por cómo y a qué los atribuya el alumno: si a su propio mérito o a factores casuales o a una acción indiscriminada y sin criterio por parte del profesor.

Las líneas de investigación dentro de este ámbito tanto en torno al *locus of control*[38] como al *desamparo aprendido*[39] concretan aún más las derivaciones didácticas de la atribución. Se suele señalar que, según el tipo de conexiones que los alumnos establezcan entre los tres elementos citados (*habilidad, esfuerzo, éxito*) así tenderán a ver el proceso de aprendizaje en su conjunto y se sentirán más o menos dueños de las oscilaciones del proceso de aprender. Lo principal es llevarlos hacia una lectura del proceso de

---

[38] Neologismo para indicar dónde sitúa el sujeto el control de su comportamiento, si en sí mismo o en factores y condiciones externos a él.

[39] Expresión que indica un cierto estilo de adaptación de los sujetos a situaciones negativas o de fracaso que atribuyen a factores ajenos a sí mismos. Es una especie de esquema que les resulta útil para autojustificarse (haga lo que haga no puedo tener éxito) y evitar el compromiso personal.

© narcea, s. a. de ediciones

aprendizaje que sitúe éste bajo su propio control, que atribuyan su éxito o su fracaso más al esfuerzo realizado (variable que ellos pueden graduar) que a las habilidades o a la intervención de los otros o al azar (elementos que no pueden graduar). Cuanto más el proceso de aprendizaje quede bajo el propio control mejor será su motivación e implicación en las tareas que se les propongan.

Desde una perspectiva cognitiva, la percepción de la *contingencia* (o «causalidad» en términos de Weiner,1975[40]) entre habilidad y esfuerzo por un lado y resultados del aprendizaje (incluidos los resultados en sí como sus efectos a nivel de alabanzas, refuerzos, etc.) por el otro, aparece como un elemento clave. Wittrock (1986[41]) señalaba:

> «Una hipótesis que surge de este modelo atribucional y de otros relacionados con él es que los estudiantes se verán fuertemente motivados a continuar en el aprendizaje si atribuyen el éxito o fracaso a su esfuerzo o falta de esfuerzo más que a factores sobre los que ellos no tienen posibilidad de ejercer control, como por ejemplo su habilidad, suerte u otra gente» (pág. 304).

La importancia de este aspecto como estructura mediadora que genera o disipa el esfuerzo, la motivación y la responsabilidad hacia las tareas escolares es doble. Por un lado, por su gran impacto en el aprendizaje (Nowicki y Strickland,1973[42] señalaban que las medidas de *locus of control* predicen el rendimiento académico mejor incluso que las medidas de inteligencia) y, por el otro, por lo que sugieren-implican de procesos de intervención didáctica (importancia de transmitir a los alumnos la idea de que ellos son los auténticos protagonistas de su trabajo, negociar con ellos el sentido del éxito o fracaso de sus resultados, introducir procesos de metacomunicación para analizar qué tipo de lectura se está realizando sobre los refuerzos, distribución de tareas, etc. que el profesor realiza, y así sucesivamente). Autores como McCombs (1983)[43], Wang (1983)[44] y otros, desarrollaron programas dirigidos a fomentar en los estudiantes la percepción de que son ellos quienes ejercen el control en su aprendizaje (o que los resultados logrados depen-

---

[40] Weiner, B. (1975): «A theory of motivation for somme classroom experiences», en *Journal of Educational Psychology*, nº 71. Págs. 3-25.
[41] *Op. cit.*.
[42] Nowicki, S. Jr. y Strickland, B.R. (1973): «A locus of control scale for children», en *Journal of Consulting and Clinical Psychology*, 40. Págs. 148-154
[43] McCombs, B.L. (1983): «Motivational skills training: helping students to adapt by talking personal responsability and positive self-control». Paper. AERA Annual Meeting. Montreal.
[44] Wang, M.C. (1983) : «Development and consequences of students' sense of personal control», en Levine. J. y Wang, M.C. (Edits.): *Teachers and Students Perceptions: implications for learning*. Lawrence Erlbaum. Hillsdale, N. Jersey.

den de ellos y no de fuerzas externas e incontrolables) y para dotarlos de técnicas adecuadas para poner realmente en práctica tal asunción (saberse plantear objetivos realistas, saber controlar su tiempo de aprendizaje, poseer estrategias de aprendizaje adecuadas, desarrollar habilidades metacognitivas, etc.).

- Otro aspecto al que se le ha venido concediendo notable importancia en las tareas de aprendizaje es a la **atención** y la **implicación personal**.

A ningún profesor se le escapa la importancia de la atención como condición fundamental para poder llevar a cabo el aprendizaje. Tanto más importante esta condición cuando se pretende que los alumnos lleven a cabo procesos de aprendizaje más profundos y significativos.

Resulta, por otro lado, interesante aproximarse analíticamente al concepto de atención y a su repercusión en el aprendizaje por cuanto se trata de un elemento en el que se entrecruzan todo un conjunto de factores tanto internos (cognitivos, afectivos y de personalidad de los sujetos) como externos (las condiciones del ambiente de aprendizaje, la forma de enseñanza utilizada, el tipo de contenidos de que se trate, etc.). De ahí que en algunos casos se haga referencia a la «atención», pero en otros casos se haya preferido hablar de «implicación personal» o de motivación.

En la tradición didáctica, la atención se ha abordado desde diversas perspectivas:

— Los modelos del *mastery learning* (Bloom, 1968[45]; Carroll, 1963[46]) y otros centrados en el *tiempo* que el alumno se entregaba a la tarea (Berliner, 1979[47]) utilizaron una versión objetiva y externa de la atención (el tiempo que el alumno permanecía «aparentemente» implicado en la tarea).

Un principio importante de estos modelos fue el conocido aforismo de que «cualquier cosa puede ser aprendida por cualquier persona con tal de que disponga del tiempo suficiente». De esta manera, el factor temporal pasaba a convertirse en un componente fundamental de los procesos de aprendizaje. Las condiciones particulares de los sujetos (el tan traído y llevado «nivel») no son determinantes del aprendizaje posible, sólo lo condicionan en el sentido de que según cuáles sean tales condiciones deberá variar el tiempo necesario para que el aprendizaje se produzca.

---

[45] Bloom, B.S. (1968): «Learning for Mastering», en *Evaluation Comment*, 1(2). UCLA-CSEIP.
[46] *Op. cit.*
[47] *Op. cit.*

© narcea, s. a. de ediciones

- Los modelos cognitivos se han acercado a la atención desde una versión subjetiva e interna (la atención como el *tiempo «real»* que los sujetos cuentan haber dedicado a las tareas y como la forma en que han abordado los datos o informaciones suministradas, esto es, como *estrategia cognitiva*).
La idea, en este caso, es que el tiempo no cuenta tanto en su sentido de tiempo «disponible» (como unidades de duración programadas para el desarrollo de un cierto aprendizaje) cuanto en su sentido más subjetivo y personal (el tiempo que el alumno ha estado efectivamente implicado en las tareas de aprendizaje). No es el tiempo «ofrecido» lo que influye en el aprendizaje sino el tiempo «utilizado».

- En la actualidad están apareciendo otro tipo de enfoques mixtos en los que se integran los planteamientos cognitivos con otros de orientación humanística. Ferre Laevers (1997)[48] ha utilizado el criterio de «implicación» (*involvement*) y «bienestar» (*well being*) para determinar hasta qué punto los sujetos están realmente metidos en las actividades que están llevando a cabo. Este autor ha desarrollado una escala (con cinco niveles de implicación) para observar el nivel logrado en ambas dimensiones tanto por parte de cada alumno (*target learner*) como en relación al clima de la clase.
Los sujetos aprenden más, sugiere Leavers, cuando están efectivamente implicados en las tareas que están llevando a cabo. Esta implicación se hace visible a través de una serie de indicadores: la *continuidad* en la actividad, la *intensidad* en la acción, el nivel de *reto cognitivo* que supone la tarea, etc.

- No podemos olvidar que la atención puede ser abordada desde una perspectiva externa, esto es, en tanto que cualidad de los estímulos que se presentan a la consideración de los sujetos. Desde esta perspectiva, muy importante para nosotros en tanto que docentes, la atención no es sólo una capacidad de los sujetos que aprenden, es también una cualidad de los contenidos que les enseñamos (cómo están diseñados los materiales y codificada la información) y de la metodología que utilizamos.
Parece lógico suponer que asuntos interesantes pueden captar mejor la atención que otros más aburridos. O que una metodología activa presenta mejores posibilidades de provocar la implicación de los sujetos que situaciones en las que ellos se mantienen en una posición receptiva. También existen estrategias didácticas especialmente recomendables para captar, centrar y mantener la atención. Hablaremos de ello en el capítulo dedicado a la docencia.

---

[48] Laevers, F. (1997): «Assessing the Quality of Childcare Provision: 'Involvement' as Criterion», en *Researching Early Childhood*, Vol. 3 (1997). Goteborg University. Págs. 151-166.

© narcea, s. a. de ediciones

— De la misma manera, los estudios ambientales han puesto de manifiesto la importancia que tienen los contextos en tanto que ecosistemas que regulan los comportamientos de los sujetos. La atención es igualmente subsidiaria de la calidad del ambiente de aprendizaje. En general, la enseñanza universitaria presta poca atención a la forma en que están dispuestos los ambientes de aprendizaje. Nuestras aulas son, con frecuencia, ambientes poco aptos para centrar la atención: aulas frías, poco estimulantes, incómodas, etc. Yo creo que se ha partido de la idea de que el aula es sólo «un lugar» y que, por tanto, resulta un aspecto de nula importancia para el aprendizaje.

Muchos de los problemas de aprendizaje pueden ser abordados desde la perspectiva de la atención. Desde luego los referidos a las distracciones y falta de concentración, pero también otros más complejos en los que esa dispersión atencional es sólo uno de los síntomas: la tendencia a los aprendizajes *superficiales*, la reducción del nivel de dificultad de las *tareas*, la dificultad para llevar a cabo *construcciones personales* de los contenidos a aprender prefiriendo asumir las informaciones de memoria o con un nivel de interpretación personal bajo, etc.

En cualquier caso la atención (en el sentido de implicación real y con «sentido») aparece como una nueva estructura (cognitiva y motivacional) de mediación que los alumnos sitúan entre enseñanza y aprendizaje. Los docentes no podemos dejar de tomarla en consideración. A nivel práctico junto a estrategias cognitivas específicas que forman parte de algunas técnicas de estudio, suelen señalarse como tácticas concretas que pueden mejorar la atención de los alumnos, las siguientes:

— Introducción de *preguntas* iniciales, a lo largo de la actividad y finales (Fernández Huerta, 1974[49]). Las preguntas iniciales y durante el proceso facilitan centrarse en las cuestiones relevantes de la tarea, mientras que las finales facilitan la comprensión global incluyendo la posibilidad de discriminar entre información relevante y no relevante (Boker, 1974[50]).

Las interrogaciones (al igual que las admiraciones e interjeciones) constituyen apelaciones personales al receptor. Se le implica en el desarrollo del discurso. No siempre logran su efecto (por ejemplo cuando resulta demasiado evidente que se trata de preguntas retóricas o cuando se ha hecho ya tan habitual la presencia de interrogaciones que se convierten en una rutina del estilo docente, una especie de coletilla que resulta poco eficaz).

---

[49] *Op. cit.*
[50] Boker, J.R. (1974): «Inmediate and delayed retention effects of inters-persing question in written instructional passages», en *Journal of Educational Psychology*, 66. Págs. 96-98.

© narcea, s. a. de ediciones

220 La enseñanza universitaria

Algo de eso le ocurrió al profesor Fernández Huerta al elaborar las Unidades Didácticas que servían como material de estudio de los alumnos de la Universidad a Distancia. Tomándose en serio su propio principio de la relevancia de las preguntas, las incorporó en gran cantidad a los diversos temas que abordaba en los textos. Pero se le fue la mano. Había páginas enteras en las que todo eran preguntas: «¿Y no le parece a usted que esto podría definirse como...? ¿Qué pensaría si yo le dijera que...? ¿Cómo interpretaría usted los siguientes datos...?» Y así hasta configurar una especie de estilo de exposición en el que iban haciendo afirmaciones pero en forma de preguntas y siempre dejando un poco en suspenso si se trataba de una afirmación, de una mera posibilidad o de una pregunta real. Los alumnos se aprendieron el truco y lo utilizaban igualmente en los exámenes. Ante las preguntas que se les hacían sus respuestas seguían la misma estrategia: «¿No le parece a usted que esto podría plantearse de la siguiente manera...?

— Introducción de *referencias personales*, alusiones específicas a personas concretas, etc. En general, la «humanización» del discurso facilita la atención de los estudiantes. De ahí la importancia que tiene el hacer referencia a biografías, a actuaciones de científicos, etc. Los discursos puramente enunciativos (datos, definiciones, explicación de procesos, etc.) resultan más conceptuales y fríos.

Frente a los discursos meramente denotativos en los cuales las ideas se tratan como unidades informativas neutras, los discursos connotados resultan más motivadores. Los primeros exigen un esfuerzo de decodificación muy vinculado a estructuras conceptuales y conocimientos previos. Si ese mismo tema o asunto se sitúa en un contexto más connotado los procesos de decodificación adquieren una dimensión más personal, aparecen como informaciones que pueden ser entendidas e interpretadas por analogía a elementos de la propia experiencia.

Por eso tienen tanta importancia los ejemplos y las historias. Entre tener que trabajar un concepto como una mera unidad informativa a hacerlo en relación a una persona (la forma en que alguien llegó a plantearlo de ese modo, la historia del concepto, sus repercusiones personales, etc.) existe una gran diferencia a favor de esta última, al menos en lo que se refiere al aprendizaje.

— El señalamiento claro del *objetivo* que se persigue en la tarea es otro aspecto que facilita la atención. También lo hace el suministro de guías u orientaciones que sirvan de «pistas de centramiento» (ayudas para volver a los asuntos centrales de la cuestión o el problema).

Parece comprobado que las orientaciones concretas son más reforzadoras de la atención que las más genéricas y vagas. Otro tanto

© narcea, s. a. de ediciones

sucede con las que se refieren a aspectos objetivos de la tarea (cómo analizar, cómo hacer, cómo moverse ante una situación concreta). Ese tipo de indicaciones es también más eficaz para reforzar la atención real que las que se refieren a criterios u orientaciones complejas (importancia de hacer algo, método general, etc.).

— Otras estrategias como señalar la idea principal, subrayar los puntos más importantes, hacer resúmenes, copiar la tarea, etc. han demostrado también ser eficaces en el desarrollo de la atención en cuanto proceso cognitivo (Weinstein y Mayer, 1986[51]).

— En general, la incorporación de los *organizadores previos* (Ausubel, 1963)[52] ayudan a decodificar más adecuadamente la información, a dotar de más sentido lo que se aprende y a centrarse en sus aspectos importantes.

«La función de un organizador consiste en proporcionar un armazón ideativo para la incorporación y retención estable del material más detallado y diferenciado que se va presentando en el proceso de aprendizaje, así como para aumentar la discriminación entre ese material y las ideas semejantes u ostensiblemente contradictorias de la estructura cognoscitiva de los aprendices»[53].

Para ello, se suelen manejar distintos tipos de organizadores. El propio Ausubel señala los organizadores *proactivos* que anteceden a la explicación; los *retroactivos* que se sitúan tras el desarrollo del mensaje y sirven para recuperar e insistir en sus puntos principales; los *comparativos* si se utilizan conocimientos o conceptos ya dominados por los sujetos, o próximos a los ya dominados, para explicar nuevos conceptos (para explicar el budismo a sus alumnos solía utilizar sus conocimientos previos sobre el cristianismo); los *expositivos* cuando se utiliza primero una definición general para irla ejemplificando posteriormente; los organizadores *de mejora* o *ampliación progresiva* cuando se introduce el nuevo material en términos muy simples que todos puedan entender para ir progresivamente completando sus matices, detalles, subprocesos, etc. apoyando cada nuevo detalle o nivel de complejidad que se incorpora en los elementos anteriores.

En un trabajo anterior, he identificado y propuesto a los profesores cuatro tipos de *organizadores* como dispositivos didácticos que pueden mejorar sus clases:

---

[51] Weinstein, C.E. y Mayer, R.E. (1986): «The Teaching of Learning Strategies», en Wittrock. M.C. (Dir.): *Handbook of Research on Teaching*. McMillan. N. York. Págs. 315-327.

[52] Ausubel, D.P. (1963): «Cognitive Structure and the Facilitation of Meaningful Velbal Learning», *Journal of Teaching Education*, 14 (1963).

[53] Ausubel, D.P.; Novak, J.D. y Hanesian, H. (1976): *Psicología Educativa: un punto de vista cognoscitivo*. Trillas. México. Pág. 179.

© narcea, s. a. de ediciones

— *Estructurales* que especifican por adelantado de qué se va a tratar, de qué partes va a constar la explicación o la tarea a realizar, cómo se relacionan entre sí estas partes, etc. Este organizador dota de estructura y sentido global a lo que se pretende hacer y constituye un elemento sustancial para la eficacia didáctica de nuestras intervenciones.

— *Semántico-conceptuales* que sirven para señalar cuál es la idea principal, los conceptos clave a tratar y cuál es el sentido de los términos a utilizar. Juegan dos funciones este tipo de organizadores: identificar los núcleos fundamentales del tema y declarar su significado en ese contexto.

— *De sentido* utilizados para indicar para qué puede servir la nueva información, con qué se relaciona, etc. También incluyen las pistas necesarias para saber desde qué perspectiva se aborda el tema o cuestión (científica, política, personal, etc.).

— *Personales* que suponen una apelación a la implicación personal de los sujetos en la actividad a desarrollar. Para ello puede hacerse referencia a los conocimientos previos, a las experiencias personales que pueden relacionarse con la cuestión a tratar, etc. En el fondo, se trata de introducir elementos personales que connoten los contenidos conceptuales o prácticos de la actividad.

- Importancia del **feedback** en los procesos de aprendizaje

El *feedback* puede ser suministrado por el profesor, los compañeros, las familias, etc. Juega un importante papel como refuerzo, tanto cognitivo como afectivo, en los procesos de aprendizaje. En el ámbito de lo cognitivo sirve como indicación y guía del camino a seguir puesto que ofrece información sobre la actividad desarrollada y su pertinencia. En el dominio afectivo ejerce también una notable influencia en tanto que lleva a vivenciar sentimientos de éxito o fracaso y, también, porque sirve de expresión de la presencia y apoyo de los otros (especialmente importante en el caso de los profesores).

Existe también un tipo de *feedback* autosuministrado que surge de la propia actividad desarrollada. Los aprendices se ven reforzados positiva o negativamente según los efectos de la actividad desarrollada. En este caso, no es preciso la interacción con otras personas.

Muchos aprendizajes actuales de nuestros alumnos se desarrollan en base a este tipo de refuerzo autosuministrado. Por ejemplo, los de informática: chicos y chicas, incluso muy jóvenes, pueden ponerse delante de un ordenador o de una máquina de juegos e ir poco a poco aprendiendo su manejo hasta llegar a dominarlo perfectamente. «Es cuestión, suelen decir, de paciencia e ir explorando las diversas posibilidades que el propio programa te ofrece». En todo caso, la diferencia entre este tipo de aprendizajes y otros más complejos es que en éstos se trata de descubrir un camino que ya está trazado y que, además, posee una estructura lógica. La cuestión está pues en descubrirla.

Una de las expresiones más importantes de los refuerzos suministrados por los docentes suele ser el que se refiere a los premios y castigos. La literatura especializada ha tratado profusamente los efectos, con frecuencia contradictorios, de ese tipo de intervenciones. No entraré aquí en su análisis puesto que en la Universidad tiene poco sentido hablar de premios y castigos (salvo que entendamos así las calificaciones). Pero sí quisiera referirme, por su particular significación y posibilidad de generalización al tema de la *alabanza* en los procesos de aprendizaje.

Parece fuera de toda duda la particular incidencia que los sistemas de refuerzo, y en particular la alabanza, ejercen sobre el aprendizaje. Pero curiosamente no es el refuerzo en sí mismo quien causa la influencia sino que se ve mediada por el particular procesamiento individual que los alumnos hacen de ellos. De hecho se lograrán unos efectos u otros en función de cómo los alumnos los perciban y les den «sentido» personal.

Centrándonos en el caso de la *alabanza,* suelen distinguirse dos dimensiones: de *refuerzo* (la alabanza actúa como refuerzo positivo de aquel tipo de conductas que el profesor valora) e *informativa* (la alabanza funciona también como información, para el sujeto alabado y para los que la escuchan, sobre cuál es la respuesta correcta o la realización adecuada o la conducta esperada).

En la práctica escolar parece que incide más como estructura informativa (propiciando aprendizajes vicarios en el conjunto del grupo) que como estructura de refuerzo. Brophy (1981)[54] ha realizado un amplio estudio de cómo funciona la alabanza en el proceso de aprendizaje de los alumnos. Su conclusión es que llegaríamos a saber realmente poco de su incidencia si simplemente vinculamos las alabanzas observadas con los resultados en el aprendizaje (con frecuencia son escasos, otras veces son contradictorios, y en general varía de unos casos a otros, etc.). Por el contrario, entender la alabanza implica profundizar en el proceso de *pensamiento del alumno* a través del cual decodifica las alabanzas que recibe y las que reciben sus compañeros.

Desde esta perspectiva, la alabanza (y también los otros refuerzos que el profesor puede utilizar) desborda su puro sentido de recurso técnico: se sitúa en un *contexto personal* y forma parte de la *dinámica relacional* en que discurre el proceso de enseñanza.

Así, la percepción y los efectos de las alabanzas usadas por los profesores dependen del nivel intelectual y de habilidades de los sujetos, de sus estilos cognitivos, de su nivel de rendimiento, de sus atribuciones, de su edad y de su deseo de complacer al profesor (Wittrock, 1986[55]). La alabanzas tendrán mayor efecto en el aprendizaje de los sujetos (les harán sentirse mejor y participar más en las actividades de clase) si las perciben como recibidas por su propio mérito (Morine-Dershime, 1982[56]).

---

[54] Brophy, J.E. (1981): «Teacher Praise: a functional analysis», en *Review of Educational Research,* 51. Págs. 5-32.
[55] *Op. cit..*
[56] Morine-Dershime, G. (1982): «Pupils perception of teacher praise», en *Elementary School Journal,* 62. Págs. 421-434.

Conclusión

No quisiera concluir esta reflexión sobre el aprendizaje sin hacer alguna referencia al sentido profundo y formativo que juegan las disciplinas en la formación de los estudiantes universitarios. El sentido del aprender no radica en la simple acumulación de información, por especializada o práctica que sea, sino en el desarrollo de la capacidad para organizar esa información y sacarle partido. Algunas citas de autores bien conocidos plantean con claridad este punto:

> «El conocimiento se organiza a través de un proceso de ordenación de la realidad. Lo que cuenta sobre todo no son tanto los conocimientos en sí mismos cuanto el método científico» (Astolfi[57] citando a Joshua).
> «La disciplina organizada del adulto y del especialista (...) representa la meta hacia la cual debe avanzar continuamente la educación» (Dewey)[58].
> «Preveo unos ciudadanos del mundo muy instruidos, disciplinados, capaces de pensar de una manera crítica y creativa, conocedores de una gama de culturas, capaces de participar activamente en discusiones sobre nuevos descubrimientos y opciones y estar dispuestos a arriesgarse por aquello que creen» (Gardner)[59].

En ese sentido, uno de los aspectos interesantes en este análisis del aprendizaje tiene que ver con la siguiente cuestión: ¿Cómo hemos de diseñar el proceso de enseñanza-aprendizaje en la Universidad de modo que se haga posible alcanzar esa mente disciplinada?; ¿la forma en que están organizados nuestros Planes de Estudio ayuda o dificulta la consecución de ese objetivo?; ¿es más efectivo abordar muchas disciplinas o reducir su número para poder llevar a cabo aprendizajes más profundos?

La tendencia general (tanto en la enseñanza media como en la universitaria) se ha orientado en la dirección de la aproximación superficial a muy diversos ámbitos. Se diría que no se quiere dejar nada fuera del currículum escolar. Los diversos colectivos profesionales y sociales presionan para que la escuela se haga cargo de la formación en todos los aspectos que pudieran redundar en un mayor crecimiento cultural, tecnológico y científico de los estudiantes. Así se hipertrofia la oferta y se condiciona la posibilidad de entrar más en profundidad en los diversos contenidos disciplinares. Obviamente, esa decisión curricular afecta de forma clara a las estrategias de aprendizaje que los alumnos ponen en marcha.

---

[57] Astolfi, J.P. (1997): *L'erreur, un outil pour enseigner*. ESF. París. Pág. 128.
[58] «La disciplina organizada», en Dewey, J. (1938): *Experience and Education*. McMillan, New York. Pág. 103. (Citado por Gardner, 2000. Pág. 24).
[59] Gardner, H. (2000): *La educación de la mente y el conocimiento de las disciplinas*. Paidós. Barcelona. Pág. 27.

Frente a esta tendencia general hacia una ampliación del número de disciplinas pese a la consecuencia de la superficialidad que impone, la última obra de Gardner (2000) es un claro alegato a favor de abordar los temas con profundidad y potenciar así la comprensión:

> «Lo importante es que los alumnos estudien a fondo temas sustanciales de cada rama disciplinaria, no *cuáles* sean las disciplinas o temas concretos que vayan a estudiar. No considero esencial examinar todas las ciencias mencionadas más arriba, o dominar todas las pruebas de Euclides, o cada fórmula algebraica o trigonométrica; tampoco es necesario estudiar todas las formas del arte o cada acontecimiento de la historia.
> Lo importante es que los estudiantes exploren con una profundidad suficiente un número razonable de *ejemplos* para que puedan ver cómo piensa y actúa un científico, un geómetra, un artista, un historiador. Este objetivo se puede alcanzar aunque los estudiantes sólo investiguen un arte, una ciencia o un periodo histórico. Debo insistir en que el propósito de esta inmersión *no* es hacer de los estudiantes unos expertos a escala reducida en una disciplina dada, sino conseguir que empleen esas formas de pensamiento para comprender su propio mundo»[60].

Ésta es la posición más convincente. Creo que las disciplinas son como diosas celosas: sólo se hacen accesibles a quien se acerca a ellas cuando se ha insistido lo suficiente. Disfrutar de una disciplina, aprovechar sus potencialidades para decodificar y entender mejor lo que nos rodea o para expresarnos mediante su lenguaje, implica dominarla. Cuando se pasa de una a otra sin detenerse en ninguna con el suficiente sosiego y profundidad, apenas aportan nada. Uno se queda en la coraza, en la superficialidad informativa. Disfrutar del arte, de la música, de la informática, de la química, de la literatura, de una lengua extranjera, etc. implica ser capaz de utilizar sus resortes (lingüísticos, procedimentales, interpretativos, etc.) con una cierta soltura y profundidad de conocimientos. Si estamos siempre comenzando, si no pasamos de consideraciones preliminares, de aprendizajes superficiales, apenas si nos darán nada. Esa es la función formativa a la que me refería al hablar de la formación de los *hábitos mentales*, la adquisición de *disciplina mental*.

> «Nunca podremos lograr una mente disciplinada mediante el simple conocimiento de hechos: debemos sumergirnos profundamente en los detalles de casos concretos y desarrollar la musculatura disciplinaria mediante esa sumersión» (Gardner, 2000)[61].

El problema radica en el estilo de aprendizaje que por influencia directa de nuestra orientación y guía o indirecta de nuestra metodología de tra-

---
[60] Gardner, H. (2000): *Op. cit.* Pág. 137.
[61] Gardner, H. (2000): *Op. cit.* Pág. 145.

bajo, van consolidando nuestros estudiantes. Es muy frecuente oír quejas sobre su falta de motivación, de técnicas de estudio, sus carencias estratégicas para abordar las tareas universitarias, etc. Seguramente es así, pero debemos entender que sólo en parte es una cuestión que los alumnos pueden resolver por sí mismos. Es difícil que *aprendan a aprender* si esa cuestión no se plantea como uno de los objetivos formativos a desarrollar, ayudados por sus profesores, en la Universidad.

Bibliografía

AAVV. (1990): *Las jornadas nacionales de Didáctica Universitatia*. Madrid. Consejo de Universidades. Secretaría General.
ABI-RAAB, M. (1997): «Rethinking Approaches to Teaching with Telecommunications technologies», en *Journal of Information Technology for Teaching Education*, vol. VI (2).
AINSCOW, M. (2001): *Desarrollo de escuelas inclusivas*. Madrid. Narcea.
— BERESFORD, J., HARRIS, A., HOPKINS, D y WEST, M. (2001): *Crear condiciones para la mejora del trabajo en el aula*. Madrid. Narcea.
— HOPKINS, D., SOUTHWORTH, G. y WEST, M. (2001): *Hacia escuelas eficaces para todos*. Madrid. Narcea.
ALLEN, R. y LAYER G. (1995): *Credit-Based Systems as vehicles for Change in Universities and Colleges*. London. Kogan Page.
ALMAJANO, P. y BELTRÁN, E. (2000): «Formación de tutores de Universidad» Comunicación presentada en el *I Simposium Iberoamericano de Didáctica Universitaria: la calidad de la docencia en la Universidad*. Texto completo disponible en Internet: http://ccd.usc.es/actividades/almajano.htm
ÁLVAREZ NÚÑEZ, Q. y ZABALZA BERAZA, M. A. (1989): «La comunicación en las instituciones escolares», en Martín-Moreno, Q. (coord.): *Organizaciones Educativas*. Madrid. UNED. Págs. 169-238.
— (1998): «A pragmatica da comunicación e a interaccion profesor-alumno na aula: análise e evolución do control relacinal». Tesis Doctoral. Dpto. de Didáctica y Organización Escolar. Univ. de Santiago de Compostela.
ANDERSON, E. (Edit) (1993): *Campus Use of the Teaching Portfolio*. Washington, D. C. American Ass. for Higher Education.
— (1984): *Time and School Learning*. London. Croom Helm.
ANOLLI, L. (1981): «Anche lo psicologo debe fari i conti con se stesso», en Selvini Palazzoli, M. y otros: *Sul Fronte dell'Organizzazione*. Milán. Feltrinelli.
ARCARO, J. S. (1995): *Quality in Education. An implemention handbook*. Delray Beach, F. L. St Lucie Press.
ARGYRIS, C. (1990): *Superare le difese organizzative*. Milan. Raffaello Cortina.
ASHCROFT, K. (1995): *The Lecturer's Guide to Quality and Standars in Colleges and Universities*. London. Falmer Press.
ASHWORTH, A. y HARVEY, R. (1994): *Assessing Quality in Further and Higher Education*. London. Jessica Kingsley.
ASTIN, A. W. (1985): *Achieving Educational Excellence. A critical Assessment of Priorities and Practices in Higher Education*. Oxford. Jossey-Bass.

— (1993): *Assessment for Excellence. The Philosophy and Practice of Assessment and Evaluation in Higher Education.* American Council on Education. Phoenix, A. A. Oryx Press.
ASTOLFI, J. P. (1997): *L'erreur, un outil pour enseigner.* Paris. ESF.
AUBRUN, S. y ORIFIAMMA, R. (1990): *Les competences de 3èm. Dimensión.* París. Conservatorio de Arts e Metiers.
AUSUBEL, D. P. (1963): «Cognitive Structure and the Facilitation on Meaningful Velbal Learning», *Journal of Teaching Education,* 14 (1963).
—, NOVAK, J. D. y HANESIAN, H. (1976): *Psicología Educativa: un punto de vista cognoscitivo.* México. Trillas.

BARGH, C., SCOTT, P. y SMITH, D. (1996): *Governing Universities. Changing the culture?* Buckingham. Open Univ. Press.
BARNES, J. y BARR, N. (1988): *Strategies for Higher Education. The alternative White Paper.* Aberdeen. Aberdeen University Press.
BARNETT, R. (1992): *Improving Higher Education: total quality care.* Buckingham. Open University.
— (1994): *Academic Community. Discourse or Discord?* London. Jessica Kingsley Publishers.
— (1994): *The Limits of Competence. Knowledge, Higher Education and Society.* Buckingham. SRHE y Open University. Pág. 3.
BATESON G. (1975): *Verso un ecologia della mente.* Milán. Adelphi.
BAUME, C. (Edit) (1993): DCED Teacher Accreditation Year Book. Vol. 1.
BAWDEN, R., BURKE, S y DUFFY, G (1979) *Teacher Conception of Reading and their Influences on Instruction.* Michigan. Michigan State University Press.
BEERNAERT, Y. (1995): «Life-long Learning as Contribution to Quality in Europe: a comparative study for european countries», en Longworth, N. & Beernaert, Y. (Edits): *Lifelong Learning in Schools.* Edited by ELLI with the support of the European Commission, DGXXII. Págs. 17-25.
BENNETT, N. (1995): *Managing Professional Teachers: middle management in primary and secondary schools.* London. Paul Chapman.
BERENDT, B. (1998): «How to support and to bring about the shift from teaching to learning through academic staff development programmes: examples and perspectives», en *Higher Education in Europe,* vol. XXIII (3).
BERGENDAL, G. (1985): «Higher Education: Impact of Society», en Husen, T. y Postlehwaite, T. N.: *International Encyclopedia of Education.* Oxford. Pergamon Press. Págs. 2220-2223.
BERLINER, D. C. (1979): «Tempus Educare», en Peterson, P. L. y Walberg, H. J. (Edits): *Research on Teaching.* Berkeley. McCutchan.
BERTALANFY, L. V. (1976): *Teoría general de los sistemas.* México. F.C.E.
BIGGS, J. B. (1987): *Student Approaches to Learning and Studying.* Melbourne. Australian Council for Educational Research.
BIREAUD, A. (1990): «Pédagogie et méthodes pédagogiques dans l'enseignement supérieur», en *Revue Française de Pédagogie,* n.º 91 (abril-junio 1990). Págs. 13-23.
BLIGH, D. A. (1972): *What's the Use of Lectures?* Harmondsworth. Penguin.
BLOOM, B. S. (1968): «Leargning for Mastering», en *Evaluation Comment,* 1 (2). UCLA-CSEIP.
BOK, D. (1986): *Higher Learning.* London. Harvard University Press.
BOUD, D., KEOGH, R. y WALKER, D. (1998): *Reflection: turning experience into learning.* London. Kogan Page.

Bibliografía **229**

BOURNER, T. y FLOWERS, S. (1998): *«Teaching and Learning Methods in Higher Education: a Glimpse of the Future».* London. Society for Research into Higher Education.
BRADFORD, L. P. (1979): «La transación enseñar-aprender», en *La Educación Hoy* 1 (1), Págs. 21-27.
BRANDES, D. y GINNIS, P. (1994): *A Guide to Student-centred Learning.* Herts, England. Simon and Schuster Education.
BREW, A. (1995): *Directions in Staff Development.* Buchingham. The Society for Research into Higher Education and Open University Press. Pág. 2-3.
BRICALL, J. M. (2000) *Universidad 2000.* Conferencia de Rectores de las Universidades Españolas (CRUE). Madrid.
BROPHY, J. E. (1981): «Teacher Praise: a functional analysis», en *Review of Educational Research,* 51. Pág. 5-32.
BROWN, G. (1978): *Lecturing and Explaining.* London. Methuen.
— y ATKINS, M. (1994, 4.ª edic.): *Effective Teaching in Higher Education.* London. Routledge.
BROWN, G. I. (1972): *Human Teaching for Human Learning. An introduction to Confluent Education.* The Center for Gestalt Development. Highland, NY. Gestalt Journal Press.
BRUNET, L. (1992): «Clima de trabalho e eficácia da escola», en Novoa, A. (Coord.): *As organizações escolares em analise.* Lisboa. Instituto de Innovação Educativa. Págs. 121-138.
BUCKLEY, R. y CAPLE, J. (1991): *La formación: teoría y práctica.* Madrid: Díaz de Santos.
BURKE, P., CHRISTENSEN, J., FESSLER, R., McDONNELL, J., PRICE, J. (1987) «The teacher career cycle: model development and research report». Paper presented at the annual meeting of the AERA. Washington, DC.

CAMPBELL, P. y SOUTHWORTH, G. (1992): «Rethinking Collegiality», en Bennet, N., Crawford, M. y Riches, C: *Mananing Change in Education. Individual and Organizational Perspectives.* London. Paul Chapman. Págs. 61-79.
CARROL, J. B., (1963): «A Model for School Learning», en *Teachers College Record,* 64 (8). Págs. 723-733.
CHALMERS, D. y FULLER, R. (1996): *Teaching for Learning at University. Theory and Practice.* London. Kogan Page.
CHANG, C. K. y CHEN, G. D. (1997): «Constructing Collaborative Learning Activities for Distance CAL», *Journal of Computer Assisted Leargning,* vol. XIII (1).
COLL, C. (1987): *Psicología y Currículo.* Barcelona. Laia.
CONNELL, R. W. (2000): «Escuelas, mercados, justicia: la educación en un mundo fracturado», en *Kikiriki,* 55/56. Págs. 4-13.
COOK, T. D. y MAYER, R. E. (1983): «Reading strategy training for meaningful learning from prose», en Pressley, M. y Levin, J. (Edits.) *Cognitive Strategy Training.* New York. Springer-Verlag.
COOPER, H. (1979): «Pygmalion grows up: a model for teacher expectation communication and performance influence», en *Review of Educational Research,* 49. Págs. 389-410.
CORBETT, H. D., FIRESTONE, W. A. y ROSSMAN, G. B. (1987): «Resistance to Planned Change and the Sacred in School Cultures», en *Educational Administration Quarterly,* 32 (4). Págs. 36-59.
CORONEL, J. M., LÓPEZ YÁÑEZ, J., SÁNCHEZ MORENO, M. (1994): *Para comprender las Organizaciones Escolares.* Sevilla. Repiso.

Cox, B. (1994): *Practical Pointers for University Teachers.* London. Kogan Page.
CRAFT, A. (Edit.) (1992): *Quality Assurance in Higher Education.* Proceedings of an International Conference. Hong Kong, 1991. London. Falmer Press.
CROZIER, M. y FRIEDBERG, E. (1978): *Attore sociale e sistema.* Milán. Etas Libri.

DAHLLÖF, U. et alii (1991): *Dimensions of Evaluation in Higher Education.* London. Jessica Kingsley.
DALOZ, L. A. (1986): *Effective Teaching and Mentoring.* San Francisco. Jossey Bass.
DAVIES, J. L. (1998): «The Shift from Teaching to Learning: Issues of Staffing Policy Arising for Universities in the Twenty-First Century», en *Higher Education in Europe,* vol. XXIII (3). Págs. 307-316.
DE LA TORRE, S. (1993): *Aprender de los errores.* Madrid. Escuela Española.
DE RITA, G. (2000): «Nuove frontiere della cultura e dell'educazione», conferencia en el Congreso Nacional de la SIPED (Società Italiana di Pedagogia) celebrado en Bolonia (29 junio a 1 julio de 2000).
DE VRIES, K. y MILLER, D. (1984): *L'Organizzazione nevrotiva.* Milán. Rafaello Cortina.
DEESE, J. y DEESE, E. K. (1994): *How to Study. An other skills for succes in College.* London. McGraw-Hill, Inc.
DEVELAY, M. (1991): *De l'apprentissage à l'enseignement.* París. ESF.
DEWEY, J. (1938): *Experience and Education.* New York. McMillan.
DOMÍNGUEZ, G. y MESANZA, J. (1996): *Manual de organización de instituciones escolares.* Madrid. Escuela Española.
DONNAY, J. y ROMAINVILLE, M. (Edis) (1996): *Enseigner à l'Universitè. Un metier qui s'apprend?* Bruxelles. De Boeck.
DOYLE, W. (1977): «Learning the Classroom Environment: an ecological analysis», en *Journal of Teacher Education,* 28 (6). Págs. 51-55.
DUFFY, F. M. (1996): *Designing High-Perfomance Schools. A practical guide to organizational reengineering.* Delray Beach, F. L. St. Lucie Press.
DUKE, Ch. (1992): *The Learning University. Towards a New Paradigm?* Buckingham. Open Univ. Press.
DUNKIN, M. J. & BARNES, J. (1986): *«Research on Teaching in Higher Education»,* en Wittrock, M. C. (Edit): *Handbook of Research on Teaching (Third Edition)* New York. MacMillan Publishing Company.

EBLE, K. E. (1988): *The Craft of Teaching.* San Francisco. Jossey-Bass.
ELMORE, R. F. (1987): «Reform and the Culture of Authority in Schools», en *Educational Administration Quarterly,* 23 (4). Págs. 60-78.
ENTWISTLE, N. (1992): *The impact of Teaching on Learning Outcomes in Higher Education. A literature review.* Centre for Research on Learning and Instruction. University of Edinburgh.
— (1992b): «Student learning and Study Strategies», en B. R. Clark y G. Neace (Eds.): *The Encyclopedia of Higher Education.* Oxford. Pergamon Press.
— y RAMSDEN, P. (1983): *Understanding Student Leargning.* London. Croom Helm.
— y TAIT, H. (1990): «Approaches to learning, evaluations of teaching and preferences forcontrasting academic environments», en *Higher Education,* 19. Págs. 169-194.
ERICKSON, F. (1987): «Conceptions of School Culture: an overview», en *Educational Administration Quarterly* 23 (4). Págs. 11-24.
ESTEBARANZ, A. (1994): *Didáctica e Innovación Curricular.* Servicio Publicaciones. Universidad de Sevilla.

Evans, B. y Honour, L. (1997): «Getting Inside Knowledge: the application of Entwistle's model of surface/deep processing in producing open learning materials», *Educational Psychology*, vol. XVII (1-2).

Feinian, S. y Floden, R. E. (1981): «A consumer' guide to teacher development», Document. East Lasing. Institute for Research on Teaching. Michigan State University.

Feldman, K. A. (1976): «The superior college's teacher from the students' view», en *Research in Higher Education*, 5. Págs. 243-288.

Fernández Huerta, J. (1974): *Didáctica*. Madrid. UNED.

Fernández Pérez, M. (1977): «Programación». En Fernández Pérez, M., Gimeno, J. y Zabalza, M. A.: *Programación, Métodos y Evaluación*. Madrid. UNED.

— (1989): *Así enseña nuestra Universidad*. Madrid. Servicio de Publicaciones Univ. Complutense.

Ferrández, A. (1989): La formación de base como fundamento de la formación profesional», en *Herramientas*, n.º 72. Pág. 44-52.

Ferrer Pérez, L. (1988): *Desarrollo organizativo*. México D. F. Trillas.

Fessler, R. (1995): «Dynamics of Teacher Career Stages», en Guskey, Th. R. y Huberman, M.: *Professional Development in Education: new paradigms and practices*. London. Teacher College. Págs. 162-171.

Flavell, J. H. et alii (1970): «Developmental Chages in Memorization Processes», en *Cognitive Psychology*, 1. Págs. 887-897.

Formosinho, J. (2000): «O desenvolvimento profissional das educadoras de infância: entre os saberes e a paixâo», ponencia desarrollada en el II Congreso Paulista de Educaçâo Infantil. Águas de Lindóia, SP. Octubre 2000.

Forsyth, I., Jolliffe, A. y Stevens, D (1997): *Evaluating a Course. Practical strategies for teachers, lecturers and trainers*. London. Kogan Page.

Fox, R. (1973): *School climate improvement: a challenge to the school administrator*. Charles F. Kettering. Denver, Co.

Fullan, M. (1993): *Change Forces*. London. The Falmer Press.

— (1982): «The Meaning of *Educational Change*. Toronto. OISE Press.

Gage, N. (1987): «Competing visions of what educational researchers should do», en *Educatinal Researcher*, Vol. 26 (4).

Galinon-Melénec, B. (1996): «L'enseignant-chercheur au sein d'une situation complexe et contingente encore insuffisanment analysée», en Donay, J. y Romainville, M. (edits): *Enseigner à l'Université. Un métier qui s'apprend?* Bruxelles. De Boeck.

Gardner, H. (2000): *La educación de la mente y el conocimiento de las disciplinas*. Barcelona. Paidós.

Ghilardi, F. (1988): *Guida del dirigente scolástico*. Roma. Riuniti.

Gibbs, G. (1992): *Improving the Quality of Student Learning*. Worcester. Oxford Center for Staff Development.

— (1996): «Promoting Excellent Teachers at Oxford Brookers University: from profiles to peer review», en Aylett, R. y Gregory, K.: *Evaluating Teacher Quality in Higher Education*. London. Falmer Press. Págs. 42-60.

— (2001): «La formación de profesores universitarios: un panorama de las prácticas internacionales. Resultados y tendencias», en *Boletín de la Red Estatal de Docencia Universitaria*, vol. 1 (1). Págs. 7-14.

— y Jenkins, A. (1992): *Teaching large classes in Higher Education (How to maintain quality with reduced resources)*. London. Kogan Page.

© narcea, s. a. de ediciones

GLOVER, D. C., GLEESON, D., GOUGH, G. y JOHNSON, M. (1998): «The meaning of management: the development needs of middle managers in secondary schools», en *Educational Management and Administration* 26 (3). Págs. 279-292.
GOODLAD, S. (1995): *The Quest for Quality. Sixteen forms of heresy in Higher Education*. Bukingham. SRHE and Open University. Pág. 82.
GRAY, J. (1990): «The quality of schooling: frameworks for judgement», British Journal of Educational Studies, vol. 38 (3). Págs. 204-223.
GREEN, D. (Edit) (1994): *What is Quality in Higher Education?* Buckingham. Open Univ. Press.

HALSEY, A. H. (1995): *Decline of Donnis Dominion*. Oxford. Claredon Press.
HELLREIGER, D. y SLOCUM, J (1974): *Organizational climate: measures, research and contingencies*, en Academy of Management Journal, 17. Págs. 255-280.
HILL, A., JENNINGS, M., MADGWICK, B. (1992): «Iniciating a Mentorship Training Programme», en Wilkin, M. (edit.): *Mentoring in Schools*. London. Kogan Page.
HUBERMAN, M. (1995): «Professional Careers and Professional Development» en Guskey, Th. R. y Huberman, M. *Profesional Development in Education: new paradigms and practices*. London. Teacher College. Págs. 172-199.

JENKINS, A. y WALKER, L. (1994): *Developing Student Capability Through Modular Courses*. London. Kogan Page.
Joint Declaration of the European Ministers of Education Convened in Bologna on the 19th of june 1999.
JONES, M., SIRAJ-BALTCHFORD, J., ASHCROFT, K. (1997): *Researching into Student Learning and Support. In Colleges and Universities*. London. Kogan Page.
JONHSON, N. (1994): «Dons in decline», en *Twentieth Century British History*, 5. Págs. 470-485 (citado por Evans, L. y Abbot I, *opus cit*. Pág. 13).
JOYCE, B. y CALHOUN, E. (1998): «The Conduct of Inquiry on Teaching: the search for models more effective than the recitation», en Hargreaves, A., Lieberman, A., Fullan, M. y Hopkins, D.: *International Handbook of Educational Change*. Kluwer Academic Publishers. London. T. II. Págs. 1216-1241.

KNOX, W. E., LINDSAY, P., KOLB, M. N. (1993): *Does College Make a Difference? Long Term Changes in Activities and Attitudes*. London. Greenwood Press.
KOGAN, M., MUSES, I. y EL-KHAWAS, E. (1994): *Staffing Higher Education. Meeting New Challenges*. Report of the IMHE Project on Policies for Academic Staffing in Higher Education. London. Jessica Kingsley.
KORNHAUSER, A. W. (1993): *How to Study. Suggestions for High School and College Students*. The University of Chicago Press.
KINERT, K. (1979): *Planificación docente: el currículum*. Oriens. Madrid.

LAEVERS, F. (1997): «Assessing the Quality of Childcare Provision: "Involvement" as Criterion», en *Researching Early Childhood*, Vol. 3 (1997). Goteborg University. Págs. 151-166.
LEITNER, E. (1998): «The Pedagogical Qualification of the Academic Teaching Staff and the Quality of Teaching and Learning», en *Higher Education in Europe*, vol. XXIII (3). Págs. 339-349.
LEWIN, K., LIPPIT, R. y WHITE, R. K. (1993): «Patterns of aggressive behavior in experimentally created social climates», *Journal of Social Psychology*, 10. Págs. 271-299.

LEWIS, R. G., SMITH, D. H. (1977): *Total Quality in Higher Education*. Delray Beach, FL. St. Lucie Press.
LIGHT, P. y LIGHT, V. (1977): «Computer mediated Support for Conventional University Courses», *Journal of Computer Assisted Leargning*, XIII (4).
LONGWORTH, N. (s/f): «Lifelong Learning and the Schools: into the 21st. Century», en Longworth, N. & Beernaert, Y. (Edits) *Lifelong Learning in Schools: an exploration into the impact of Lifelong Learning on the Schools Sector and on its implications for the Lifelong Learning needs of Teachers*. ELLI (European Lifelong Learning Iniciative). Bruxelles. Págs. 4-16.
LORENZO DELGADO, M., SÁENZ BARRIO, O. (1993): *Organización Escolar: una perspectiva ecológica*. Alcoy. Marfil.
LYSONS, A. (1990): «Dimensions and domains of organizational effectiveness in Australian higher education» en *Higher Education*, 20; 287-300.

MAASSEN, P. M. y POTMAN, H. P. (1990): «Strategic decision making in higher education», en *Higher Education* (20). Págs. 393-410.
MAGER, R. F. (1974): *Formulación operativa de los objetivos didácticos*. Madrid. Marova.
MARSH, H. W. (1987): «Srudens' evaluations of university teaching' research methods, methodological issues, and directions for future research», en *International Journal of Educational Research*, 11 (3). Número completo.
MARTINNEN, M. (1997): «Argumentative Course by Electronic Mail», *Scandinavian Journal of Educational Research*, vol. XLI (1).
MARTON, F. y SÄLJÖ, R. (1984): «Approaches to Learning», en F. Marton, D. J. Hounsell y N. Entwistle (Eds.): *The Experience of Learning*. Edinburgh. Scottish Academic Press.
—, DALL'ALBA, G. y BEATY, E. (1993): «Concepcions of Learning», *International Journal of Educational Research*, 19. Págs. 277-300.
MCCOMBS, B. L. (1983): «Motivational skills training: helping students to adapt by talking personal responsability and positive self-control». Montreal. Paper. AERA Annual Meeting.
MCDERMOTT, R. P. (1977): «Social relationships as context for learning», *Harvard Educational Review* 47 (2). Págs. 198-213.
MCKEACHIE, W. J., CHISM, N., MENGES, R., SVINICKI, M., WEINSTEIN, C. E. (1994): *Teaching Tips. Strategies, research and theory for college and university teachers*. (9.ª edic.). Toronto. Heath and Company.
MCLAUGHLIN, C. (1999): «Counseling in Schools: looking back and looking forward», en *British Journal of Guidance and Counseling*, Vol. 27 (1). Págs. 13-22.
MEAD, G. H. (1972): *Espíritu, Persona, Sociedad*. Paidós. Buenos Aires.
MENZE, C. (1981): «Formación», en Speck, J. y Wehle, G. (coord.) *Conceptos fundamentales de Pedagogía*. Barcelona. Herder. Págs. 267-297.
MICHAVILLA, F. (2000): «¿Soplan vientos de cambios universitarios?», en *Boletín de la Red Estatal de Docencia Universitaria*, vol. 1, n.º 1. Págs. 4-7.
MINTZBERG, H. (1979): *The structuring of Organization*. Englewood Cliffs, N. J. Prentice Hall.
— (1983): *Structure in fives: designing effective organizations*. Englewood. Prentice-Hall. Cliffs, N. J.
MONREAL, M. A. (2000): «La tutoría como soporte de la educación: la tutoría en la Universidad a Distancia». Comunicación presentada al *I Symposium Iberoamericano de Didáctica Universitaria: la calidad de la docencia en la Universidad*. Santiago de Compostela. Diciembre de 1999. Texto completo disponible en Internet: http://ccd.usc.es/actividades/monreal5b.htm

Moos, R. H. (1979): «Educational Climates», en Walberg, H. J. (edit.): *Educational climates and effects*. Berkeley. McCutchan. Págs. 70-100.
— e Insel, P. (1974): *Preliminary Manual for the Work Environment Scale*. Palo Alto Ca. Conssulting Psychologist Press.
Morin, E. (1981): *El método. La naturaleza de la naturaleza*. Madrid. Cátedra.
Moses, I. (1985): «High quality teaching in a university: Identification and description», en Studies in Higher Education, 10, 3. Pág. 301-313.
Muñoz-Repiso, M. y otros (1995): *Calidad de la educación y eficacia de la escuela*. Madrid. MEC-CIDE.

Nasr, R. et alii (1996): «The relationships between university lecturers' qualifications in teaching and students ratings of their teaching performance». Paper. Finland. Internacional Consortium for Educational Development in Higher Education Conference. VASA.
Newble, D. y Cannon, R. (1989): *A Handbook for Teachers in Universities and Colleges. A guide to improving teaching methods*. London. Kogan Page.
Nias, D. J. (1987): «Learning from Difference: a collegial approach to change», en Smyth, W. J. (Edit.): *Educating Teachers: changing the nature of Pedagogical Knowledge*. Lewes. Falmer Press.
Nightingale, P. y O'Neil, M. (1977): *Achieving Quality Learning in Higher Education*. London. Kogan Page.
Nowicki, S. Jr y Strickland, B. R. (1973): «A locus of control scale for children», en *Journal of Consulting and Clinical Psychology*, 40. Págs. 148-154.

Outon, M. e Ysunza, M. (1995): «Diseño Curricular en la UAM-Xochimilco», Documento Mimeografiado. México DF. UAM.

Padfield, C. J. (1997): «The role of Research and Reflection in Learning from Experience», *Industry and Higher Education* 11, 2.
Pelikan, J. (1992): *The Idea of the University. A reexamination*. London. Yale University Press.
Pellerey, M. (1981): «Cultura de Educazione nella Scuola Elementare: ricerca di una mediazione», en Gozzer, G.: *Oroscopo per la Scuola Primaria*. Roma. Armando. Págs. 98-125.
Peterson, M. C., Marx, R. W. y Clark, C. M. (1978): «Teacher Planning, Teacher Behavior and Student Achievement», *American Educational Research Journal*, 15. Págs. 417-432.
Peterson, P. L. et alii (1983): «Students' reports of their thought processes during direct instruction», en *Elementary School Journal*, 82. Págs. 481-491.
Peterson, P. L. y Swing, S. R. (1982): «Beyond time on task: students' reports of their cognitive processes and affective thought during classroom instruction». Paper. Montreal. Annual Meeting of AERA.
Picardo, C. (1993): «Introduzione all'edizione italiana» de la obra de Argyris, C.: *Superare le difese organizative: strategie vincenti per facilitare l'aprendimento nelle organizzazioni*. Milán. Rafaello Cortina. Págs. XI-XVIII.
Piper, Th. R., Gentile, M. C., Daloz, Sh. (1993): *Can Ethics Be Taught?* Boston, M. A. Harvard Business School.
Pollard, A. (1992): «Teachers' responses to the reshaping of Primary Education», en Arnot, M. y Barton, L.: *Voicing Concerns: sociological perspectives on contemporary education reforms*. Wallingford. Triangle.

© narcea, s. a. de ediciones

Bibliografía 235

Pritchard, R. D. y Karasick, B. (1973): «*The effects of organizational climate on managerial job performance and job satisfaction*», en Organizational and Human Performance, n.º 9. Págs. 110-119.
Pujol y Fons (1981): *Los métodos en la enseñanza universitaria*. Pamplona. Eunsa.
Purkey, S. y Smith, M. (1983): «Effective Schools: a review» The Elementary School Journal, Vol. 83, n.º 4. Págs. 426-452.

Ramsden, P. (1992): *Learning to Teach in Higher Education*. London. Routledge.
Ray, W. (2001): *Diferencias individuales en el aprendizaje*. Madrid. Narcea.
Rial, A. (1997): *La formación profesional: introducción histórica, diseño del currículo y evaluación*. Santiago de Compostela. Tórculo. Págs. 97-102.
Rodríguez Diéguez, J. L. (1978): *Funciones de la imagen en la enseñanza*. Barcelona. Gustavo Gili.
Román, J. M., Musitu, G. y Pastor, E. (1980): *Métodos activos para enseñanzas medias y universitarias*. Madrid. Cincel Kapelusz.
Rosenthal, R. y Jacobson, L. (1980): *Pygmalion en la escuela. Expectativas del maestro y desarrollo intelectual del alumno*. Madrid. Marova.

Säljö, R. (1979): «Learning in the Learner's Perspective: some commonsense conceptions», *Reports of the Institute of Education*, n.º 76. University of Gotenbörg.
— (1984): «Learning from Reading», en F. Marton, D. Hounsell y N. J. Entwistle (Edis.): *The experience of Learning*. Edinburgh. Scottish Academic Press.
Sammons, P., Thomas, S. y Mortimore, P. (1997): *Forging links, effective schools and effective departaments*. London. Paul Chapman.
Sardo, D. (1982): «Teaches Planning Styles on the Middle School». Paper. N. York. Eastern Educational Research Ass. Ellenville.
Sawyer, R. M., Prichard, K. W. y Hostetler, K. D. (1992): *The Art and Politics of College Teaching. A practical guide for the beginning profesor*. London. Peter Lang.
Schön, D. (1983): *The Reflective Practitioner*. N. York. Basic Books.
— (1987): *Educating the Reflective Practicioner*. London. Jossey-Bass.
Schramm, W. (1981): «How Communication Works», en De Vito (Edit.): *Communication: concepts and processes*. N. Jersey. Prentice Hall.
Schröder, H. (1979): *Comunicazione, informazione, istruzione*. Roma. Armando.
Schwartz, L. (coord) (1987): *Où va l'Université?* Rapport du Comité National d'Évaluation. Paris. Gallimard.
Schwartz, P. y Webb, G. (1993): *Cases Studies on Teaching in Higher Education*. Kogan Page. London.
Seldin, P. (1992): *The Teaching Portfolio*. Boston, MA. Anker Publishing Company.
Shavelson, R. J., Cadwell, J. e Izu, J. (1977): «Teachers Sensitivity to the Realiability of Information in Making Pedagogical Decisions», *American Educational Research Journal* 14. Págs. 83-97.
Shea, G. F. (1992): *Mentoring*. Kogan Page. London.
Shulman, L. S. (1986): «*Paradigms and Research Programs in the Study of Teaching: a contemporary perspective*», en Wittrock, M. C.: *Handbook of Research on Teaching*. London. Collier MacMillan. Pág. 25.
Siera, B. y Fernández Ballesteros, R. (1983): «*Estudio factorial sobre la percepción del ambiente escolar*», en Fernández Ballesteros, R. (Edit): *Evaluación de contextos*. I Reunión Nacional de Intervención Psicológica. Murcia. Págs. 9-49.

© narcea, s. a. de ediciones

SILVER, H. y SILVER P. (1997): *Students. Changing roles, changing lives*. Buckingham. Open Univ. Press.
SLOTNICK, H. B., PELTON, M. H., FULLER, M. L., TABOR, L. (1993): *Adult Learners on Campus*. London. Falmer Press.
SMITH, B. (1985): «Problem-based learning: the social work experience», en Bopud, D.: *Problem-based learning in Education for the Professions*. Sydney. Higher Education Research and Development Society for Australasia.
— y BROWN, S. (1995): *Research Teaching and Learning in Higher Education*. London. Kogan Page.
SPIRACK, M. (1973): «Archetypal Place», *Rev. Architectural Forum*, n.º 140. Págs. 44-49.
STENHOUSE, L. (1991): *Investigación y desarrollo del currículum*. Morata. Madrid.
STIRES, L. (1980): «The Effect of Classroom Setting Location on Student Grades and Attitudes: environment or self-selection», *Environment & Behavior* 12 (2). Págs. 543-550.
STONES, E. (1992): *Quality Teaching: a sample of cases*. N. York. Routledge.

TASK FORCE RESOURCE ALLOCATION (1994): *Undergraduate Teaching, research and community service: What are the functional interactions? A literature review*. Toronto. Ontario Council for University Affairs.
TEJADA, José (2001): «Planificación de acciones de formación ocupacional: estrategias metodológicas». Documento Mimeografiado. Dpto. de Pedagogia i Didactica. Universidad Autónoma de Barcelona.
TEWEL, K. J. (1995): *New Schools for a New Century. A leader's Guide to High School Reform*. Delray Beach, Florida. St. Lucie Press.
THORNDIKE, E. L. (1932): *The Fundamental of Learning*. Teachers College Press. Columbia Univ.
TIERNEY, W. G. (1989): *Curricular Landscapes, Democratic Vistas. Transformative leadership in Higher Education*. London. Praeger.
TOOMEY, R. (1977): «Teachers Approaches to Currículo Planning», *Currículo Inquiry*, 7. Págs. 121-129.
TORRES, J. (1990): *El currículo oculto*. Madrid. Morata.
TRILLO, F. (1986): «Análisis del fracaso escolar: autoestima, atribución y desamparo aprendido». Tesis doctoral. Dpto. de Didáctica y Organización Escolar. Univ. de Santiago de Compostela.
— y PORTO CURRÁS, M. (1999): «La percepción de los estudiantes sobre su evaluación en la Universidad. Un estudio en la Facultad de Ciencias de la Educación», en *Revista de Innovación Educativa*, n.º 9. Págs. 55-75.

UGAZIO, V. (1981): «Lo psicologo e il problema dei livelli gerarchici. Organigrama e programma», en Selvini Palazzoli, M. y otros: *Sul Fronte dell'Organizzazione*. Milán. Feltrinelli. Págs. 192-204.
UNITED KINGDON COUNCIL FOR GRADUATE EDUCATION (1997): *Practice Based Doctorate in the Creative and Performing Arts*. UK Council for Graduate education. Coventry.
UNRUH, A. y TURNER, H. E. (1970): *Supervision for change and innovation*. Boston. Houghton Mifflin.

VANDENBERGHE, R. (1986): «Le rôle de l'enseignant dans l'innovation en éducation», en *Revue Française de Pédagogie*, n.º 75 (abril-junio 1986). Págs. 17-26.
VILLAR ANGULO, L. M (1984): *Calidad de enseñanza y supervisión instruccional*. ICE. Univ. de Sevilla. Vol. I.

Bibliografía 237

VILLASEÑOR, G. (1994): *La Universidad Pública Alternativa*. Servicio Publicaciones de la Universidad Autónoma Metropolitana. México.
VOLPI, C. (1981): «Socializzazione e Scuola di Base» en Grozzer, G.: *Oroscopo per la Scuola Primaria*. Roma. Armando. Págs. 76-98.
VONK, J. H. C. (1989): «Becoming a teacher, brace yourself». Unpublished paper. Amsterdam. Vrije University.

WALBERG, H. J. (1969): «Social environments as mediator of classroom learning», en *Journal of Educational Psychology*, 60. Págs. 443-448.
— (1969): «Psychical and Psychological Distance in the Classroom», *School Review* 77 (1). Págs. 64-70.
WANG, M. G. (1983): «Development and consequences of students' sense of personal control», en Levine. J. y Wang, M. C. (Edits.): *Teachers and Students Perceptions: implications for learning*. N. Jersey. Lawrence Erlbaum.
— (2000): *Atención a la diversidad del alumnado*. 3.ª ed. Madrid. Narcea.
WATSON, D. (1989): *Managing the Modular Course. Perspectives from Oxford Polytechnic*. Buckinghan. Open University Press.
WEINER, B. (1975): «A theory of motivation for somme classroom experiences», en *Journal of Educational Psychology*, n.º 71. Págs. 3-25.
WEINSTEIN, C. E. y MAYER, R. E. (1986) «The Teaching of Learning Strategies», en Wittrock M. C. (Dir.): *Handbook of Research on Teaching*. N. York. McMillan. Págs. 315-327.
WEINSTEIN, C. S. (1981): «Classroom Design as an External Condition for Learning», *Educational Technology*, Agosto. Pág. 13.
WEINSTEIN, R. S. (1983): «Student Perception of Schooling», en *Elementary School Journal*, 83 (4). Págs. 287-312.
WHITE, S. (1965): «Evidence for a hierarchical arrangement of learning processes», en Pippsit, L. P. y Spiker, C. (Edits.): *Advances in Child Development and Behavior*. Vol. 2. N. York. Academic Press.
WHITEHEAD, A. N. (1967): *The Aims of Education and Other Essays*. New York. Free Press.
WINNE, P. H. y MARX, R. W. (1982): «Students' and Teachers' views of thinking processes for clasroom learning», en *Elementary School Journal*, 82. Págs. 493-518.
— (1983): *Students cognitive processes while learning from teaching*. British Columbia. Simon Frases Univ. Burnaby.
WITTROCK, M. C. (1986): «Students' Tought Processes», en M. C. Wittrock (Dir.): *Handbook of Research on Teaching*. 3rd Edition. N. York. MacMillan.
WOOLBRIDGE, A. (1994): «Universities: towers ofbabble», en *The Economist*, 25-XII to 7-I, 1994. Págs. 54-56.
WRIGHT, A. (1994): «Successful Faculty Development: strategies to improve university teaching», en *Teaching Improvement Practices: international perspectives*. Boston, Mass. Auker Publis. Co.

YELLAD, R. (2000): «Supranational Organizations and Trasnational Education», en *Higher Education in Europe*, vol. XXV (3). Págs. 297-307.

ZABALZA BERAZA, M. A. (1999, 8.ª edición): *Diseño y desarrollo curricular*. Madrid. Narcea.
— (1998): «El currículo escolar», publicado en la Unidad Didáctica: «Diseño, desarrollo e innovación del currículo» para la carrera de Psicopedagogía. Barcelona. Universitat Oberta.

© narcea, s. a. de ediciones

— (1990): «*Teoría de las prácticas*», en Zabalza, M. A. (Coord.): *La formación práctica de los profesores*. Actas del II Symposium sobre Prácticas Escolares. Poio (Pontevedra) 25-27 Sept. 1989. Edic. Dpto. Didáctica y Organización Escolar. Universidad de Santiago.
— (1991): *La dimensión pedagógica de los itinerarios culturales europeos*. Estrasburgo. Dossier para el Consejo de Europa.
— (1996): «El "clima institucional": conceptos, tipos, influencia del clima e intervención sobre el mismo», en Domínguez, G. y Mesanza, I (coords.): *Manual de Organización de Instituciones Educativas*. Madrid. Escuela Española. Págs. 263-302.
— (1996): «Reflexiones en torno a la selectividad», en *Enseñanza Universitaria*, n.º 1.
— (1997): «Evaluación continua», en Amador, L. y Domínguez, G.: *Evaluación y calidad de la enseñanza*. UNED-Sevilla. Págs. 113-130.
— (1997): «*La Evaluación en la reforma*», en Domínguez, G. y Amador, L.: *El Proyecto Curricular de Centro: una cultura de calidad educativa*. Sevilla. Científico-Técnica. Págs. 241-270.
— (1999): «El papel de los departamentos en la mejora de la calidad de la docencia en la Universidad», comunicación presentada en el I Symposium Iberoamericano de Didáctica Universitaria. Santiago de Compostela 2-4 diciembre.
— (2000): «El papel de los departamentos en la mejora de la calidad de la docencia universitaria», en *Revista Interuniversitaria de Formación del Profesorado*.
— (2000): «El prácticum y las prácticas en empresas en la formación universitaria», ponencia presentada en el 1.er Congreso Internacional: «Docencia Universitaria e Innovación», celebrado en Barcelona los días 26-28 de junio de 2000, organizado por los ICE's de las Universidades Autónoma de Barcelona, Universidad de Barcelona y Universidad Politécnica de Cataluña. Textos disponibles en CD-ROM.
— (1991) «*Criterios didácticos para elaborar Planes de Estudios*» ponencia presentada a las III Jornadas Nacionales de Didáctica Universitaria. ICE Univ. de Las Palmas. Las Palmas de Gran Canaria. Sep. 1991.
— (1998): «*El prácticum en la formación de los maestros*», en Rodríguez Marcos, A. Sanz Lobo, E y Sotomayor, M. V. (Coords.): *La formación de los maestros en los Países de la Unión Europea*. Madrid. Narcea. Págs. 169-212.
— y CID, A. (1998): «El tutor de prácticas: un perfil profesional», en Zabalza, M. A. (Edit.): *Los tutores en el prácticum: funciones, formación, compromiso institucional*. Pontevedra. Diputación Provincial de Pontevedra. Págs. 17-64.
ZAHORIK, J. A. (1970): «The effects of planning on teaching», *Elementary School Journal*, 71. Págs. 143-151.
ZEITH, G. (1983): «Structural and individual determinants of organizational morale and satisfaction», en *Social Forces*, n.º 61. Págs. 1088-1108.